城市群政策实施

对南北区域经济收敛性的影响研究

CHENGSHIQUN
ZHENGCE SHISHI
DUI NANBEI QUYU JINGJI SHOULIANXING DE
YINGXIANG YANJIU

张超　蒋天颖 ◎ 著

中国财经出版传媒集团
经济科学出版社
Economic Science Press
·北京·

图书在版编目（CIP）数据

城市群政策实施对南北区域经济收敛性的影响研究／
张超，蒋天颖著．--北京：经济科学出版社，2024.7
ISBN 978-7-5218-5905-8

Ⅰ.①城…　Ⅱ.①张…②蒋…　Ⅲ.①城市群-影响
-区域经济-经济增长-研究-中国　Ⅳ.①F127

中国国家版本馆 CIP 数据核字（2024）第 102916 号

责任编辑：周胜婷
责任校对：靳玉环
责任印制：张佳裕

城市群政策实施对南北区域经济收敛性的影响研究

张　超　蒋天颖　著

经济科学出版社出版、发行　新华书店经销
社址：北京市海淀区阜成路甲 28 号　邮编：100142
总编部电话：010-88191217　发行部电话：010-88191522
网址：www.esp.com.cn
电子邮箱：esp@esp.com.cn
天猫网店：经济科学出版社旗舰店
网址：http://jjkxcbs.tmall.com
固安华明印业有限公司印装
710×1000　16 开　17 印张　240000 字
2024 年 7 月第 1 版　2024 年 7 月第 1 次印刷
ISBN 978-7-5218-5905-8　定价：88.00 元
（图书出现印装问题，本社负责调换。电话：010-88191545）
（版权所有　侵权必究　打击盗版　举报热线：010-88191661
QQ：2242791300　营销中心电话：010-88191537
电子邮箱：dbts@esp.com.cn）

前　言

党的二十大报告指出"发展不平衡不充分问题仍然突出，推进高质量发展还有许多卡点瓶颈"。该重要论断在区域发展层面体现为区域发展差距显著。2012 年以来中国经济地理格局呈现出新情况新问题，主要表现为南北差距不断拉大，北方地区在经济规模、人均量、经济增速等层面均逊色于南方。"南北差距"已成为影响中国区域经济协调和高质量发展的一个重要问题，引起了各界的广泛关注。2018 年国家出台的《关于建立更加有效的区域协调发展新机制的意见》强调"建立以中心城市引领城市群发展、城市群带动区域发展新模式，推动区域板块之间融合互动发展"，这意味着城市群作为我国区域一体化发展的主要载体和重要形式，已成为区域经济协调发展的关键支撑。然而，观察中国城市群政策的发展历程，我们注意到一个现象：为促进我国区域协调高质量发展，自 2010 年以来国务院相继批复了 11 个国家级城市群发展规划，其中包括南方的 5 个城市群以及北方的 6 个城市群，并且发现南北经济差距也正是从国家级城市群发展规划批复以后逐步拉大的。那么，值得思考的是：我国南北经济差距的来源是什么？南北区域经济收敛的差异程度如何？国家级城市群规划的实施是否影响了南北区域经济收敛，进而对南北经济差距产生影响？这种影响程度存在何种差异？其中的影响机制又如何？目前理论界还不能很好解释这些问题，这也正是本书的出发点。为此，本书在揭示南北经济差距以及南北经济收敛的特征事实基础之上，将城市群规划作为一个重要政策冲击，从南北城市群政策实施效应差异视角入手，探讨南北经济差距扩大背后的原因和渠道机制，以期为我国通过实施国家级城市群规划来促进南北经济协调发展的思路提供理论借鉴与经验支撑。本书的分析和研究结论如下：

第一，南北内部城市经济发展不平衡是南北经济差距的主要来源。

第二，南方城市经济收敛程度强于北方城市，且城市群视角下南方城市经济收敛程度较整体城市视角下得到强化而北方城市出现减弱。

第三，城市群政策显著促进了南方城市经济收敛，但对北方城市经济收敛未起到促进作用，而且城市群政策对不同特质城市经济收敛的影响具有异质性。

第四，在南方城市群政策促进城市经济收敛过程中，经济联系机制和产业分工机制发挥了积极作用，市场统一机制产生了抑制作用，而三种机制在北方城市群政策中均未发挥正向作用。

综合以上研究结论，本书从正确认识新时期南北经济差距问题、注重发挥国家级规划纲领性作用、持续扩大城市群经济辐射能力、着力提升城市群产业协同发展水平、加快建设城市群统一大市场、统筹优化新质生产力布局等方面提出了优化城市群建设推动南北经济协调发展的政策启示。

本书由宁波财经学院张超副教授总体负责撰写和出版相关工作。在本书的撰写过程中，宁波财经学院蒋天颖教授提出了许多宝贵意见，并参与了第 7 章、第 8 章等部分章节的撰写工作，在此表示衷心感谢。本书得到了宁波市哲学与社会科学重点研究基地"数字经济创新与枢纽自贸区联动研究基地"、宁波财经学院应用经济学省一流学科、宁波财经学院数字经济硕士学位培育点以及浙江省高校重大人文社科项目攻关计划青年重点项目（项目编号：2023QN026）的出版资助，在此深表感谢。同时，还要衷心感谢经济科学出版社为本书顺利出版付出的大量心血和努力。

　　尽管笔者对所撰写的内容进行了认真思考和深入研究，但由于目前我国南北差距的相关研究还处于起步阶段，面临着众多新问题，再加上撰写时间仓促，书中可能存在一些不足甚至是错误之处，敬请广大专家和读者批评指正。

目　　录

第 1 章　绪论……………………………………………（ 1 ）

　1.1　选题背景与意义 ……………………………………（ 1 ）

　1.2　研究思路与方法 ……………………………………（ 8 ）

　1.3　主要创新点 …………………………………………（ 13 ）

第 2 章　概念界定与文献综述…………………………（ 15 ）

　2.1　概念界定 ……………………………………………（ 15 ）

　2.2　基于 Citespace 的文献计量分析 …………………（ 20 ）

　2.3　文献回顾 ……………………………………………（ 29 ）

第 3 章　理论模型与研究假设…………………………（ 45 ）

　3.1　理论模型 ……………………………………………（ 46 ）

　3.2　假设提出 ……………………………………………（ 51 ）

第 4 章　南北区域经济增长的差异格局………………（ 54 ）

　4.1　研究方法与数据 ……………………………………（ 54 ）

　4.2　区域经济增长的南北差异及其分解 ………………（ 59 ）

　4.3　南北区域经济增长的马尔可夫链分析 ……………（ 63 ）

　4.4　本章小结 ……………………………………………（ 72 ）

第5章　南北区域经济收敛的特征事实 ……………………（74）

　　5.1　研究方法与数据 ………………………………………（74）

　　5.2　南北区域经济增长的收敛检验：整体城市视角………（78）

　　5.3　南北区域经济增长的收敛检验：城市群视角…………（112）

　　5.4　本章小结 ………………………………………………（137）

第6章　城市群政策实施对南北经济收敛的影响

**　　　　效应研究** ……………………………………………（143）

　　6.1　研究方法与数据 ………………………………………（143）

　　6.2　城市群政策实施对全国经济收敛的影响效应…………（148）

　　6.3　城市群政策实施对南方经济收敛的影响效应…………（161）

　　6.4　城市群政策实施对北方经济收敛的影响效应…………（171）

　　6.5　南北城市群政策实施影响效应的比较分析……………（181）

　　6.6　本章小结 ………………………………………………（182）

第7章　城市群政策实施对南北经济收敛的影响

**　　　　机制研究** ……………………………………………（184）

　　7.1　城市群政策实施对经济收敛的影响机制解析…………（184）

　　7.2　研究对象、方法与数据 ………………………………（188）

　　7.3　长三角城市群政策实施对经济收敛的影响机制

　　　　研究 ………………………………………………………（195）

　　7.4　京津冀城市群政策实施对经济收敛的影响机制

　　　　研究 ………………………………………………………（209）

　　7.5　长三角城市群与京津冀城市群影响机制比较

　　　　分析 ………………………………………………………（224）

　　7.6　本章小结 ………………………………………………（228）

第 8 章　结论与展望 ·· （230）

　8.1　研究结论 ·· （230）

　8.2　政策建议 ·· （233）

　8.3　研究展望 ·· （238）

参考文献 ·· （239）

第1章 绪 论

目前，我国正处在转变发展方式的关键时期，城市群正成为承载发展要素的重要空间形式以及驱动我国高质量发展的新增长极。现阶段，强化城市群的辐射带动能力，已是推进我国区域经济协调发展的一项重要战略。在经典的增长极理论中（Myrdal，1957），增长极对其所在的腹地区域可能存在两种对立效应：扩散效应和虹吸效应。由于这两种效应的作用力量强度不同，会使得增长极对周围地区的辐射带动和极化作用在现实中可能展现出不同程度的差异性。然而，面对我国区域发展不平衡的新特征——南北经济差距，学界鲜有从城市群这样一个增长极视角考察其形成缘由。因此，本书尝试探究我国城市群政策实施对南北区域经济收敛的影响，期望对南北经济差距的形成给出一种新的解释。本章首先阐述研究背景与意义，其次介绍研究思路、结构与方法，最后介绍本研究的创新之处。

1.1 选题背景与意义

1.1.1 选题背景

党的二十大报告指出"发展不平衡不充分问题仍然突出，推进高质量发展还有许多卡点瓶颈"。该重要论断在区域发展层面体现为区域发展差距显著。长期以来，我国区域发展呈现了较为明显的动态演化特征。伴随改革开放的持续推进，东部沿海优先发展，逐步形成东、中、西三大空间发展格局。随着西部大开发、东北振兴、中部崛起等系列区域发展战略扎实推进，东、中、西部间的差距慢慢趋向收敛（盛来运等，2018）。党的十八大以来，京津冀协同发展、长三角一体化发展、粤港澳大湾区建设等重大战略的陆续实施，驱动区域发展迈入新阶段。与此同时，南北经济差距拉大正成为我国区域经济发展不平衡的一个新问题，并受到社会各界的广泛关注（邓忠奇等，2020；魏后凯等，2020；许宪春等，2021）。

习近平总书记 2019 年 8 月 26 日在中央财经委员会第五次会议上指出："当前，我国区域发展形势是好的，同时出现了一些值得关注的新情况新问题""一是区域经济发展分化态势明显……一些北方省份增长放缓，全国经济重心进一步南移……各板块内部也出现明显分化，有的省份内部也有分化现象""二是发展动力极化现象日益突出。经济和人口向大城市及城市群集聚的趋势比较明显"。① 2018 年 11 月，《中共中央、国务院关于建立更加有效的区域协调发展新机制的意见》提出构建协调国内东中西和南北方的区域发展新格局，建立以中心城市引领城市群发展、城市群带动区域发展新模式，推动区域板块之间融合互动发展。党的二十大报告提出，深入实施区域协调发展战略、区域重大战略、主体功能区战略、新型城镇化战略，以城市群、都市圈为依托构建大中小城市协调发展格局。中央领导人的重要讲话及中央有关文件均折射出当前我国区域协调发展存在南北经济差距和城市群建设两大命题。"十四五"期间，我国仍处在重要战略性机遇期，缩小南北差距事关区域协调发展战略顺利推进，尤其是在双循环新发展格局下亟须以城市群建设为实践抓手，在集聚中实现区域平衡发展。

---

① 习近平谈治国理政（第三卷）［M］. 北京：外文出版社，2020：270.

从经济总量来看，如图 1.1（a）所示，2000～2021 年南北 GDP 差距从 1.7 万亿元扩大至 33.6 万亿元①；2000～2021 年南方 GDP 占全国比重从 58.6% 升至 64.8%，尤其是 2012 年以来增幅比较明显；相反，2000～2021 年北方 GDP 占全国比重从 41.4% 下跌到 35.2%，尤其是

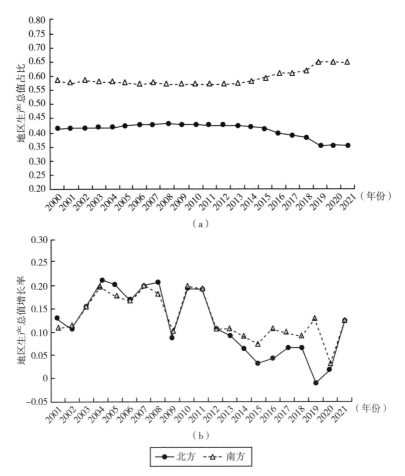

图 1.1　2000～2021 年南北地区生产总值占比及其增长率

资料来源：EPS 数据库。

———————

①　此处的经济数据未包括港澳台地区。南方包括上海、江苏、浙江、安徽、福建、江西、湖北、湖南、广东、广西、海南、重庆、四川、贵州、云南、西藏等 16 个省份；北方包括北京、天津、河北、山西、内蒙古、辽宁、吉林、黑龙江、山东、河南、陕西、甘肃、青海、宁夏、新疆等15 个省份。

2012 年以来降幅比较明显。从经济总量增速来看，如图 1.1（b）所示，2012 年前，南北 GDP 增速基本一致，甚至在一些年份北方增速略超南方，但 2012 年后南方 GDP 增速明显高于北方。从人均 GDP 来看，如见图 1.2（a）所示，2000 ~ 2021 年南北人均 GDP 差距从 256.2 元扩大至 17587.8 元，2005 ~ 2013 年北方人均 GDP 略多于南方且南北差距的变动趋势并无规律可循，但 2012 年以来南方与北方的差距不断缩小并在 2014 年超过北方，之后南北人均 GDP 差距迅速拉大。从人均 GDP 增速来看，

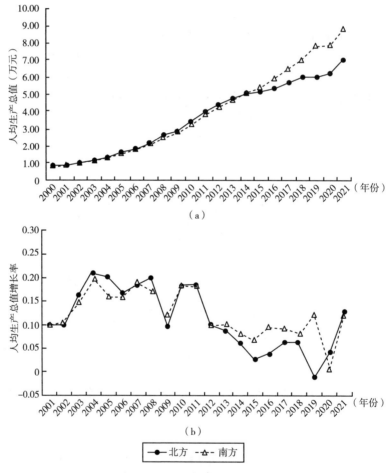

（a）

（b）

图 1.2　2000 ~ 2021 年南北地区人均生产总值及其增长率

资料来源：EPS 数据库。

如图 1.2（b）所示，演变趋势与 GDP 增速高度吻合，2012 年前，南北人均 GDP 增速大体一致，甚至在一些年份北方增速略超南方，但 2012 年后南方人均 GDP 增速明显高于北方。根据以上特征事实，我们认为 2012 年是南北经济差距拉大的拐点，同时，也有学者把 2013 年当作南北差距拉大的关键点（盛来运等，2018；周晓波等，2019），但并没有对此作出合理解释。那么，引出一个极为自然的问题，在 2012 年左右是否存在一些事件（政策）冲击使得南北差距逐步扩大呢？本书通过查阅相关资料发现，自 2010 年以来国务院接连批复了 11 个城市群发展规划，其中包括南方的 5 个城市群以及北方的 6 个城市群。因此，我们猜测国家级城市群规划可能是影响南北经济差距的一个重要政策冲击，可惜的是，学界关于此方面的研究却鲜见文端。

城市群是驱动我国经济增长、实现区域协调发展、深化国际竞争合作的关键途径，它是世界城市空间结构演化的一种典型形态。当前，中国城市群以约 25% 的国土面积，集聚了全国 75% 的总人口，创造了 88% 的经济总量[①]，城市群已成为引领我国高质量发展的新的增长极。从 2006 年开始我国便把城市群视作国家新型城镇化的空间主体；2010 年出台的《国家主体功能区规划》又把城市群视作重点开发区和优化开发区；2014 年出台的《国家新型城镇化规划（2014—2020 年）》再次强调要以城市群为主导，构建大中小城市与小城镇协调发展的城镇化新格局；2016 年出台的《中华人民共和国国民经济和社会发展第十三个五年规划纲要》同样指出，需推动城市群快速发展，建立健全城市群发展协调机制，实现城市群一体化高效发展；2018 年出台的《中共中央 国务院关于建立更加有效的区域协调发展新机制》中强调，要建立以中心城市引领城市群发展、城市群带动区域发展的新模式，推动区域之间融合互动发展。以上这些重要的国家宏观规划都强调了城市群建设的重要性，同

---

① 泽平宏观.2019 中国城市群发展潜力：以 25% 土地集聚 75% 人口，创造 88% GDP［EB/OL］.（2019 - 10 - 04）［2024 - 04 - 30］. https：//www. thepaper. cn/newsDetail_forward_4603344.

时，自 2010 年以来中央政府也相继批复了 11 个国家级城市群发展规划
（见表 1.1），这更加突出了城市群建设在区域协调发展中的重要战略位
置。在此背景之下，我们需要思考的是，这些国家级城市群规划的实施
是否影响了南北区域经济收敛？这种影响程度存在何种差异？这种差异
能否构成南北经济差距扩大的缘由？其背后又存在哪些作用机制？目前
理论界还不能很好解释这些问题，这也正是本书的出发点。

表 1.1   **国家正式发布的城市群规划及其概况**

地区	城市群	规划名称	发布时间
南方	长三角城市群	《长江三角洲地区区域规划》	2010 年 5 月
		《长江三角洲城市群发展规划》	2016 年 5 月
	成渝城市群	《成渝经济区区域规划》	2011 年 5 月
		《成渝城市群发展规划》	2016 年 4 月
	长江中游城市群	《长江中游城市群发展规划》	2015 年 4 月
	北部湾城市群	《北部湾城市群发展规划》	2017 年 2 月
	粤港澳大湾区	《粤港澳大湾区发展规划》	2019 年 2 月
北方	京津冀一体化	《京津冀都市圈区域规划》	2010 年 8 月
		《京津冀协同发展规划纲要》	2015 年 4 月
	中原城市群	《中原经济区规划》	2012 年 11 月
		《中原城市群发展规划》	2016 年 12 月
	哈长城市群	《哈长城市群发展规划》	2016 年 3 月
	关中平原城市群	《关中平原城市群发展规划》	2018 年 1 月
	呼包鄂榆城市群	《呼包鄂榆城市群发展规划》	2018 年 2 月
	兰州 – 西宁城市群	《兰州 – 西宁城市群发展规划》	2018 年 2 月

1.1.2 研究意义

本研究基于新经济地理理论和内生经济增长理论，从城市群规划视
角对南北城市经济收敛的影响展开探讨，这对于我们更加准确把握城市
群政策在不同地区实施的效果、更加清晰认识南北经济差距具有一定学

术价值和现实意义。

1. 学术意义

第一，丰富了南北经济差距研究的理论维度。纵观既有研究，多是围绕经济差距的现状、成因以及对策展开研究，鲜有从经济收敛视角来考察南北城市经济差距问题。但事实上，要缩小南北之间经济差距，关键在于缩小各自内部经济差距，也就是有必要探究南北内部城市经济收敛差异，这对于解决南北经济分化问题提供了新思路，而这一视角的研究十分匮乏。基于此，本书借助我国城市面板数据，综合运用传统的面板数据模型以及空间杜宾模型检验南方与北方城市经济增长的收敛机制，以期弥补现有南北差距研究的不足。

第二，为系统认识城市群政策如何影响南北经济收敛及其作用机制提供理论与实证参考。现有相关研究主要围绕于城市群建设对区域经济增长的影响，鲜有关于城市群政策对经济收敛的影响及其内在作用机制的研究。但事实上，城市群政策的实施与区域经济收敛休戚相关，其有利于强化群内城市间的经济联系，驱动城市间的产业分工，推进城市间统一大市场的构建，促进先发城市拉动后发城市经济增长，进而可能促进城市与城市之间的经济收敛最终缩小区域经济差距。因此，本书试图探索二者的关系以及各种作用机制，通过探究城市群政策影响南北城市经济收敛的作用，以及影响南北城市经济收敛的多维作用机制，并结合实证研究，以期丰富城市群政策与经济收敛的相关研究。

2. 现实意义

第一，在构建新发展格局背景下，分析考察中国南北城市经济收敛的特征事实，有助于实践界充分认识到南北内部经济收敛的差异也是造成南北经济差距拉大的成因，一方面有助于实践"统筹东中西，协调南北方"的区域协调发展思路，另一方面更有助于消除共同富裕发展中的区域障碍。

第二，目前我国正处于贯彻落实"十四五"规划的重要阶段，系统探究城市群政策对南北城市经济收敛的影响及作用机制，有以下两方面的意义。一方面，有益于为挖掘南北差距成因贡献完整逻辑链条，为政府制定实现南北经济协调发展的引导政策贡献参考依据；另一方面，也为国家借助规划实施来推动城市群发展缩小南北经济差距的思路提供经验支撑。

1.2　研究思路与方法

1.2.1　研究思路

本书聚焦城市群政策实施影响南北城市经济收敛的主题，拟探究以下问题。第一，我国南北经济增长的差异格局如何？本书运用 Dagum 基尼系数揭示我国城市经济增长的南北差异及其来源，借助传统马尔可夫链与空间马尔可夫链揭示南北城市经济增长的动态演化特征。第二，我国南北区域经济收敛情况如何？基于整体城市样本与城市群样本，借助一般收敛模型和空间收敛模型分别测算南北城市经济收敛情况，验证南北城市经济增长收敛的特征事实。并将整体城市视角下与城市群视角下的城市经济收敛程度进行比较，以初步验证城市群建设是否有利于城市经济收敛。第三，城市群政策对南北区域经济收敛的影响如何？借助双重差分（DID）模型实证估测城市群规划对南北城市经济收敛的政策净效应，并比较这种净效应在南北之间的差异。第四，城市群政策对南北区域经济收敛的作用机制如何？以长三角城市群和京津冀城市群分别作为南北的城市群代表，借助交叉效应模型实证检验城市群政策对城市经济收敛的多维作用机制，并比较这些作用机制在南北之间的差异。第五，综合理论分析和实证结果给出基于城市群发展视角推动南北经济协调的思路与举措。本书的技术路线图如图 1.3 所示。

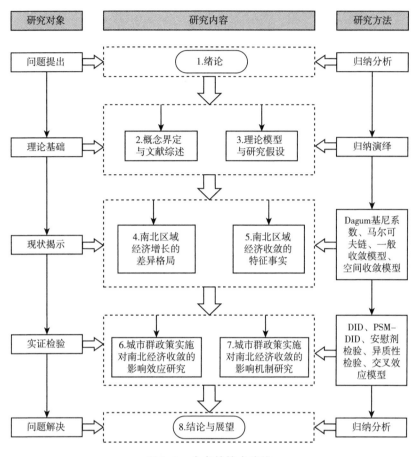

图 1.3　本书的技术路线

1.2.2　研究结构

基于以上研究思路，本书共分八章，具体如下：

第 1 章绪论。首先，阐述我国的城市群政策背景以及南北经济差距背景，引出本书研究的问题并揭示行文价值所在；其次，依据研究问题梳理本书的研究思路、研究结构以及主要方法；最后，归纳总结可能的创新点。

第2章概念界定与文献综述。首先，对城市群、南北区域划分、经济收敛等概念进行界定；其次，借助 Citespace 知识图谱分析方法分别对"城市群"与"区域经济差距与收敛"两大主题做文献计量分析，接着主观梳理了"城市群经济效应""区域经济差距与收敛的影响因素""南北经济差距与收敛的影响因素"的研究现状；最后，对现有研究进行总结和评述。

第3章理论模型与研究假设。为了数理化关于我国城市群政策对区域经济差距一般均衡影响的认知，从城市群建设降低区际交易成本和创新成本的视角，基于马丁（Martin，1999）提出的区域经济政策模型，构建两区域、两要素、两部门的理论模型来分析城市群政策与经济差距之间的关系。对模型的一般均衡分析，提出城市群政策影响经济收敛的理论假设。

第4章南北区域经济增长的差异格局。首先，借助 Dagum 基尼系数及其分解法，揭示城市经济增长的南北差异及其来源；其次，通过传统马尔可夫链以及空间马尔可夫链分析南北城市经济增长的动态演进问题，从动态视角更加直观地比较南北城市经济增长的演变特征的差异。

第5章南北区域经济收敛的特征事实。首先，基于我国整体城市的视角，实证检验南北城市经济增长的一般收敛特征以及空间收敛特征；其次，基于我国城市群视角，实证检验南北城市群经济增长的一般收敛特征以及空间收敛特征；最后，比较城市整体视角和城市群视角南北城市经济收敛水平，以初步揭示城市群建设对南北经济收敛的影响。

第6章城市群政策实施对南北经济收敛的影响效应研究。将城市群规划视作一项准自然实验，借助双重差分模型实证估测城市群规划对南北城市经济收敛的政策净效应。首先，从城市群总体实证检验城市群规划对经济收敛的政策净效应；其次，从南方城市群层面实证检验城市群规划对经济收敛的政策净效应；再其次，从北方城市群层面实证检验城市群规划对经济收敛的政策净效应；最后，比较分析南方城市群政策与北方城市群政策实施效应的估计结果。

第 7 章城市群政策实施对南北经济收敛的影响机制研究。以长三角城市群政策和京津冀城市群政策分别作为南北城市群政策的代表性案例，并借助交叉效应模型实证检验三种可能的作用机制。首先，采用双重差分模型实证估测长三角城市群规划对经济收敛的政策净效应，并从经济联系、产业分工、市场统一三个维度检验长三角城市群规划对经济收敛的作用机制；其次，采用双重差分模型实证估测京津冀城市群规划对经济收敛的政策净效应，并从经济联系、产业分工、市场统一三个维度检验京津冀城市群规划对经济收敛的作用机制；最后，比较分析长三角城市群与京津冀城市群影响机制的估计结果。

第 8 章结论与展望。首先，梳理与概括本书的研究结果，归纳核心结论；其次，依照结论提出具体政策启示；最后，明确未来深究的几个方向。

1.2.3　研究方法

本书主要使用了归纳演绎、比较研究、综合计量等方法。归纳演绎法主要用于文献综合梳理、理论模型构建，以及进行南北经济差距和经济收敛特征事实分析；比较研究法可以保障研究的客观性；综合使用多种计量方法主要用于差距分解、差距动态演进、经济收敛分析、城市群政策对南北经济收敛的影响效应与机制研究。具体如下：

（1）归纳演绎法。本书对国内外文献进行梳理时，检索、归纳关于城市群规划、区域一体化、区域经济差距、区域经济收敛、南北经济差距、南北经济收敛、城市群规划影响区域经济收敛以及推进南北经济协调发展路径等方面文献资料，借助 Citespace 软件揭示研究热点、理论脉络以及学术前沿，开展对概念界定、特征分析、相关指标测度方法、理论假设、实证估测模型等前期先验探讨和研究。本书理论分析城市群政策对南北经济差距的影响时，归纳城市群政策实施的直接效应，基于区域经济政策模型，演绎推理城市群政策影响经济差距的理论假设。本书对中国南北经济差距现实分析时，通过总结经济差距演变阶段，得出差距扩大出现的时间点；通过揭示南北城市经济增长的差异格局，得出南北经济差距特征事实及其主要来源；通过揭示南北整体城市及城市群经济收敛特征事实，归纳城市群政策影响经济收敛的可能性。

（2）比较研究法。本书系统回顾中国区域差距文献，比较得出已有文献对南北经济差距及南北经济收敛的研究较少，且研究城市群规划对南北经济收敛的文献更为少见，继而凸显了本书研究的理论价值。本书揭示南北城市经济收敛特征时，通过比较分析发现我国南部城市与北部城市经济收敛存在显著差异性，于是进一步比较了各外生因素对南北城市经济收敛的影响异质性。本书在初步判断城市群规划对城市经济收敛的影响时，通过比较整体城市样本与城市群样本收敛结果发现，城市群样本收敛效果好于整体城市样本。本书在检验城市群规划影响南北城市经济收敛的效应时，经比较分析发现，南方城市群规划对城市经济收敛的正向效应强于北方城市群规划。本书在验证城市群规划对城市经济收敛的作用机制时，通过比较长三角城市群和京津冀城市群的实证结果发现，长三角各个作用机制均强于京津冀城市群。总的来说，本书大部分研究过程都是采用比较研究法获得较为客观的结论。

（3）综合使用多种计量方法。本书在分析南北经济差异格局时，运用 Dagum 基尼系数及其分解法揭露城市经济增长的南北差异及其来源，借助传统马尔可夫链与空间马尔可夫链分析南北城市经济增长的动态演进问题；本书在分析南北经济收敛时，采用 σ 收敛、β 绝对收敛模型以及 β 条件收敛模型对未考虑空间相关性的收敛性进行实证分析，采用空间杜宾模型对考虑空间相关性的收敛性进行空间计量分析；本书在实证估测城市群政策对南北经济收敛的净效应时，借助了双重差分（DID）、倾向得分匹配双重差分（PSM-DID）、安慰剂检验等方法；本书在实证估测城市群政策对南北经济收敛的影响机制时，采用交叉效应模型进行实证分析。

1.3　主要创新点

1. 研究视角创新

针对区域经济收敛问题，既有研究多是以城市为点来展开，鲜有以城市群为面来进行研究。新常态下城市群已成为驱动我国区域经济增长、推动区域协调发展的关键载体，因此，本书尝试从传统的点视角过渡到面视角对南北区域经济收敛问题进行探讨。从城市群视角揭示南北区域经济收敛性特征对于科学把握南北协调发展情况具有重要价值，挖掘城市群政策对南北经济收敛的影响效应及机制，能够为南北经济差距的成因贡献一种新视角。本书创新性地发现，城市群视角下南方城市经济收敛程度较整体城市视角下得到强化，而北方城市出现减弱。进一步研究得出，城市群政策显著促进了南方城市经济收敛，其中经济联系机制和产业分工机制发挥了积极作用，市场统一机制产生了抑制作用；但城市群政策对北方城市经济收敛未起到促进作用，并且三种机制在北方城市群政策中均未发挥正向作用。

2. 研究方法创新

综合多种研究方法来考察研究对象，能够确保结论的稳健性。在揭示南北经济差异格局时，利用 Dagum 基尼系数、传统马尔可夫链以及空间马尔可夫链分析方法进行分析；在测度南北经济收敛水平时，采用 σ 收敛分析、β 绝对收敛分析以及 β 条件收敛分析以及空间收敛模型进行实证估测；在检验城市群规划对南北经济收敛的净效应时，采用了双重差分法（DID）进行基准回归，同时还借助了安慰剂检验、PSM-DID、调整研究样本等方法进行稳健性检验；在检验城市群规划影响经济收敛的作用机制时，采用了交叉效应模型对经济联系、产业分工以及市场统一三个维度的作用机制进行论证。

3. 研究观点创新

本书通过比较南北地区 GDP 及其增长率、人均 GDP 及其增长率的变化趋势发现，2012 年前后是南北经济差距拉大的转折点，尽管有学者将 2013 年作为南北差距扩大的转折点，但也并没有对此作出合理解释。因此，本书创造性地提出 2010 年以来国家批复的城市群发展规划可能是影响南北经济差距的一个重要政策冲击，对此观点加以验证是对现有的关于南北经济差距成因研究的重要补充。在检验上述观点的过程中，本书研究发现南北经济差距主要是由区域内经济差距引起，提出要化解南北经济差距问题关键在于促进内部经济收敛。进一步实证检验发现城市群政策对南方区域经济收敛具有正向影响而对北方区域经济收敛具有负向影响，这表明城市群政策效应的不同是导致南北经济差距的一个重要成因。

第2章 概念界定与文献综述

关于城市群发展或区域经济收敛的一些问题，学界已从理论和实证两方面展开了广泛探讨。本章在界定城市群、南北划分、经济收敛等概念基础上，采用 CiteSpace 软件对城市群文献、区域经济差距与收敛文献进行知识图谱分析以揭示各领域研究热点及前沿，并分别对城市群经济效应、区域经济差距与收敛影响因素、南北经济差距与收敛影响因素三个方面的既有研究进行梳理和评述。

2.1 概念界定

2.1.1 城市群

随着城市人口与规模的不断扩张，城市的空间形态与结构也呈现出新变化：城市群地区的兴起，成为一种典型的全球性经济地理现象。城市群是城市发展至成熟期的最高空间组织形态，它主要指在特定区域内，通常将 1 个及以上数量的特大城市作为核心，将 3 个及以上数量的大城市作为成员，依赖发达基础设施网络组成的空间结构紧密、经济关联度高，且达到高水平同城化和一体化的城市集聚体。伴随城市和区域间不断的协同分工，城市群正发展为全球经济的增长极。如美国的波士华城市群，依靠 2% 的土地，集中了 17% 的人口，承载了 20% 的 GDP；日本的太平洋沿岸城市群，依靠 9% 的土地，集中了 53% 的人口，承载了 60% 的 GDP。相似的地区还有大伦敦、大巴黎及德国莱茵 – 鲁尔。[①]

与众多经济体一致，中国城市化进程除了城市规模、数量的增加，人口及其经济活动也集聚于城市群区域。截至 2021 年底，除长三角、京津冀以及粤港澳大湾区三大城市群外，东部沿海、东北、中西部也形成了 10 多个初具规模的城市群。中国正在抓住用好城市群建设迎来的重要机遇。2006 年国家"十一五"规划强调"要形成合理的城镇化空间格局，以城市群为主体形态推进城镇化"。《国家新型城镇化规划纲要（2014—2020 年）》同样强调要将城市群作为新型城镇化的主体形态。2016 年国家"十三五"规划不仅强调要建设京津冀、长三角、珠三角世界级城市群，还强调要建设 16 个其他城市群。2021 年国家"十四五"规划进一步强调"要以促进城市群发展为抓手，全面形成'两横三纵'城镇化战略格局"。近年来，随着京津冀、长三角、粤港澳大湾区等国家级城市群发展规划相继颁布，我国城市群发展步伐持续加快。

参照国家"十三五"规划和"十四五"规划中对城市群数量的明确，本书研究共涉及 19 个城市群地区，包括 11 个经国家批准的城市群：长三角、京津冀、成渝、长江中游、北部湾、粤港澳、中原、哈长、关中平原、呼包鄂榆、兰州 – 西宁；8 个区域性城市群：山东半岛、海峡西岸、辽中南、晋中、黔中、滇中、宁夏沿黄、天山北坡。以上城市群都是按照国家相关规划来划分的，并将地级及以上城市（以下简称城市）作为研究的基本单元，具体名单见表 2.1。考虑到数据的可获得性，本书又对部分县、县级市进行了剔除，最终所考察的 19 个城市群覆盖了

---

① 波士顿咨询公司，中国发展研究基金会. 国际比较视野下的京津冀协同发展研究 [R]. 中国发展高层论坛 2018 年会背景报告，2018.

214 个城市，其中国务院批复的 11 个国家级城市群包括 157 个城市，未被国务院批复的 8 个城市群包括 57 个城市。

表 2.1　　　　　　　　　　　19 个城市群范围界定

批复情况	城市群	包含的城市
国务院批复的城市群	长三角城市群	上海、南京、无锡、常州、苏州、南通、盐城、扬州、镇江、泰州、杭州、宁波、嘉兴、湖州、绍兴、金华、舟山、台州、合肥、芜湖、马鞍山、铜陵、安庆、滁州、池州、宣城
	京津冀城市群	北京、天津、保定、唐山、廊坊、石家庄、邯郸、秦皇岛、张家口、承德、沧州、邢台、衡水
	成渝城市群	成都、自贡、泸州、德阳、绵阳、遂宁、内江、乐山、南充、眉山、宜宾、广安、达州、雅安、资阳、重庆
	中原城市群	郑州、开封、洛阳、南阳、安阳、商丘、新乡、平顶山、许昌、焦作、周口、信阳、驻马店、鹤壁、濮阳、漯河、三门峡、济源、长治、晋城、运城、邢台、邯郸、聊城、菏泽、淮北、蚌埠、宿州、阜阳、亳州
	长江中游城市群	武汉、黄石、鄂州、黄冈、孝感、咸宁、仙桃、潜江、天门、襄阳、宜昌、荆州、荆门、长沙、株洲、湘潭、岳阳、益阳、常德、衡阳、娄底、南昌、九江、景德镇、鹰潭、新余、宜春、萍乡、上饶、抚州、吉安
	哈长城市群	哈尔滨、大庆、齐齐哈尔、绥化、牡丹江、长春、吉林、四平、辽源、松原、延边朝鲜族自治州
	北部湾城市群	南宁、北海、钦州、防城港、玉林、崇左、湛江、茂名、阳江、海口、儋州、东方、澄迈、临高、昌江
	关中平原城市群	西安、宝鸡、咸阳、铜川、渭南、商洛、运城、临汾、天水、平凉、庆阳
	呼包鄂榆城市群	呼和浩特、包头、鄂尔多斯、榆林
	兰州－西宁城市群	兰州、白银、定西、临夏、西宁、海东
	粤港澳大湾区	香港、澳门、广州、深圳、珠海、佛山、惠州、东莞、中山、江门、肇庆

续表

批复情况	城市群	包含的城市
区域性城市群	海峡西岸城市群	福州、厦门、泉州、莆田、漳州、三明、南平、宁德、龙岩、温州、丽水、衢州、上饶、鹰潭、抚州、赣州、汕头、潮州、揭阳、梅州
	山东半岛城市群	济南、青岛、淄博、东营、烟台、潍坊、济宁、泰安、威海、日照、莱芜、滨州、德州、聊城
	黔中城市群	安顺、遵义、都匀、凯里、毕节
	晋中城市群	太原、晋中、忻州、阳泉、吕梁
	滇中城市群	昆明、曲靖、玉溪、楚雄、蒙自
	辽中南城市群	沈阳、大连、鞍山、抚顺、本溪、营口、辽阳、铁岭、盘锦
	宁夏沿黄城市群	银川、石嘴山、吴忠、中卫、平罗、青铜峡、灵武、贺兰、永宁、中宁
	天山北坡城市群	乌鲁木齐、昌吉、米泉、阜康、呼图壁、玛纳斯、石河子、沙湾、乌苏、奎屯、克拉玛依

资料来源：《中国城市群一体化报告（2019）》。

2.1.2 南北区域划分

与全球化中的"南北问题"不一样，本书的研究区域是中国地理空间上"南北"。中国政府网在介绍中国区域划分概况时指出，东部季风区因南北纬度差异较大，故以秦岭－淮河为界（北纬 32°～34°）划为北方地区和南方地区。[①] 南北地理分界主要是按照气候差异划分，而此差异只有在较宽地带的两侧才会形成。中国南北差距早已有之，不过伴随交通运输、邮电通信等基础设施的发展，南北差距从一开始由地理差距派生的政治、文化差距都在不断缩小，不过，现阶段中国南北差距主要在于不断扩大的经济差距。

[①] 区域地理［EB/OL］.（2005－09－13）［2024－04－30］. https：//www. gov. cn/guoqing/2005－09/13/content_2582640. htm.

南北经济差距特征事实与测度空间尺度有密切关联性。选取的空间尺度大，则区域差距特征面临"被平均化"问题；选取的空间尺度越小，则区域特征被揭示得越透彻，但如果空间尺度过小（如县级及以下单位），则区域整体的规律性特征无法呈现。综上，选取恰当的空间尺度，更有利于分析特征事实以及判断发展趋势。参考许宪春等（2021）、丛胜美等（2022）、王维（2022）、黄少安和谢冬水（2022）的做法，并考虑数据的可获得性，本书的研究区域以秦岭–淮河为界，以地市级行政单元为基本单元，南方包括上海、江苏、浙江、安徽、福建、江西、湖北、湖南、广东、广西、海南、重庆、四川、贵州、云南、西藏等 16个省（自治区、直辖市）的全部地级市，北方包括北京、天津、河北、山西、内蒙古、辽宁、吉林、黑龙江、山东、河南、陕西、甘肃、青海、宁夏、新疆等 15 个省（自治区、直辖市）的全部地级市。

2.1.3　经济收敛

自 20 世纪 80 年代以来，收敛（国内学界也翻译成趋同）逐步演变为经济增长理论中的重点概念。"收敛"的定义是国家间或区域间的收入差距呈现逐步缩小的态势，也就是所谓的经济收敛。在当代经济增长理论中，存在四类"收敛"概念，即 σ 收敛、β 绝对收敛、β 条件收敛以及俱乐部收敛。

σ 收敛被定义为区域间人均收入水平逐渐缩小的过程，往往使用区域间的人均收入的标准差、基尼系数等方法来测度。β 收敛被定义为贫穷区域比富有区域存在更高的增长率，这意味着随着时间的增长贫穷区域就会赶上富有区域，并收敛于相同的收入水平。β 收敛包括绝对收敛与条件收敛两种形式，β 绝对收敛假设各地区尽管彼此相互隔绝、封闭，但具有相同的基本经济特征，并最终呈现出经济收敛现象；而 β 条件收敛则摒弃了各区域存在同样经济特征的假设，也就是不同区域存在不同经济稳态。俱乐部收敛被定义为经济特征类似以及初始收入水平一样的区域，这些区域的收入水平在长时间内达到收敛。即贫穷区域与富有区域内部都呈现收敛特征，但它们之间通常并没有收敛特征，故将这种区域内的收敛称作俱乐部收敛。

2.2 基于 Citespace 的文献计量分析

2.2.1 研究方法与数据

1. 研究方法

CiteSpace 软件用于挖掘和捕捉相关领域的研究热点、研究动态等信息（Chen，2006）。此软件通过对关键词、主题、作者等文献信息进行相似性计量分析，并利用可视化图谱分析直观地获取相关信息，依据信息的聚类结果，明细和预测研究热点与动态，充分展示该领域文献研究的开展情况，已在情报学、经济学、社会学等诸多领域得到广泛应用（张俐等，2021；马孟琛等，2022；杨阳等，2022）。

2. 数据来源

鉴于我国城市群建设和区域经济收敛具有本土性和异质性，故本书主要以中国知识资源总库（中国知网 CNKI）作为文献搜集平台，借助 Citespace 软件对国内城市群和区域经济收敛领域的研究文献予以计量分析，以便充分了解该领域文献研究的脉络与特征。考虑文献质量、影响程度以及代表性，使用高级检索方式，以"篇名"为检索项，城市群研究方面，检索条件是"城市群"，文献来源设置为"CSSCI"，时间跨度为 1998～2022 年，发文数量总数为 2975 篇。区域经济收敛方面，检索条件是"经济差距 or 经济收敛"，文献来源设置为"CSSCI"，时间跨度为 1998～2022 年，发文数量总数为 1265 篇。

2.2.2　城市群文献的知识图谱分析

1. 关键词共现图谱分析

关键词被视为文献内容的凝练，对关键词做共现研究，有益于挖掘与该主题相关的研究热点。将节点类型（node type）设定为关键词，得到关键词共现知识图谱（见图2.1）。图中生成关键词节点652个、连线1494条，密度0.007，每个节点表征1个关键词，每条连线表征1个关联关系。图中"城市群"的字体与节点圆圈面积最大，意味着它是最大节点，出现次数最多，中心性最强，是这一主题下的研究热点。

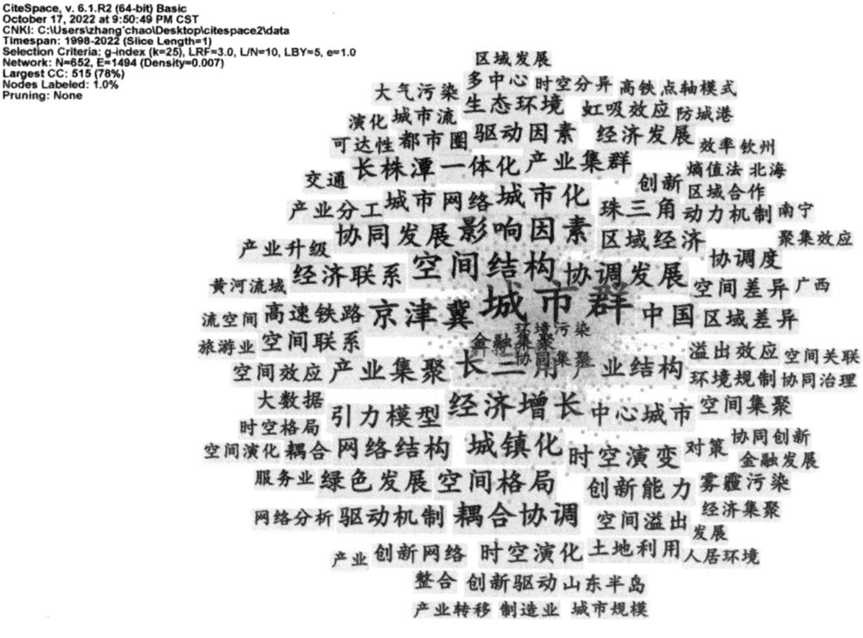

图2.1　城市群文献关键词共现知识图谱

表2.2给出了频次最高的排名前十五的关键词，从主题来看，研究热点聚焦于城市群的空间结构、经济增长、影响因素、城镇化、产业结

构、协调发展等；从区域上看，对长三角、京津冀、中心城市、城市网络的关注较多；从方法上看，使用引力模型的文献较多。

表 2.2   出现频次最高的排名前十五的关键词

频次	首次出现年份	关键词
1057	1998	城市群
79	2004	空间结构
79	2004	长三角
73	2008	京津冀
73	2010	经济增长
60	2010	影响因素
45	2005	城镇化
40	2003	产业结构
39	2008	产业集聚
37	2004	城市化
37	2007	协调发展
36	2014	协同发展
35	2013	引力模型
32	2006	中心城市
31	2016	城市网络

2. 关键词聚类图谱分析

基于关键词共现知识图谱分析，再借助 LLR 算法作聚类研究以获取关键词聚类图谱，聚类的数字标签越小，表明该聚类包含的关键词越多，并且将出现次数最多的关键词作为聚类标签（见图 2.2）。聚类图的 Modularity Q（Q 值）= 0.4842，大于 0.3，说明该网络结果显著，聚类效果较高；Mean Silhouette（S 值）= 0.8625，大于 0.5，说明聚类阈值选取合理，结果具有可信度。图 2.2 中各组中心性（平均轮廓值）都在 0.6 以上，说明聚类质量较高。分析聚类关键词不难看出，此研究领域的前沿主题为城市群、长三角、协调发展、空间结构、长株潭、产业升级、产业集群、雾霾污染等。

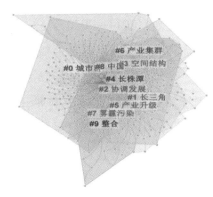

图 2.2　城市群文献关键词聚类图谱

对关键词聚类时间线进行分析，在时间线里关键词会依据自身出现的年份以及所在聚类铺展开（见图 2.3）。不难看出，自 1998 年以来，学术界对城市群的研究一直都在进行中，2022 年学界关于城市群的研究仍然较多，尤其对长三角城市群、城市群协调发展、城市群空间结构等方面的关注较多。

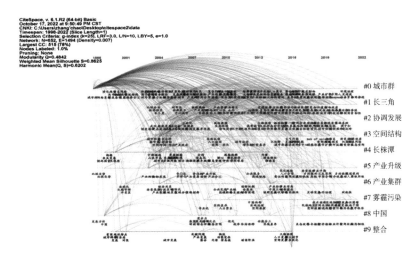

图 2.3　城市群文献关键词聚类时序图谱

3. 突现热点词分析

突现热点词分析可以呈现出某一时间内该研究领域的热点问题。本书通过分析筛选出突现度最强的 25 个关键词（见图 2.4）。以《国家新型城镇化规划（2014—2020 年)》为时间界限，我们发现 1998～2014 年的突现词为对策、制度创新、城市化、动力机制、区域经济、整合、产业集群、评价、经济联系等，以上突现词说明该时间范围内的热点话题主要围绕如何发展壮大城市群展开。2015～2022 年的突现词为京津冀、空间格局、协同发展、基尼系数、网络结构、耦合协调、经济增长、空间溢出、城市网络等，以上突现词说明该时间范围内城市群研究存在一定的政策导向性，伴随区域协调发展的战略需求，空间格局、协同发展、

关键词	平均强度值	开始年份	结束年份	1998~2022年
对策	4.36	2001	2009	
制度创新	3.62	2003	2008	
山东半岛	4.52	2004	2012	
城市化	3.52	2004	2016	
动力机制	3.49	2004	2010	
区域经济	4.79	2006	2016	
整合	5.46	2008	2011	
产业集群	4.47	2008	2012	
长株潭	9.82	2009	2011	
评价	3.5	2010	2014	
经济联系	5.73	2011	2018	
京津冀	3.54	2015	2019	
空间格局	5.14	2016	2018	
协同发展	5.11	2016	2019	
基尼系数	3.59	2016	2017	
网络结构	4.83	2017	2020	
耦合协调	3.99	2017	2022	
经济增长	4.43	2018	2020	
空间溢出	4.13	2018	2022	
城市网络	5.43	2019	2022	
绿色发展	4.33	2019	2020	
都市圈	3.5	2019	2022	
驱动因素	3.48	2019	2022	
黄河流域	4.44	2020	2022	
科技创新	4.04	2020	2022	

图 2.4　城市群文献的突现热点词分布

空间溢出、协调发展成为学者们研究热点。同时，我们还发现出现时间最晚且当前正在被研究的突现词多数集中在耦合协调、空间溢出、城市网络、驱动因素等分析方法，这些方法主要围绕区域协调发展而展开，这进一步说明推动区域协调发展是近年来国内城市群重点研究方向。

2.2.3　经济差距与收敛文献的知识图谱分析

1. 关键词共现图谱分析

经济差距与收敛文献的关键词共现知识图谱如图 2.5 所示。图中生成关键词节点 601 个、连线 1008 条，密度 0.0056，每一个节点代表一个关键词，每一条连线代表一个关联关系。图中"协调发展"的字体与节点圆圈面积最大，意味着它是最大节点，出现次数最多，中心性最强，是这一主题下的研究热点。

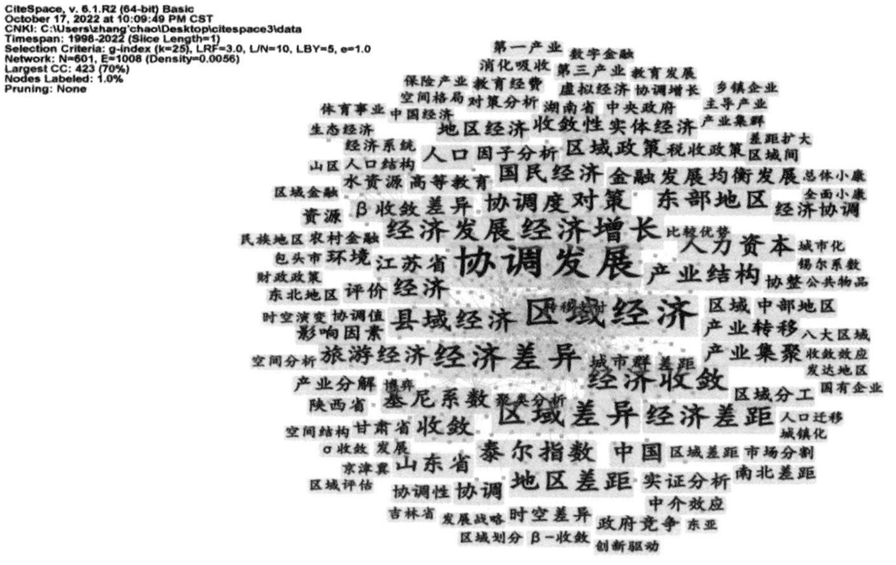

图 2.5　经济差距与收敛文献关键词共现知识图谱

表 2.3 给出了频次最高的排名前十五的关键词，从内容上看，研究热点集中在区域协调发展、区域差异、经济收敛、经济增长、经济差距、产业结构等；从区域上看，对县域经济、中国、东部地区的关注较多；从方法上看，使用泰尔指数、基尼系数的文献较多。

表 2.3 出现频次最高的排名前十五的关键词

频次	首次出现年份	关键词
210	1998	协调发展
180	1999	区域经济
60	1999	区域差异
55	2005	经济收敛
49	2004	经济增长
47	2003	区域差异
31	1998	县域经济
25	2007	泰尔指数
22	2002	经济发展
22	1999	产业结构
21	2006	经济差距
20	2004	地区差距
19	2001	中国
19	2001	基尼系数
18	1998	东部地区

2. 关键词聚类图谱分析

经济差距与收敛文献的关键词聚类图谱分析如图 2.6 所示。聚类图的 Modularity Q（Q 值）= 0.6348，大于 0.3，意味着该网络结果显著，聚类效果较高；Mean Silhouette（S 值）= 0.8862，大于 0.5，说明聚类阈值选取合理，结果具有可信度。图中各组中心性（平均轮廓值）都在 0.6 以上，说明聚类质量较高。分析聚类关键词不难看出，此研究领域的前沿主题为经济差异、协调发展、区域经济、经济收敛、协调度、经济增长、地区差距等。

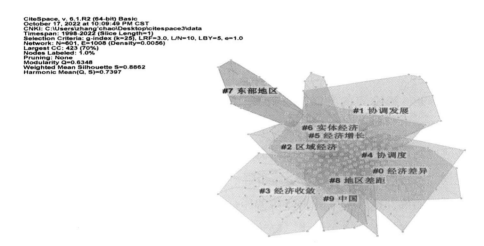

图 2.6　经济差距与收敛文献关键词聚类图谱

对关键词聚类时间线进行分析，在时间线里关键词会按照自身出现的年份以及所属聚类铺展开（见图 2.7）。不难看出，自 1998 年以来，学术界对区域经济差距的研究一直都在进行中，2022 年学界对协调发展、经济收敛、经济增长等方面的关注较多。

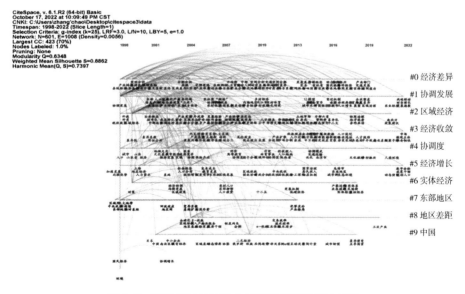

图 2.7　经济差距与收敛文献关键词聚类时序图谱

3. 突现热点词分析

本书在区域经济差距与收敛文献突现热点词分析中筛选得到突现度最强的 25 个关键词，如图 2.8 所示。以党的十八大的召开为界，我们发现，1998～2012 年的突现词为东部地区、县域经济、经济发展、聚类分析、协调度、评价、收敛、基尼系数、产业结构等，这些突现词反映出该阶段的研究热点主要围绕如何促进经济增长展开。2013～2022 年的突现词为经济收敛、旅游经济、城市群、区域差异、影响因素、实体经济、南北差距等，这一阶段国内经济差距研究具有明显的政策导向性，跟随着区域协调发展的现实需求，经济收敛、城市群、南北差距问题成为学者研究前沿，更侧重于区域协调发展。同时，我们还发现出现时间较晚

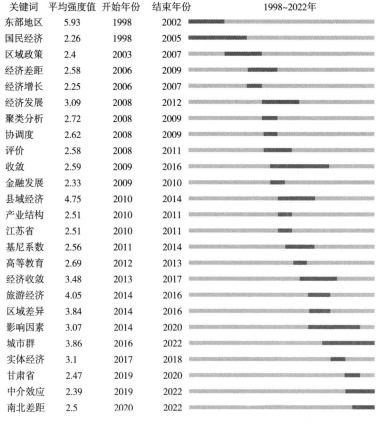

关键词	平均强度值	开始年份	结束年份	1998~2022年
东部地区	5.93	1998	2002	
国民经济	2.26	1998	2005	
区域政策	2.4	2003	2007	
经济差距	2.58	2006	2009	
经济增长	2.25	2006	2007	
经济发展	3.09	2008	2012	
聚类分析	2.72	2008	2009	
协调度	2.62	2008	2009	
评价	2.58	2008	2011	
收敛	2.59	2009	2016	
金融发展	2.33	2009	2010	
县域经济	4.75	2010	2014	
产业结构	2.51	2010	2011	
江苏省	2.51	2010	2011	
基尼系数	2.56	2011	2014	
高等教育	2.69	2012	2013	
经济收敛	3.48	2013	2017	
旅游经济	4.05	2014	2016	
区域差异	3.84	2014	2016	
影响因素	3.07	2014	2020	
城市群	3.86	2016	2022	
实体经济	3.1	2017	2018	
甘肃省	2.47	2019	2020	
中介效应	2.39	2019	2022	
南北差距	2.5	2020	2022	

图 2.8 经济差距与收敛文献的突现热点词分布

且当前正在被研究的突现词多数集中在城市群、中介效应、南北差距等，这进一步说明促进南北经济差距是现阶段国内区域经济差距重点研究方向。

2.3　文献回顾

通过文献计量分析发现，城市群研究方面，促进区域协调发展是近年来国内城市群重点研究方向；区域经济差距方面，南北经济差距是近年来国内区域经济差距重点研究方向。CiteSpace 的分析结果为本书的研究方向提供了有益参考，但是 CiteSpace 软件大多是分析单一主题下的研究热点，对于城市群发展与区域经济差距的关系方面并不能作为确定研究主题方向的依据。因此，本节在以上 CiteSpace 知识图谱分析基础上，进一步归纳梳理了城市群与区域经济差距关系研究的三支主要文献。

2.3.1　城市群经济效应文献的主观梳理

1. 城市群与经济增长

城市群为城市在地理空间上集聚而成的最高空间组织形态，其实质可视为一种空间集聚。但是，传统的主流经济学忽略了"空间"因素。以藤田（Fujita）和克鲁格曼（Krugman）等为首的新经济地理学家们将"空间"引入一般均衡分析且不断发展后形成了新经济地理模型（NEG 模型），并逐步揭示了空间集聚与经济增长的关联性（Fujita et al.，1999）。空间集聚的研究起始于以微观主体企业为核心的产业集聚，鲍德温和福斯里德（Baldwin & Forslid，2000）将产品创新增长理论引入克鲁格曼的核心‐外围模型中，创造出长期增长和产业区位的共同内生模型。他们发现降低交易成本的一体化政策倡导经济活动分散化，但减少商品交易成本的整合政策则推动了经济活动集聚化，产业的空间集聚可以驱动区域经济长期增长，且这种增长的效应有效缓解了外围国家因集聚而造成的静态福利损失。与鲍德温和福斯里德（Baldwin & Forslid，2000）的假设类似，藤田和蒂斯（Fujita & Thisse，2002）构建出新经济地理动态模型，并得到一致结论：集聚促进了经济增长且地理区位也影响了经济增长。马丁和奥塔维亚诺（Martin & Ottaviano，2001）研究得出区域经济增长和地理空间集聚为互相强化的过程。一方面，空间集聚促进了区域经济增长，因为它通过交易成本导致的经济外部性降低了该地区的创新成本；另一方面，区域经济增长又驱动了空间集聚，因为随着创新起源部门的扩张，新公司的选址往往会靠近该部门。

之后，学界对于空间集聚研究对象的空间尺度开始从产业园区扩展到城市和城市群，但得到的结论不尽相同。孔布（Combes，2000）研究了法国城市集聚对1984~1993年工业和服务业经济增长的影响，结果发现，对于工业部门，城市总就业密度、竞争、工厂规模以及部门专业化和多样性均会抑制经济增长；对于服务业部门，城市竞争、工厂规模、部门专业化会抑制经济增长，而城市的部门多样性以及就业密度会促进经济增长。亨德森（Henderson，2003）对最优的城市化水平或最优的城市集中度水平进行了计量检验，发现存在最佳的城市集中度使得城市经济增长达到最大化生产率，但是经济增长并没有受到城市化本身的显著影响。基于日本区域经济的经验证据实证发现区域经济发展不仅是由城市群经济带来的，且交通网络也起到了一定贡献（Zheng，2007）。基于集聚理论探究社会企业区位的适切性的研究得出，城市集聚通过制度支持、资金与商业契约等渠道推动社会经济发展（Pinch & Sunley，2016）。有研究发现，城市群的集聚经济和创新能力是区域经济增长的关键要素，通过对巴塞罗那和赫尔辛基大都市地区的分析进一步发现，与大都市核心的物理距离显著促进了外围区域经济增长（Chica & Marmolejo，2016）。

随着新经济地理学的兴起，国内的学者对中国城市群的经济增长效应产生了浓厚兴趣，相关文献大致划分为三支。第一支文献基于市场一体化的视角来估测城市群的经济增长效应。张亚丽和项本武（2021）认为城市群通过提升一体化水平促进内部城市经济增长，并基于2009～2019年中国 10 个城市群的 164 个地级及以上城市的经验数据研究发现，商品市场和产业结构一体化较好推动了城市经济增长，但劳动力市场一体化水平呈 U 型非线性影响。谢守红等（2021）利用 1996～2018年长三角城市群的 26 个城市数据讨论了市场一体化与经济增长的互动效应，发现市场一体化有效推动了经济增长，但这种经济增长效应会受到城市发展水平的干扰，江苏和浙江省内城市以及上海市的经济增长效应更为显著，但安徽省内城市的经济增长效应却不显著。陈瑶和吴婧（2021）以长三角城市群作为研究对象，借助空间杜宾模型实证估测了区域一体化对工业绿色发展的空间溢出效应，结果得出区域一体化对工业绿色发展具有正空间溢出效应，但抑制了城市群自身的工业绿色发展效率提升。方叶林和程雪兰（2021）借助空间杜宾模型，实证估测了一体化进程对旅游经济的空间溢出效应，研究发现长三角城市群一体化进程对本地旅游经济产生显著正向作用，同时也带来了显著溢出效应。唐为（2021）利用 Hsieh-Klenow 模型和工业企业数据库，研究发现我国要素市场一体化程度持续增强，长三角、珠三角等城市群市场整合度明显高于中西部。

第二支文献基于城市功能的视角来估测城市群的经济增长效应。黎文勇和杨上广（2019）实证研究发现城市群功能分工能显著提升城市全要素生产率，且这种正向效应主要通过人力资本和对外开放等路径传导，与中心（副中心）城市相比，城市群功能分工对外围城市的正向作用更强。尚永珍和陈耀（2020）基于十大城市群数据计量分析发现，中心城市经济增长与功能分工呈正向关系，而外围城市经济增长与功能分工呈负向关系。王志勇和叶祥松（2021）实证发现，同时追求城市功能专业化与城市间功能互补，会对本地经济增长产生正向效应，对其他城市产生显著溢出效应；只追求功能专业化对本地经济增长具有不显著的正向作用，同时对其他城市也会产生挤出效应；只追求城市间功能互补会显著抑制本地经济增长，同时对其他城市也会产生挤出效应。杨继军和刘依凡（2021）实证得出，城市群功能分工对企业出口增加值呈 U 型影响。

第三支文献将城市群作为一项准自然实验，利用双重差分法（DID）方法来估测城市群的经济增长效应。张跃等（2021）利用 DID 实证估测了城市群影响长三角经济高质量发展的效应，研究发现区域一体化提高了长三角城市群经济发展的整体质量。丁任重和许渤胤（2021）利用 DID 实证检验了 7 个国家级城市群对区域经济增长的带动作用，研究得出，城市群可以有效推动区域经济增长，7 个城市群平均每年促进经济增长 0.56 个百分点。李格等（2022）利用 DID 实证估测城市群对绿色发展的影响，研究发现，长三角城市群扩容通过与周边新城市的融合，显著提高了整体城市群的绿色发展水平。柯蕴颖等（2022）基于 2007～2019 年中国 19 大城市群 204 个城市的面板数据，利用 DID 实证发现，城市群一体化推动了区域产业结构的高级化与合理化。

2. 城市群与经济差距

事实上，城市"抱团"发展在促进经济增长的同时，也在不断影响着城市与城市之间的经济差距。有学者认为城市群发展会扩大经济差距，新经济地理理论指出，任何可以减小交易成本的因素均可能带来企业的重新选址，最终呈现出产业结构和收入不均衡特征（Fujita，1988；Krugman，1991），如此循环累积过程可以内生性地区分出富裕的中心区域以及贫穷的外围区域，导致地区差距持续增大（Ottaviano & Puga，1998）。研究经济集聚对地区经济增长的作用发现，经济集聚仅会在一定程度上推动经济增长，很大程度上导致了区域间的不均衡发展（Brülhart & Sbergami，2009）。也有不少学者将欧盟当作研究对象，使用收敛模型和非参数分析等实证方法检验发现，区域一体化水平的提高会扩大国家之间的收入差距，欧盟内部并不存在经济收敛，该现象一定程度上由企业在发达国家的地理集聚所致（Heidenreich & Wunder，2008；Strielkowski & Höschle，2016）。张凡和宁越敏（2019）认为，城市群核心竞争力的差别在很大程度上导致了我国三大地带之间的发展差距。侯杰和张梅青（2020）以京津冀城市群为例，利用三种测度方法研究京津冀城市群的功能分工状况，结果表明京津冀城市群并没有真正形成多中心协同的空间分工格局，这将阻碍区域协调发展。李治国和王杰（2022）采用空间均衡模型理论探究了城市群经济集聚与绿色经济效率及其不平等的内在关系，使用黄河流域七大城市群的数据实证发现，经济集聚与绿色经济效率为倒 U 型关系，且城市群经济集聚会扩大群际绿色经济效率差距，从而加剧其绿色发展的不平等。王亮和张芳芳（2022）实证发现，大城市群双中心城市间的社会经济联系强度、一体化响应水平都显著高于群内其他城市，两大城市群成员一体化响应水平两极分化明显，且差距持续扩大。

有的学者认为城市群发展会缩小经济差距，即城市群发展促进了区域经济收敛。通过随机内生增长模型，探究欧盟一体化对经济收敛的影响的研究结果表明，经济一体化有助于成员国，尤其是从长期角度来看，有助于新成员国赶上欧盟核心成员国的生活水平（Kutan & Yigit，2007）。对 1998~2005 年扩大后的欧盟区域趋同的非参数分析结果发现，扩容后的欧盟国家间呈现出一定程度的经济收敛（Chapman & Meliciani，2012）。基于个人生命周期收入，学者们分析了欧盟扩大对不平等的作用，发现刺激欠发达国家增长的政策发挥了关键作用，如果当前收入的经济收敛率为 2%，永久收入的不平等将不到现在的 1/3（Pastor & Serrano，2012）。李智超和谭西涵（2021）实证发现，城市群内部的府际合作和官员流动能够有效缩小城市间经济差距。唐睿（2021）利用长三角城市群2011~2018年的数据，探究了长三角城市群一体化政策对旅游业收敛的影响，结果发现一体化政策显著缩小了长三角旅游业差距，且通过提高政府行政效率、完善公共资源再配置、强化市场潜力等路径实现。

也有学者认为城市群发展对经济差距的影响存在异质性。贝克菲尔德（Beckfield，2006）实证发现，区域一体化在初期通过扩大市场竞争加剧经济不平等，在后期则会通过福利国家和社团机构达到平衡经济的作用。赵勇和齐讴歌（2015）实证发现，城市群功能分工与区域经济差距之间的关系呈倒 U 型特征。谢卓廷和王自力（2020）基于2000~2016年城市面板数据实证得出，政府主导区域一体化显著推动了一体化城市群的经济增长，对中等工业水平城市群的经济效应最大，对较高工业水平城市群效应次之，对较低工业水平城市群效应最低。杨孟禹和胡冰璇（2021）依据不同发展阶段的特征把城市群划分为Ⅰ类、Ⅱ类和Ⅲ类，使用城市夜间灯光数据实证发现，Ⅰ类城市群发展的城市差距扩大效应最强，Ⅱ类城市群次之，而Ⅲ类城市群发展则能缩小城市差距。文荣光和陈勇等（2021）利用中国16个城市群数据实证发现，中心和外围城市间的生产性服务分工与工资差距呈倒 U 型关系。刘乃全和胡羽琦（2022）采用2000~2019年长三角城市群数据，实证发现，区域一体化对城市间收入差距呈倒 U 型影响。

2.3.2　区域经济差距与收敛文献的主观梳理

学界关于区域经济差距与收敛的理论研究成果较为丰硕，主要是基于经济增长的动态视角探讨空间维度上区域经济发展的差距与不均衡性。自20世纪50年代以来，学界就区域经济发展的趋同问题和趋异问题展开激烈讨论，并产生了新古典区域增长理论（Domar，1946；Solow，1956）、新增长理论（Romer，1986，1987；Lucas，1988）、平衡和不平衡增长理论（Hirschman，1958）、区域循环累计因果理论（Myrdal & Sitohang，1957）、增长极理论（Perroux，1955）、中心－外围理论（Friedmann，1966）等学说。区域平衡发展理论的前提假设是生产要素自由流动以及边际报酬递减，主张在市场机制调整下，因存在区域间要素价格的收敛，区域经济差距会消除。然而，这一理论对于经济社会中的区域差距问题，尚未给出较好解释。克鲁格曼（Krugman，1980，1991）将地理区位因素纳入区域经济差距的解释框架中，构建了中心－外围模型，并由此带动了新经济地理学的发展。藤田（Fujita，2001）、鲍德温（Baldwin，2003）、奥塔维亚诺（Ottaviano，2003）等从不同角度构建新经济地理学模型，他们在规模收益递增和垄断竞争模型的前提假设下，基于集聚和扩散的视角，对地理空间问题的研究进行了建模，主张外生的自然条件和资源禀赋的差距是导致经济差异的根本原因。探究经济系统内生力量影响经济活动空间差异等问题，对于现实世界尤其是发展中国家的区域经济差距具有很强的解释力。

区域经济差距作为我国经济发展过程中长期存在的一个关键问题，国内学者对我国区域经济差距的成因做了深入而广泛的研究，主要包括经济增长因素决定论、地理环境因素决定论以及制度因素决定论三支文献。

1. 经济增长因素决定论

这类文献认为经济增长层面的因素影响了区域经济差距。这类文献聚焦于劳动力要素、资本积累、技术进步等方面，核心观点认为要素配置效率与丰富程度在一定程度上决定了地区经济差异。

（1）劳动力方面。李亚玲和汪戎（2006）实证发现人力资本基尼系数与经济发展之间存在显著负向关系；段平忠（2008）认为人口流动对我国区域收敛效应的作用明显，1978～1987 年的人口流动减弱了区域经济收敛性，但 1996～2003 年的人口流动强化了区域经济收敛性；王淑娟等（2015）借助新古典增长模型实证发现劳动力流动阻挡了新疆区域经济差距的扩大，且对经济富裕的北疆地区差距有减小作用，但抑制了经济落后的南疆地区差距的缩小；彭国华（2015）基于理论匹配模型，将劳动力流动与地区经济差距纳入同一个模型进行分析，结果发现，改革开放以来我国东部与中西部经济差距的缘由在于东部地区吸引了更多的高技术型人才；侯燕飞和陈仲常（2016）实证表明人口流动推动了区域经济发展，我国区域经济存在新古典经济增长机制和内生经济收敛机制；刘智勇和李海峥等（2018）研究得出人力资本高级化对我国地区差距的影响比人力资本存量更大；卜元超和吴利华（2018）、陈明生和郑玉璐等（2022）基于中国地市面板数据实证表明高铁开通能够通过劳动力要素流动对区域经济差距带来正向影响。

（2）资本方面。大多数学者都认为不论是短期还是长期，资本流动始终是经济增长的决定因素，进而也是造成区域经济差距的重要成因（郭金龙和王宏伟，2003；王小鲁和樊纲，2004；门洪亮和李舒，2004；倪鹏飞等，2014）。魏后凯（2003）实证得出，东西部之间的经济差距约90%是因外商投资导致的；严成樑和崔小勇（2012）构建了一个拓展的MRW模型，并实证得出资本投入对人均产出与经济增长的作用具有地区差异，这是导致我国区域经济差距的重要原因；陈虹和朱鹏珅（2015）实证发现，资本回报率的增加扩大了区域间经济差距，但缩小了区域内经济差距；周玲（2020）研究发现，省际资本流动性的增强会显著弱化全国区域经济不平衡程度，且对东部、中部、西部以及东北地区的影响分别为负、正、不显著以及由负转正；宋颜群和胡浩然（2022）实证研究发现，外资准入政策显著缩小了管制放松行业在相邻城市间的生产率差距。

（3）技术进步方面。杨文举（2008）经验分析表明，中国省份经济增长中不仅具有显著的本地化技术进步和技术无效率现象，并且省际技术进步和技术效率变化的差异造成了省际经济差距的扩大；石风光和李宗植（2009）、孙巍和徐邵军（2021）均通过理论和实证模型得出，技术进步方式的改变导致了区域经济差距特征的变化，技术研发对经济增长具有单一正向效应，技术模仿对经济增长的正向作用伴随技术水平提高而减弱；陶长琪和齐亚伟（2011）实证发现区域间的要素投入差异为区域经济差距的重要来源，技术效率的收敛性是减小区域差距的重要途径；傅晓霞和吴利学（2013）认为技术差距是影响区域经济失衡的重要来源，其影响远超有效劳均资本存量差距；白俊红和王林东（2016）借助空间计量方法实证得出，创新驱动对东西部经济收敛存在显著正向效应，但抑制了中部地区经济收敛；唐兆涵和陈璋（2019）通过理论分析和实证检验发现，以产业为载体的技术转移与扩散使不同区域生成了不同的经济循环模式，进而导致了区域差距的形成；崔婷婷和陈宪（2020）将创新效率加入区域经济差距的研究框架内，实证表明创新效率拉大了区域经济差距；郑江淮和戴玮（2021）实证分析表明，地区间技术邻近度的提升对缩小地区经济差距存在显著的促进作用，对东部与中西部间、经济水平相近地区间的正向作用更为明显；蒋欣娟等（2022）实证发现，技术专业化分工对区域经济差距具有显著的倒 U 型影响效应，即对区域协调发展具有先抑制后促进作用。

2. 地理环境因素决定论

这类文献认为地理环境层面的因素导致了区域经济差距。新经济地理理论将经济活动空间集聚的影响因素分为"第一自然因素"和"第二自然因素"（Krugman，1993）。其中，"第一自然因素"主要包括资源禀赋等，"第二自然因素"主要包括基础设施等，这两类自然因素的差异使得经济活动空间集聚和地区差距更为显著（Ellison & Glaeser，1997；Brulhart，1998；Gallup et al.，1999）。同样，中国地区经济差距的形成也受到"第一自然因素"和"第二自然因素"的共同影响（付金存等，2014）。

（1）"第一自然因素"方面。多数学者提出资源禀赋对区域经济差距的形成起到关键作用。林毅夫和刘培林（2003）提出，我国省际发展差距的源头在于，新中国成立以来所执行的重工业率先发展的赶超战略下建立的生产要素配置结构，与众多地区要素禀赋结构决定的比较优势相背离，最终造成诸多赶超企业缺乏自生能力，并且限制了地区经济增长；陈秀山和徐瑛（2004）、林勇和张宗益（2008）、蒋天颖等（2014）研究发现，要素禀赋状况和要素配置状况一方面是地区经济差距的重要成因，另一方面还是地区经济差距不断拉大的直接结果；陆铭和陈钊（2005）认为中国幅员辽阔且区域间地理条件存在较大差别，改革开放以来市场力量促使地理条件成为区域经济差距的基本因素；陈飞翔和黎开颜等（2007）基于开放条件下的要素投入锁定效应模型，实证检验得出，我国对外开放过程中存在锁定效应并最终扩大了我国区域经济差距。也有少数学者认为区域经济发展差异不能简单归因于自然资源禀赋差异。徐康宁和王剑（2006）实证得出，我国区域间呈现"资源诅咒"现象；王晓鸿和王崇光（2008）分析认为，东西部在资源禀赋上都有自身优势，这不能成为东西经济差距的决定因素；张天舒和黄俊（2013）认为资源越丰富的地区，内部企业的寻租动机越强，由此阻碍了地区经济发展，进而扩大了地区收入差距。

（2）"第二自然因素"方面。大多数文献围绕交通基础设施进行研究。传统交通基础设施方面，刘生龙和胡鞍钢（2010）、范晓莉和崔艺苧（2018）都基于省际面板数据实证得出交通基础设施有效拉动了中国的经济增长，且交通基础设施条件的差异是引致经济差距的重要成因；张光南和张海辉（2011）通过1989～2008年省际面板数据实证发现，我国铁路和等级公路建设能够有效缩小区域经济差距，但是等级公路的过度投资减缓了区域经济趋同速度。同时，交通基础设施对区域经济差距的影响也存在空间溢出性（刘勇，2010）；罗能生和孙利杰（2019）实证发现，交通基础设施发展及客运周转量的增加会扩大区域间的经济差距，并且交通基础设施对区域经济差距的间接效应大于直接效应；朱琳和罗宏翔（2022）实证发现，交通基础设施发展对省域经济差距存在空间溢出效应，整体上有利于改善区域经济差距，同时还加大了相邻区域经济差距。伴随高铁网络的逐步完备，学界逐步关注高铁对区域经济差距的影响，但并未达成一致结论。基于中国高铁开通数据的实证表明，高铁的发展显著改善了我国区域间经济差距（Chen & Haynes，2017；张恒龙和陈方圆，2018），并且显著促进了外围城市的经济增长，进而有益于改善外围与中心城市的经济差距（Liang et al.，2020；周申和倪何永乐，2022）；刘怡等（2018）研究发现，京津冀高铁开通显著促进了京津冀区域内交通改善地区的经济增长，驱动了京津冀地区经济协调发展；陈丰龙等（2018）、余泳泽和潘妍（2019）基于中国城市面板数据实证检验发现，高铁开通能够有效改善我国城乡收入差距。然而，也有研究表明高铁的开通强化了中心城市的虹吸效应，加速了外围地区生产要素向中心城市聚集，进一步拉大了地区经济差距（张克中和陶东杰，2016；张梦婷等，2018；Yu et al.，2019；马为彪等，2022）。董艳梅和朱英明（2016）实证得出，高铁建设拉大了东部大型高铁城市与非高铁城市间的经济差距；卞元超和吴利华（2018）实证得出，高铁开通也明显拉大了省会城市间的经济差距；杨珩和佟琼（2020）实证得出，京沪高铁的开通扩大了沿线站点城市间经济发展差距；郑联盛和孟雅婧（2022）通过实证得出，高铁开通加剧了城市经济差距。

3. 制度因素决定论

这支文献认为制度层面的因素导致了区域经济差距，这些因素主要包括地方政府行为、企业所有制、市场化程度等。一些文献认为财政分权可以抑制中央政府的过度干预，进而为地方官员提供了驱动经济增长的动力（Montinola et al.，1995；Qian & Weingast，1997；Qian & Roland，1998；钟昌标等，2006；钟昌标等，2008）。一些文献强调中央政府将经

济增长与官员人事考核挂钩所衍生的激励作用（Blanchard & Shleifer,
2001；Maskin et al.，2002；周黎安，2007；徐现祥等，2007；皮建才，
2012）。同时，部分学者认为经济所有制会影响区域经济差距（刘伟和
李绍荣，2001）；刘瑞明（2011）实证发现，国有比重的减少有效推动
了地区经济增长，并指出地区间的经济收敛需依靠所有制结构的收敛。
李钢和王罗汉（2015）实证得出，非国有经济是造成区域经济差距的关
键因素，2011年非国有经济的差异能够解释不同省份工业经济差距的
85%。景维民和莫龙炯（2017）基于1990~2013年省际面板数据实证发
现，过度的国有经济规模对经济增长产生负向作用，并且国有经济规模
产生的影响呈先正后负的规律。此外，也有不少学者强调了市场化程度
对区域经济差距的影响（贺灿飞和梁进社，2004；樊纲等，2011；范剑
勇和林云，2011；韦倩等，2014）。孙晓华和李明珊等（2015）研究表
明，市场化进程的不同步是区域经济失衡的重要原因之一，市场化改革
有效促进了发达地区经济增长，但是却对落后地区的促进作用较弱。邓
金钱和何爱平（2018）、钟腾等（2020）基于我国省际面板数据实证表
明市场化进程进一步加剧了城乡收入差距。

2.3.3　南北经济差距与收敛文献的主观梳理

针对我国区域经济差距问题，长期以来国内学界的研究重点往往都
是聚焦于东、中、西地区间的经济差距上。现阶段全国经济重心南移，
中国"南北差距"逐步成为新焦点。盛来运等（2018）首先注意到我国
经济进入新常态以来区域经济差距的新变化，并对南北经济差距发展进
行了划分：新中国成立至改革开放前，北方的经济发展快于南方；改革
开放后，南方的经济发展赶超北方；2000~2013年，南北方的经济发展
齐头并进；2013年进入经济新常态以来，南北经济差距扩大。此后，学
界关于南北经济差距的文献日渐增多。测度南北差距是研究南北经济差

距的第一要务，按照描述南北经济差距的基础指标划分，主要包括四类：第一类是总量指标，大多使用南北地区 GDP 占全国比重的差距来衡量（杨多贵和刘开迪，2018；杜宇和吴传清，2020；安虎森和周江涛，2021），也有学者采用制造业新增企业数量的差异来衡量（郑艳婷等，2021）。第二类是人均指标。多数以南北人均实际 GDP 的差距来衡量（吕承超等，2021；吕承超和崔悦，2022；杨开忠和顾芸，2022），也有以名义人均 GDP（张红梅等，2019）和人均可支配收入（刘华军等，2022）来衡量。第三类是速度指标。盛来运等（2018）分别使用 GDP 增速和人均 GDP 增速来揭示南北差距，周晓波等（2019）以 GDP 增速的差异来衡量南北经济差距，魏后凯等（2020）采用人均 GDP 增速来刻画南北差距。第四类是综合指标。杨明洪和涂开均（2021）、杨明洪和巨栋（2021）同时使用 GDP 总量、人均 GDP 及增速综合衡量南北经济差距。

与此同时，不少文献从不同视角对南北经济差距的成因展开研究。一是结构论。盛来运（2018）将南北经济差距拉大的因素归结为北方产业结构不合理、资本积累慢、经济体制改革落后等方面。杨明洪和黄平（2020）认为产业结构变迁是导致南北经济差距的关键原因。杜宇和吴传清（2020）认为产业结构优化、新旧动能转换方面的差距拉大了南北经济差距。许宪春等（2021）认为北方新旧动能转换艰难、创新动力匮乏等是导致南北经济差距拉大的关键成因。邓忠奇和高廷帆（2020）、安虎森和周江涛（2021）认为南北经济差距主要是由南北地区在经济增速换挡、动力转换方面的差异导致而成的。二是政策论。郭妍和张立光（2018）认为南北经济分化的深层次原因是地方政府与市场关系、发展理念、人才政策等。杨明洪和巨栋（2021）提出，南北经济差距是由区域政策环境、经济开放环境等差异导致的。丛胜美和耿鹏鹏（2022）认为 2013 年全面开展的农地确权，进一步强化了"南强北弱"的管制逃避，进而造成南北经济差异持续扩大。刘斌和潘彤（2022）基于省际面板数据实证考察了政府创新驱动对南北经济差距的影响，研究得出政府创新驱动有效推动了地区经济增长，且南方的推动效应强于北方。三是要素论。魏后凯等（2020）认为投资下滑、人口流失和产业结构不合理等是导致南北差距拉大的关键因素。戴德颐（2020）基于省际面板数据实证得出，南北经济差距形成的主要原因是要素资源投入的数量及效率的差异所致。闫佳敏和沈坤荣（2022）认为北方资源配置效率低下、创新动力不足、市场活力不足等是南北经济差距扩大的关键因素。刘学良等（2022）认为北方工业的相对落后、南方在劳动者收入和企业盈利上的相对领先、南方在货物和服务净流出上的比较优势等共同拉大了南北经济差距。

此外，也有少数学者考察了南北经济收敛问题。董雪兵和池若楠（2020）首先采用省际面板数据实证检验了南北经济收敛性特征，结果得出南北区域经济发展从不存在"俱乐部收敛"到"俱乐部收敛"再到"南方经济分化，北方经济收敛"。王维（2022）基于 σ 收敛和 β 收敛模型对南北经济收敛性进行实证估测，结果表明南北区域经济存在显著的俱乐部效应，南方内部由收敛演变为不收敛特征，而北方内部均呈收敛态势。王磊和李峰波（2022）采用省际面板数据考察了我国南北经济发展的收敛情况，研究表明中国全域经济存在省际的条件 β 收敛，但南北地区间则由不存在"俱乐部收敛"演变为存在"俱乐部收敛"。

2.3.4　文献评述

系统梳理以往文献，学者们基于不同的研究视角、不同的研究方法、多种的研究尺度、多样的研究数据对城市群影响区域经济增长、区域经济差距的效应与机制、区域经济差距与收敛的影响因素，以及南北经济差距与收敛的影响因素做了深入探究与挖掘，并产生了较为丰富的研究成果，这为本书进一步的研究提供了理论基础与经验借鉴，但仍存在以下一些局限。

第一，鲜有文献以城市群作为研究对象来考察南北经济收敛问题。针对区域经济收敛问题，既有研究多是以城市为点来展开，鲜有以城市群为面来进行研究。新常态下城市群是支撑我国区域经济增长、推动区域协调发展的关键载体，揭示南北城市群经济收敛性特征对于科学把握南北城市群协调发展情况具有重要价值。然而，学界更多关注的是我国东中西部省域、市域、县域等之间的区域经济差距与收敛问题，对南北城市经济收敛的研究少之又少，更不要说对南北城市群经济收敛的考察了，因此，有必要对现有研究进行拓展。

第二，鲜有文献从城市经济收敛的角度来考察南北经济差距问题。根据 Citespace 的文献计量分析可知，南北经济差距是近年来国内区域经济差距重点和热点研究方向，但是目前学界关于南北经济差距的研究往往围绕经济差距的描述性统计展开，鲜少文献基于收敛模型揭示南北经济收敛性特征以更好描述南北经济差距，仅有的几篇文献要么采用省际尺度数据，要么使用传统收敛模型，这些局限都会导致最终得到的结果不够有说服力。然而，以地级及以上城市为地域尺度并且采用引入空间效应的收敛模型来研究南北经济收敛的文献较为少见，因此，研究尺度和研究方法还需进一步加强与完善。

第三，鲜有文献关注城市群政策对南北区域经济收敛的影响效应。根据 Citespace 的文献计量分析可知，促进区域协调发展是近年来国内城市群领域的重点研究方向。尽管学界关于我国区域经济差距影响因素的文献非常丰富以及关于南北经济差距影响因素的文献日渐增多，但城市群政策对南北经济收敛是否存在差异、是否构成我国南北经济差距的一种原因，学界关于此方面的研究并不多见，因此，有必要对南北经济差距的成因提供一种新视角。

第四，鲜有文献揭示城市群政策对南北经济收敛影响的传导机制。学界关于城市群政策影响南北经济收敛的研究较为少见，关于此方面的机制研究则更是寥若晨星。因此，本书不但会实证检验南北城市群政策对经济收敛的影响差异导致南北经济差距的可能性，还会从经济联系机制、产业分工机制、市场统一机制等角度探究内在的影响机制，这将有助于为挖掘南北差距成因贡献完整逻辑链条、为政府制定实现南北经济协调发展的引导政策贡献参考依据。

第3章 理论模型与研究假设

通过第2章的文献回顾，从新经济地理模型以及学界的研究中发现，城市通过空间集聚发展城市群时，存在两类效应。第一类是集聚产生的正外部性，体现在中心城市利用扩散效应拉动外围城市发展，此效应表现为促进了知识溢出和创新溢出以及降低了交易成本和运输成本。正外部性能够驱动城市群经济生成离心力，进而推动整个城市群地区的经济增长。第二类是集聚产生的负外部性，体现在中心城市利用虹吸效应阻碍外围城市发展，此效应表现为抑制了知识溢出和创新溢出以及增加了交易成本和运输成本。负外部性能够驱动城市群经济生成向心力，进而导致外围城市经济发展逐渐落后。综上所述，集聚产生的正负外部性本质上是一种对地区之间交易成本（包括运输成本）和创新成本（知识溢出、创新溢出）的影响，那么城市群政策实施带来的城市集聚究竟对区域经济差距带来什么影响？接下来，本章将基于城市群政策的实施会影响交易成本和创新成本的考虑，系统探究我国城市群政策对经济差距的直接影响。借鉴马丁（Martin，1999）提出的区域经济政策模型，将新经济地理理论与内生经济增长理论相结合，构建两区域、两要素、两部门的理论模型来分析城市群政策实施与经济差距之间的关系，从数理层面为本书内容提供一定支撑，同时也为下文的实证探究提供假设基础。

3.1 理论模型

3.1.1 基本假设

（1）要素禀赋。本模型中我们只考虑中心城市 A 和外围城市 B 两类城市，它们拥有相同数量的劳动力要素（$L_A = L_B = L$）；城市 A 初始资本存量 $K_A(0)$ 高于城市 B 初始资本存量 $K_B(0)$，进而存在收入水平的差异；劳动力要素不能在城市间自由流动，而资本要素可以在城市间自由流动；两地区的产品都是由同质商品（农产品）和异质商品（制造业产品）构成。

（2）消费者偏好。借助柯布－道格拉斯（Cobb-Douglas）函数描述消费者偏好，消费者的跨期效用函数为（考虑到模型的对称性，这里集中分析城市 A 的情形，下同）：

$$U_A = \int_0^\infty \log \left[D_A(t)^\alpha Y_A(t)^{1-\alpha} \right] e^{-\rho t} \mathrm{d}t \tag{3.1}$$

其中，Y_A 为城市 A 同质商品的消费量；$\alpha \in (0,1)$ 为城市 A 中异质商品消费比重；ρ 是时间偏好率；D_A 为城市 A 异质商品的消费量。消费者对异质商品的需求函数如下：

$$D_A(t) = \left(\int_0^{N_A} D_{AA}(t)^{\frac{\sigma-1}{\sigma}} \mathrm{d}t + \int_0^{N_B} D_{AB}(t)^{\frac{\sigma-1}{\sigma}} \mathrm{d}t \right)^{\frac{\sigma-1}{\sigma}}, \sigma > 1 \tag{3.2}$$

其中，N_A 和 N_B 分别为城市 A 和城市 B 中异质商品的品种数量，且数量总和为 $N = N_A + N_B$；D_{AA} 和 D_{AB} 分别为城市 A 中的消费者对城市 A 生产以及城市 B 生产异质商品的消费数量；σ 除了可以代表异质商品间的替代弹性，还代表商品的需求价格弹性。

由式（3.1）和式（3.2）计算可得消费者支出函数：

$$E_A(t) = \int_0^{N_A} \tau_A D_{AA}(t) P_{AA} dt + \int_0^{N_B} \tau_I D_{AB}(t) P_{AB} dt + P_Y Y_i(t) \qquad (3.3)$$

其中，P_{AA} 和 P_{AB} 分别为本地生产（城市 A）和异地生产（城市 B）的异质商品在城市 A 中的销售价格。

（3）交易成本。按照萨缪尔森（Samuelson，1954）和一些经济地理文献所述，需引入交易成本。同质商品交易中不产生交易成本，但异质商品交易中会产生冰山物流成本，因此式（3.3）中需考虑两种交易成本，分别是异质商品在区域内的交易成本 τ_A 和区域间的交易成本 τ_I，且两者都大于 1。此外，假定城市 A 和城市 B 可以共享推进区际交易的基础设施，则两城市的 τ_I 相等且 $\tau_I > \tau_B \geqslant \tau_A$。

（4）商品生产。在一个完全竞争的行业中，同质商品的生产满足完全竞争性和规模报酬不变性，每生产 1 单位同质商品需 1 单位劳动要素。假设经济体对同质商品的需求足够大，仅依靠单个区域生产并不能满足市场需求，故在均衡状态下，城市 A 和城市 B 都要生产同质商品。自由贸易保证了两个城市间名义工资率均等，为简化模型且不失一般性，将各城市的工资率设定为 1。

异质商品的生产满足垄断竞争性和规模报酬递增性，每个企业仅生产一类商品，且每生产 1 单位异质商品需要 β 单位劳动力要素，城市 A 中的企业利润为：

$$\pi_A = (\tau_A P_{AA} D_{AA} + \tau_I P_{AB} D_{AB}) - \beta(\tau_A D_{AA} + \tau_I D_{AB}) \qquad (3.4)$$

对式（3.4）进行利润最大化计算，得到最优生产价格：

$$P_{AA} = P_{BB} = \beta\sigma/(\sigma - 1), \ P_{AB} = P_{BA} = \tau_I \beta\sigma/(\sigma - 1) \qquad (3.5)$$

将式（3.5）代入式（3.4）中，得到异质商品生产者利润：

$$\pi_A = \frac{\beta x_A}{\sigma - 1}, \ x_A = (\tau_A D_{AA} + \tau_I D_{AB}) \qquad (3.6)$$

假定生产 1 单位异质商品需要 1 单位资本，则经济体中异质商品类型数与资本存量相等，即：$N = N_A + N_B = K_A + K_B$。

（5）创新。企业的创新部门为积累 1 单位资本，企业家需在城市 A 和城市 B 分别雇用 η/N_A、η/N_B 单位的劳动力，η 为企业创新成本。

（6）金融流动。假定一种安全资产的市场利率为 r，其市场的特征是地区间金融能够自由流动。由欧拉方程可知，消费者的跨期优化说明消费支出的增长率等于市场利率与消费的边际时间偏好率之差：

$$\dot{E}_A = \dot{E}_B = r - \rho \qquad (3.7)$$

值得注意的是，当市场处于稳定状态时，$\dot{E}_A$ 和 $\dot{E}_B$ 必定是常数，则有 $r = \rho$。

3.1.2 均衡研究

1. 均衡企业区位

通过式（3.1）、式（3.3）和式（3.6），并结合消费者效用最大化的一阶条件计算城市 A 和城市 B 的异质商品企业规模：

$$x_A = \frac{\alpha L(\sigma - 1)}{\beta \sigma}\left(\frac{E_A \delta_A}{N[\gamma \delta_A + (1 - \gamma)\delta_I]} + \frac{E_B \delta_I}{N[\gamma \delta_I + (1 - \gamma)\delta_B]}\right) \quad (3.8)$$

$$x_B = \frac{\alpha L(\sigma - 1)}{\beta \sigma}\left(\frac{E_A \delta_I}{N[\gamma \delta_A + (1 - \gamma)\delta_I]} + \frac{E_B \delta_B}{N[\gamma \delta_I + (1 - \gamma)\delta_B]}\right) \quad (3.9)$$

其中，$\gamma = N_A/N$，表示城市 A 生产异质商品的企业分布比例（$\gamma \leqslant 1$）；$\delta_A = \tau_A^{1-\sigma}$，$\delta_I = \tau_I^{1-\sigma}$，$\delta_B = \tau_B^{1-\sigma}$，该指标值越高，意味着推动区内或区际交易的基础设施越完善。考虑到区域间资本可以自由流动，均衡位置使得企业在两个城市的经营利润相等。在均衡状态下，不可能存在重新部署生产的动机。因此，必然存在 $\pi_A = \pi_B$，这意味着 $x_A = x_B$。所以由式（3.8）和式（3.9），可得企业的均衡区位：

$$\gamma = \frac{\theta_E \delta_B}{\delta_B - \delta_I} - \frac{(1 - \theta_E)\delta_I}{\delta_A - \delta_I} \tag{3.10}$$

其中，$\theta_E = E_A / (E_A + E_B)$ 为城市 A 的支出占总支出的比重。将式（3.10）代入式（3.8）中，得到两个城市的企业最优规模为：

$$x = x_A = x_B = \frac{\alpha L(\sigma - 1)}{\beta \sigma} \frac{E_A + E_B}{N} \tag{3.11}$$

2. 均衡经济增长

由基本假设（5）可知城市内企业间存在知识溢出，即一个城市的创新成本是该城市企业总数的递减函数。因此，在企业分布比例高的城市投资的成本相对较低，所有投资活动将在该城市进行。因资本可以自由流动，故两个城市投资的价格及成本一定相同。均衡状态下，城市 A 企业分布比例高于城市 B，故仅城市 A 存在投资活动，经济增长均衡也由此决定。

模型的稳态为当 $\gamma = N_A / N$ 不变时的均衡，则 N_B 和 N 也都以增长率 $g = \dot{N}/N$ 保持增长。为确定均衡增长率，需分析成立新企业和研发新品种的动机。假设企业资本的价值为 v，由股票与安全资产间的无套利条件可得：

$$r = \frac{\dot{v}}{v} + \frac{\pi}{v} \tag{3.12}$$

根据企业自由进出的前提，企业单位资本价值与企业研发产生的边际劳动成本相同，则均衡状态下企业价值等于单位资本价格，即 $v = \eta / N_A$，故均衡时 v 随 N_A 的增长而减少，则均衡时存在：

$$g = \dot{N}/N = \dot{N}_A/N_A = -\dot{v}/v \tag{3.13}$$

另一个均衡为劳动力市场出清，即均衡情况下劳动力总数为各产业劳动力数量总和。由模型基本假设可知，两城市总劳动力为 $2L$，同质商品生产部门所需劳动力为 $LY_A + LY_B$，异质商品生产部门所需劳动力

为 $N\beta x$，创新部门所需劳动力为 $\eta\dot{N}/N_A$，则有：

$$2L = \eta\frac{\dot{N}}{N_A} + LY_A + LY_B + N\beta x$$

$$= \eta g/\gamma + \frac{\sigma-\alpha}{\sigma}L(E_A + E_B) \tag{3.14}$$

跨期最优意味着 $r=\rho$，并结合 $v=\eta/N_A$ 及式（3.13），则式（3.12）变形为：

$$g+\rho = (\pi N_A)/\eta \tag{3.15}$$

由式（3.6）、式（3.11）、式（3.12）、式（3.14）、式（3.15），得经济均衡增长率：

$$g = \frac{2L}{\eta}\frac{\alpha}{\sigma}\gamma - \frac{\sigma-\alpha}{\sigma}\rho \tag{3.16}$$

3. 均衡收入不平等

劳动收入与资本收入共同构成了消费者收入：两城市的消费者具有相同的劳动收入 1 及相同的资本收益 $r=\rho$。均衡状态时，城市 A 和城市 B 中的消费者总收入等于各自总支出，即：

$$(E_A + E_B)L = 2L + \rho Nv \tag{3.17}$$

由式（3.6）、式（3.11）、式（3.12）、式（3.15）、式（3.17），可得：

$$E_A = 1 + \frac{2\alpha\rho k}{(\sigma-\alpha)\rho+\sigma g}; \quad E_B = 1 + \frac{2\alpha\rho(1-k)}{(\sigma-\alpha)\rho+\sigma g} \tag{3.18}$$

其中，$k=K_A/(K_A+K_B)$ 是城市 A 的资产占比，由于 $\theta_E = E_A/(E_A+E_B)$，因此，城市 A 中的消费者支出或收入占比为：

$$\theta_E = \frac{1}{2}\frac{\sigma(g+\rho)+\alpha\rho(2k-1)}{\sigma(g+\rho)} \tag{3.19}$$

利用式（3.16）和式（3.19）可得出地理集聚 γ 和收入不平等 θ_E 的关系：

$$\theta_E = \frac{\gamma L + \rho \eta k}{2\gamma L + \rho \eta} \qquad (3.20)$$

3.2 假设提出

式（3.10）反映了地理集聚 γ 和收入不平等 θ_E 的正向关系，表现为图 3.1 的第一象限的 $\gamma(\theta_E)$ 曲线；式（3.16）反映了地理集聚 γ 和均衡经济增长 g 的正向关系，表现为图 3.1 的第二象限的 $g(\gamma)$ 曲线；式（3.19）反映了均衡经济增长 g 和收入不平等 θ_E 间的负向关系，表现为图 3.1 的第四象限的 $\theta_E(g)$ 曲线。接下来将采用图形的方式从交易成本和创新成本两个方面揭示城市群政策对收入不平等的影响。

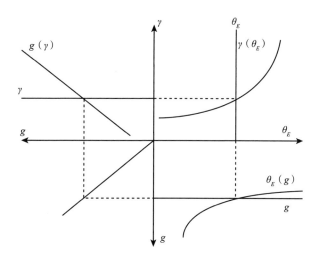

图 3.1 均衡增长、集聚与收入不平等

首先，我们认为城市群政策的实施影响了城市间的交易成本，这里以降低交易成本为例（增加交易成本的结论与此相反）。图3.2分析了降低交易成本的效果（δ_I 的增加），给出收入不平等 θ_E，由于中心城市的市场规模比外围城市大，交易成本的下降将增加中心城市的吸引力，即式（3.10）的 $\frac{\partial \gamma}{\partial \delta_I} > 0$。因此，$\gamma(\theta_E)$ 向左移动，如图3.2中第一象限所示，不难看出，交易成本的下降会使 γ 增加、创新增长率 g 增加、θ_E 降低。所以，城市群政策的实施能通过降低城市间交易成本来缩小城市群内部的收入不平等。

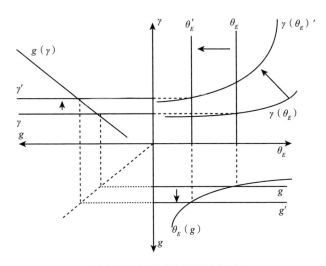

图3.2 交易成本下降的影响

其次，我们认为城市群政策的实施也影响了城市间的创新成本，这里以降低创新成本为例（增加创新成本的结论与此相反）。图3.3分析了降低创新成本的效果。我们发现，创新成本一旦降低，将会引起 $g(\gamma)$ 曲线向左移动，进而使 g 增加、γ 降低、θ_E 降低。同时，根据式（3.16）能够得出创新成本的降低带来的 g 增加量高于 γ 下降导致的 g 下降量，故降低创新成本对增长率 g 的净效应是增加的。所以，城市群政策的实施能通过降低创新成本缩小内部的收入不平等。

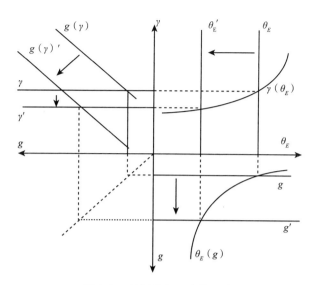

图 3.3　创新成本下降的影响

基于上述理论分析，提出本书的两条假设。

假设 1：如果城市群政策的实施强化了城市群的离心力，即降低了交易成本和创新成本，则会缩小城市经济差距，促进城市经济收敛。

假设 2：如果城市群政策的实施强化了城市群的向心力，即增加了交易成本和创新成本，则会扩大城市经济差距，抑制城市经济收敛。

第4章 南北区域经济增长的差异格局

本章在吸收国内外众多学者对区域经济时空演变分析的理论基础上，以全国地级及以上城市单元为研究对象，首先，使用 Dagum 基尼系数及其分解法，揭示我国区域经济增长的南北差异及其来源；其次，通过传统马尔可夫链与空间马尔可夫链分析南北区域经济增长的动态演进问题，从动态视角更加直观地比较南北区域经济增长的演变特征的差异。

4.1 研究方法与数据

4.1.1 研究方法

1. Dagum 基尼系数

学界存在诸多衡量区域经济差距的方法，较为常见的有变异系数、泰尔指数、传统基尼系数、Dagum 基尼系数、艾克森指数等（刘慧，2006；蒋天颖，2014；蒋天颖等，2019）。相较于其他方法，Dagum 基尼系数的最大优势在于能把总体差距分解为细分来源差距，有助于分析不同区域或不同群体对总体差距的影响（Dagum，1997）。Dagum 基尼系数能够有效突破传统基尼系数不能按子样本群分组测度的限制，除了能识别出区域内差距和区域间差距对总体差距的贡献外，还能识别出超变密度的贡献。超变密度来自各区域间的交叉重叠现象，如并不是所有南方城市经济增长都好于北方，部分北方城市的经济增长好于南方相对落后的城市。倘若解决不了各区域间的交叉重叠问题，那么将不能准确测度区域内差距和区域间差距对总体差距的贡献。当前，Dagum 基尼系数在诸多领域得到应用（刘华军和杜广杰，2017；于伟和张鹏，2021；涂正革和程煾，2022）。鉴于此，本章将依照 Dagum 基尼系数的计算方法来测度我国区域经济增长的南北差距及其分解，总体基尼系数的计算公式如下：

$$G = \sum_{j=1}^{k} \sum_{h=1}^{k} \sum_{i=1}^{n_j} \sum_{r=1}^{n_h} |y_{ji} - y_{hr}| / 2n^2 \bar{y} \tag{4.1}$$

式中，G 为总体基尼系数，该数值越大说明总体的差距越大；k 为子区域数量，在本章中 $k=2$；n 为城市总数量，在本章中 $n=284$；$n_j(n_h)$ 为第 $j(h)$ 个区域内部的城市数量；$y_{ji}(y_{hr})$ 为第 $j(h)$ 个区域内部的经济增长水平；$\bar{y}$ 为全国城市经济增长水平的均值。

将经济增长差异分解为南北区域内差异（G_w）、南北区域间差异（G_{nb}）和超变密度（G_t）三个模块，它们之间满足如下条件：$G = G_w + G_{nb} + G_t$。式（4.2）表示 j 地区的基尼系数 G_{jj}，式（4.3）表示地区内差异的贡献 G_w，式（4.4）表示地区 j 和 h 的地区间基尼系数 G_{jh}，式（4.5）表示地区间超变净值差距的贡献 G_{nb}，式（4.6）表示超变密度的贡献 G_t。

$$G_{jj} = \frac{\dfrac{1}{2\bar{Y}_j} \sum_{i=1}^{n_j} \sum_{r=1}^{n_j} |y_{ji} - y_{jr}|}{n_j^2} \tag{4.2}$$

$$G_w = \sum_{j=1}^{k} G_{jj} p_j s_j \tag{4.3}$$

$$G_{jh} = \frac{\sum_{i=1}^{n_j} \sum_{r=1}^{n_h} |y_{ji} - y_{hr}|}{n_j n_h (\overline{Y}_j + \overline{Y}_h)} \tag{4.4}$$

$$G_{nb} = \sum_{j=2}^{k} \sum_{h=1}^{j-1} G_{jh}(p_j s_h + p_h s_j) D_{jh} \tag{4.5}$$

$$G_t = \sum_{j=2}^{k} \sum_{h=1}^{j-1} G_{jh}(p_j s_h + p_h s_j)(1 - D_{jh}) \tag{4.6}$$

其中，$p_j = n_j \overline{Y}$，$s_j = n_j \overline{Y}_j / n \overline{Y}$，$j = 1, 2, \cdots, k$；$D_{jh}$ 表示 j 地区和 h 地区的城市间经济发展的相对影响，其计算公式为式（4.7）：

$$D_{jh} = \frac{d_{jh} - p_{jh}}{d_{jh} + p_{jh}} \tag{4.7}$$

其中，j 和 h 区域中全部 $y_{ji} > y_{hr}$ 的样本数值之和的数学期望 d_{jh} 由式（4.8）表示，j 和 h 区域中全部 $y_{ji} < y_{hr}$ 的样本数值之和的数学期望 p_{jh} 由式（4.9）表示，F_j 和 F_h 分别表示 j 和 h 区域的累计分布函数。

$$d_{jh} = \int_0^\infty dF_i(y) \int_0^y (y - x) dF_h(x) \tag{4.8}$$

$$p_{jh} = \int_0^\infty dF_h(y) \int_0^y (y - x) dF_j(x) \tag{4.9}$$

2. 传统马尔可夫链

马尔可夫（Markov）链为一类时间与状态都呈现离散特征的马尔可夫过程，所以在测度转移概率矩阵前，需对连续变量予以离散化。借鉴魏敏等（2018）的思路，按照经济增长水平均值（M）与标准差（SD）关系，把经济增长状态归为四类：高水平（水平 ≥ M + 0.5SD，记为 H）、中高水平（M ≤ 水平 < M + 0.5SD，记为 MH）、中低水平（M - 0.5SD ≤ 水平 < M，记为 ML）以及低水平（水平 < M - 0.5SD，记为 L）。依据以上划分方法，各城市被划成不同类型，我们期望借助马尔可夫链模型来测度各城市在不同类型间转移的概率，以此来反映城市经济增长的动态演进特征以及南北城市之间的演进差异。马尔可夫链模型如下（张超和

钟昌标，2021）：

假定 S 是马尔可夫链全部状态的集合，称作"状态空间"，如果具有 m 种状态，那么 $S = \{S_1, S_2, \cdots, S_m\}$。假设某一城市在 $t - \Delta t$ 时间的状态为 S_i，经过 Δt 年后该城市状态转移为 S_j，则转移概率 $P_{ij}^{t-\Delta t,t}$ 为：

$$P_{ij}^{t-\Delta t,t} = P(S_t = S_j \mid S_{t-\Delta t} = S_i) = \frac{n_{ij}^t}{n_i^{t-\Delta t}}, i,j = 1,2,\cdots,m \qquad (4.10)$$

式中，Δt 为步长，$n_i^{t-\Delta t}$ 为在 $t - \Delta t$ 时间状态为 S_i 的城市数量，n_{ij}^t 为在 $t - \Delta t$ 时间为状态 S_i 并在 t 时间状态为 S_j 的城市数量。如果由初始到最后时间，存在 v 个（$t - \Delta t$，t）时间组合，则在步长为 Δt 时，状态 S_i 向状态 S_j 转移的平均概率为：

$$P = \left[P_{ij}^{t-\Delta t,t}(1) \times P_{ij}^{t-\Delta t,t}(2) \times \cdots \times P_{ij}^{t-\Delta t,t}(v) \right]^{1/v}, i,j = 1,2,\cdots,m$$

$$(4.11)$$

式中，$P_{ij}^{t-\Delta t,t}(1)$ 为步长为 Δt 时在第一个时间组合内出现状态转移的概率，以此类推，$P_{ij}^{t-\Delta t,t}(v)$ 为步长为 Δt 时在最后一个时间组合出现状态转移的概率。P 为步长为 Δt 时全部时间组合内由状态 S_i 向状态 S_j 转移概率的几何平均数，转移概率矩阵如下：

$$P = \begin{pmatrix} P_{11} & \cdots & P_{1i} & \cdots & P_{1m} \\ \vdots & \vdots & \vdots & \vdots & \vdots \\ P_{i1} & \cdots & P_{ii} & \cdots & P_{im} \\ \vdots & \vdots & \vdots & \vdots & \vdots \\ P_{m1} & \cdots & P_{mi} & \cdots & P_{mm} \end{pmatrix}, i = 1,2,\cdots,m \qquad (4.12)$$

这里，转移矩阵的每行元素之和为 1，即 $P_{i1} + \cdots + P_{ii} + \cdots + P_{im} = 1$。由平均转移概率矩阵，可直接观察到各个城市在不同状态间发生转移的概率大小，矩阵主对角线上元素为 Δt 步长后状态未转移概率，此概率可用于揭示状态的固化程度。

3. 空间马尔可夫链

传统马尔可夫链模型未考虑城市间的空间作用，因此，将"空间滞后"这一概念引入传统马尔可夫链模型中生成空间马尔可夫链模型（Rey & Montouri，1999），可用来考察城市经济增长动态演进过程中空间因素的影响，即对于城市经济增长状态的"转移"是否与其邻近城市经济增长状态有关。空间马尔可夫链模型的构建思路如下（陶晓红和齐亚伟，2013）：首先，设定空间权重矩阵，这里借助常用的地理距离权重矩阵，以两个城市间距离的倒数来测度，城市间距离通过两城市经纬度计算得到。然后，根据空间权重矩阵计算每一个城市在初始时间的空间滞后值，即某个城市的邻近城市经济增长水平的加权平均值，并将空间滞后值同样按照高水平（H）、中高水平（MH）、中低水平（ML）以及低水平（L）划分为四个类型。最后，计算空间马尔可夫转移概率矩阵，将 $k \times k$ 的传统马尔可夫转移概率矩阵分解成 k 个 $k \times k$ 条件转移概率矩阵。其中，第 k 个条件转移概率矩阵中的元素 $P_{ij|k}^{t-\Delta t,t}$ 为"在空间滞后类型 k 的条件下，城市经济增长从 t 时刻的状态 S_i 经过步长 Δt 向状态 S_j 转移的概率"。

4.1.2 数据来源

囿于城市数据的可获性，选取 2001～2019 年中国 284 个地级及以上城市为研究对象，所选取的地级及以上城市数量占全国总数的 96.6%，具有较好的样本代表性。选取 2001 年作为研究时间起点，目的是尽可能确保重大区域政策实施的连续性，2000 年 3 月实施的西部大开发战略象征着我国区域协调发展战略实施的正式开始，后续渐渐形成东北振兴、中部崛起、东部优先发展的区域发展总体战略。选取 2019 年作为研究时间的终点，一方面是因 2020 年及以后的地级及以上城市数据资料并未全部公开，另一方面是因 2019 年底开始出现新冠疫情使得之后年份的整体经济环境较之前出现一些变化（柯蕴颖等，2022）。因此，为保证数据数量与质量，将研究时间终点设为 2019 年。

　　本章研究的核心变量是城市经济增长（使用人均实际 GDP 指标）。统计年鉴给出的是以当年价格计算的人均 GDP，并未提供城市层面的 GDP 平减指数，因此，本章根据各城市所在省份的 GDP 平减指数，将城市人均 GDP 调整为以 2000 年为基期的人均实际 GDP（刘修岩和邵军等，2012；程学伟等，2020）。以上数据来源为历年的《中国城市统计年鉴》《中国统计年鉴》等。

4.2　区域经济增长的南北差异及其分解

　　基于 2001～2019 年中国 284 个地级及以上城市人均实际 GDP 数据，使用 Dagum 基尼系数及按子群分解法测度我国区域经济增长的总体差距，并依照南方和北方进行分解（其中，南方包括 154 个城市，北方包括 130 个城市），以此揭示我国南北区域经济增长差异的主要来源。

4.2.1　南北区域经济增长总体差异

　　本章使用 Dagum 基尼系数测度了 2001～2019 年我国南北城市经济增长的总体差距，表 4.1 给出了测度结果。

表 4.1　　　　2001～2019 年基于人均实际 GDP 的 Dagum
基尼系数及其分解

年份	总体差距	南北地区内差距	南北地区间差距	南北地区超变密度	贡献率		
					南北地区内差距	南北地区间差距	南北地区超变密度
2001	0.3922	0.1983	0.0231	0.1708	50.5609	5.8899	43.5492
2002	0.3874	0.1960	0.0198	0.1716	50.5937	5.1110	44.2953
2003	0.3906	0.1978	0.0159	0.1769	50.6400	4.0707	45.2893

年份	总体差距	南北地区内差距	南北地区间差距	南北地区超变密度	贡献率		
					南北地区内差距	南北地区间差距	南北地区超变密度
2004	0.3920	0.1982	0.0093	0.1845	50.5612	2.3725	47.0663
2005	0.3751	0.1882	0.0139	0.1730	50.1733	3.7057	46.1210
2006	0.3765	0.1891	0.0123	0.1751	50.2258	3.2669	46.5073
2007	0.3712	0.1863	0.0148	0.1701	50.1886	3.9871	45.8243
2008	0.3664	0.1837	0.0157	0.1670	50.1365	4.2849	45.5786
2009	0.3575	0.1792	0.0163	0.1620	50.1259	4.5594	45.3147
2010	0.3431	0.1714	0.0212	0.1505	49.9563	6.1790	43.8647
2011	0.3257	0.1626	0.0231	0.1400	49.9232	7.0924	42.9844
2012	0.3210	0.1602	0.0230	0.1378	49.9065	7.1651	42.9284
2013	0.3143	0.1576	0.0134	0.1433	50.1432	4.2634	45.5934
2014	0.3111	0.1561	0.0083	0.1467	50.1768	2.6680	47.1552
2015	0.3045	0.1531	0.0021	0.1493	50.2791	0.6897	49.0312
2016	0.3016	0.1517	0.0012	0.1487	50.2984	0.3979	49.3037
2017	0.3016	0.1518	0.0112	0.1386	50.3316	3.7135	45.9549
2018	0.3034	0.1527	0.0065	0.1442	50.3296	2.1424	47.5280
2019	0.2974	0.1496	0.0034	0.1444	50.3026	1.1432	48.5542

从总体上看，样本期内我国南北城市经济增长的总体差距呈逐年下降态势，2001~2019年我国城市经济增长基尼系数下降了24.18%。从基尼系数的绝对值来看，有关揭示区域经济差距的人均GDP基尼系数并没有成熟的判别标准，倘若我们参考国际上关于收入差距基尼系数的标准，即将0.4视为收入差距的警戒线，那么表4.1呈现的总体基尼系数并不算高。然而，人均GDP的差异并不等同于收入差距情况，实际上，每个地区都有高中低收入的人群，这其实会导致地区人均GDP的差异远远小于居民收入的差异（黄涛和胡宜国，2006）。因此，本章计算得到的Dagum基尼系数值已处于较高水平。2001~2019年整体基尼系数的均值为0.3438，在0.29~0.40的范围内波动，2019年Dagum基尼系数为0.2974，说明中国

城市经济增长目前仍存在比较明显的空间失衡特征。从具体的变动趋势来看，基尼系数在 2001～2006 年呈下降－上升－下降－上升的斜 W 型变化走势，2006～2017 年呈持续下降趋势，2017～2019 年又经历了上升－下降的倒 V 型变化走势。同时，我们还发现，2007～2011 年基尼系数的下降幅度呈不断增加趋势（2007～2011 年下降幅度增加 228.30%），但 2011 年以后，基尼系数的下降幅度逐步减弱（2011～2019 年下降幅度减少了 65.51%），这意味着 2011 年以来我国城市经济增长差距呈扩大态势。

4.2.2　南北区域经济增长差异分解

Dagum 基尼系数依据子群分解方法将我国城市经济增长总体差距细分为区域内差距、区域间差距以及超变密度，进而有助于获取各子样本对总体差距的贡献。接下来将通过 Dagum 基尼系数揭示我国南北城市经济增长总体差距的来源，图 4.1 给出了分解结果，且直观刻画了各部分贡献度的演进趋势。由测度结果可知，南北区域内差距的贡献率最高，超变密度次之，最后是区域间差距。

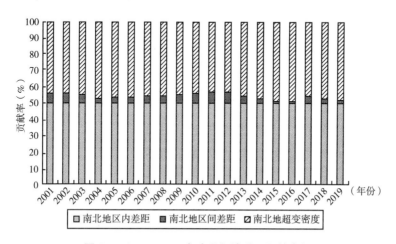

图 4.1　2001～2019 年南北经济差距及其来源

具体考察三组差距贡献率的时变特征可知：南北地区内差距在

2001～2012年间呈现波动中下降态势，由2001年的50.5609%下降至2012年的49.9065%；2012～2019年呈现波动中上升态势，由2012年的49.9065%上升至2019年的50.3026%；总体上南北地区内差距的平均贡献率为50.2550%，且基本上稳定在50%左右，表明地区内差距是导致我国南北经济差距的重要原因，这与吕承超等（2021）、董雪兵和池若楠（2020）的研究结论一致。南北地区超变密度的贡献率在2001～2012年呈现上升-下降-上升-下降的M型演进态势，由2001年的43.5492%在波动中下降至2012年的42.9284%；2012～2019年呈现上升-下降-上升的斜N型演进态势，由2012年的42.9284%上升至2019年的48.5542%，且在2016年达到样本期内的最高值49.3037%；总体上超变密度的平均贡献率为45.9220%，且2012年以来平均贡献率为47.0061%，这说明超变密度也是造成南北经济差距的关键因素。南北地区间差距在2001～2004年呈逐年下降态势，2004～2012年间总体上呈不断上升态势，2012～2019年间呈下降-上升-下降的倒N型演进态势，总体上南北间差距的平均贡献率为3.8230%，且2012年以来平均贡献率仅为2.7729%，表明地区间差距对南北总体差距的贡献较小，远远低于地区内差距与超变密度的贡献，由此可见地区间差距并不是导致南北经济差距的关键成因。

通过上述分析不难发现，地区内部城市发展不均衡与地区间交叉重叠现象是造成南北城市经济差距的主要原因。产生这种现象的原因在于我国南方和北方地区内的城市之间经济增长存在一定差异，并且南北地区之间的城市经济增长具有明显的交叉重叠特征。比如：2001年南方地区人均实际GDP最高和最低的城市分别为厦门市和昭通市，分别为43982.76元和2114.40元，北方地区人均实际GDP最高和最低的城市分别为克拉玛依市和固原市，分别为59379.25元和1204.41元；2019年南方地区人均实际GDP最高和最低的城市分别为深圳市和昭通市，分别为119557.37元和11475.74元，北方地区人均实际GDP最高和最低的城市分别为鄂尔多斯市和定西市，分别为138091.00元和9790.86元。由此可见，我国南北地区内部城市人均实际 GDP 最高与最低城市差距比较大，北方人均 GDP 最高城市与南方人均 GDP 最低城市同样存在较大差距。综上所述，要持续推进南北区域经济协调发展，关键是要加快南北地区内部城市经济均衡发展速度，不断缩小各城市之间经济差距。

4.3 南北区域经济增长的马尔可夫链分析

4.2 节我们得出南北经济差距的主要源头是南北内部城市间的经济差距，因此，考察南北内部的城市间经济增长状态的演进，有助于比较南北内部城市间经济增长的固化程度以及经济趋同程度，同时也为后文的南北经济收敛分析做好铺垫。鉴于此，期望借助马尔可夫链模型来测度南北城市在不同经济增长类型间转移的概率，进而揭示南北城市经济增长保持原有状态的固化程度以及由低向高的转移程度，以此来检验南北城市经济收敛存在的可能性。

4.3.1 基于传统马尔可夫链的状态转移结果

转移概率矩阵主对角线元素为城市经济增长类型未出现转移的概率，非对角线上元素为城市经济增长在不同类型间出现转移的概率。表 4.2 为南方城市经济增长马尔可夫链分析结果。

表 4.2　　　　　　　　　南方城市经济增长状态转移概率矩阵

步长	类型	N	L	ML	MH	H
1	L	1132	0.9878	0.0080	0.0018	0.0024
	ML	793	0.0380	0.9218	0.0166	0.0237
	MH	386	0.0126	0.0095	0.9559	0.0220
	H	615	0.0081	0.0137	0.0076	0.9707

步长	类型	N	L	ML	MH	H
2	L	1132	0.9887	0.0055	0.0023	0.0036
	ML	793	0.0480	0.8983	0.0188	0.0349
	MH	386	0.0261	0.0034	0.9527	0.0178
	H	615	0.0052	0.0146	0.0057	0.9745
3	L	1132	0.9852	0.0048	0.0056	0.0043
	ML	793	0.0692	0.8739	0.0121	0.0448
	MH	386	0.0220	0.0006	0.9567	0.0207
	H	615	0.0069	0.0099	0.0076	0.9756
4	L	1132	0.9861	0.0066	0.0029	0.0044
	ML	793	0.0905	0.8401	0.0176	0.0518
	MH	386	0.0251	0.0005	0.9595	0.0149
	H	615	0.0039	0.0053	0.0029	0.9880
5	L	1132	0.9805	0.0058	0.0044	0.0093
	ML	793	0.1006	0.8156	0.0214	0.0625
	MH	386	0.0270	0.0008	0.9569	0.0152
	H	615	0.0047	0.0046	0.0031	0.9876
6	L	1132	0.9818	0.0037	0.0046	0.0099
	ML	793	0.1148	0.7900	0.0240	0.0712
	MH	386	0.0319	0.0003	0.9500	0.0177
	H	615	0.0025	0.0026	0.0035	0.9914

由表4.2我们可以发现：（1）不管是短期内（步长为1~3年）还是长期内（步长为4~6年），南方地区各个对角线上的元素值都大于非对角线。短期以步长1年为例，当年经济增长类型为低、中低、中高、高时，1年后类型仍为低、中低、中高、高的概率分别为0.9878、0.9218、0.9559、0.9707；长期以步长5年为例，当年经济增长类型为低、中低、中高、高时，5年后类型仍为低、中低、中高、高的概率分别为0.9805、0.8156、0.9569、0.9876。以上说明南方城市经济增长类型分布比较稳定，经济增长呈现高低阵营等级固化现象。（2）非对角线上的元素均不为零，说明南方城市经济增长类型之间存在转移特征，短

期以步长 1 年为例，低类型向中低、中高、高类型转移概率分别为 0.0080、0.0018、0.0024，中低类型向低、中高、高类型转移概率分别为 0.0380、0.0166、0.0237，中高类型向低、中低、高类型转移概率分别为 0.0126、0.0095、0.0220，高类型向低、中低、中高类型转移概率分别为 0.0081、0.0137、0.0076；长期以步长 5 年为例，低类型向中低、中高、高类型转移概率分别为 0.0058、0.0044、0.0093，中低类型向低、中高、高类型转移概率分别为 0.1006、0.0214、0.0625，中高类型向低、中低、高类型转移概率分别为 0.0270、0.0008、0.0152，高类型向低、中低、中高类型转移概率分别为 0.0047、0.0046、0.0031。不难发现，南方城市经济增长类型由低向高转移概率明显大于由高向低转移概率，以上说明南方城市经济增长存在跃迁效应，即南方城市经济增长呈现一定的收敛态势。（3）随着步长的不断增加，南方城市经济增长类型由低往高转移概率不断增加，在步长 1~6 年中，低、中低以及中高类型向高类型转移总概率分别为 0.0481、0.0563、0.0698、0.0711、0.0870、0.0988，以上说明，短期内城市经济增长的跃迁效应较弱，实现跨越性发展的可能性较低，但是长期来看，南方城市经济增长的收敛态势更为明显。

表 4.3 为北方城市经济增长马尔可夫链分析结果，我们可以发现：（1）不管是短期内（步长为 1~3 年）还是长期内（步长为 4~6 年），北方地区各个对角线上的元素也均明显大于非对角线，短期以步长 1 年为例，当年经济增长类型为低、中低、中高、高时，1 年后类型仍为低、中低、中高、高的概率分别为 0.9726、0.9270、0.9309、0.9659；长期以步长 5 年为例，当年经济增长类型为低、中低、中高、高时，5 年后类型仍为低、中低、中高、高的概率分别为 0.9879、0.8067、0.9808、0.9469。以上说明北方城市经济增长类型分布同样较为稳定，等级固化现象明显。（2）非对角线上的元素并不都为零，说明北方城市经济增长类型之间也存在转移特征，短期以步长 1 年为例，低类型向中低、中高、

高类型转移概率分别为 0.0200、0.0031、0.0043，中低类型向低、中高、高类型转移概率分别为 0.0370、0.0259、0.0102，中高类型向低、中低、高类型转移概率分别为 0.0156、0.0267、0.0269，高类型向低、中低、中高类型转移概率分别为 0.0034、0.0182、0.0125；长期以步长 5 年为例，低类型向中低、中高、高类型转移概率分别为 0.0121、0.0000、0.0000，中低类型向低、中高、高类型转移概率分别为 0.0886、0.0523、0.0523，中高类型向低、中低、高类型转移概率分别为 0.0036、0.0156、0.0000，高类型向低、中低、中高类型转移概率分别为 0.0231、0.0198、0.0101。不难发现，北方城市经济增长类型由低向高转移概率明显小于由高向低转移概率，以上说明北方城市经济增长的跃迁效应弱于南方地区，收敛特征没有南方地区那么明显。（3）在步长 1~6 年中，低、中低以及中高类型向高转移总概率分别为 0.0414、0.0523、0.0383、0.0504、0.0523、0.0615，以上同样说明北方城市经济增长短期的跃迁效应弱于长期。

表 4.3 北方城市经济增长状态转移概率矩阵

步长	类型	N	L	ML	MH	H
1	L	782	0.9726	0.0200	0.0031	0.0043
	ML	807	0.0370	0.9270	0.0259	0.0102
	MH	422	0.0156	0.0267	0.9309	0.0269
	H	459	0.0034	0.0182	0.0125	0.9659
2	L	782	0.9671	0.0235	0.0044	0.0049
	ML	807	0.0506	0.9003	0.0225	0.0266
	MH	422	0.0113	0.0304	0.9375	0.0208
	H	459	0.0165	0.0198	0.0086	0.9551
3	L	782	0.9771	0.0154	0.0011	0.0065
	ML	807	0.0689	0.8672	0.0326	0.0313
	MH	422	0.0048	0.0349	0.9599	0.0005
	H	459	0.0175	0.0116	0.0051	0.9658

步长	类型	N	L	ML	MH	H
4	L	782	0.9854	0.0125	0.0021	0.0002
	ML	807	0.0669	0.8355	0.0513	0.0464
	MH	422	0.0165	0.0254	0.9543	0.0038
	H	459	0.0158	0.0175	0.0068	0.9599
5	L	782	0.9879	0.0121	0.0000	0.0000
	ML	807	0.0886	0.8067	0.0523	0.0523
	MH	422	0.0036	0.0156	0.9808	0.0000
	H	459	0.0231	0.0198	0.0101	0.9469
6	L	782	0.9893	0.0107	0.0000	0.0000
	ML	807	0.0998	0.7779	0.0608	0.0615
	MH	422	0.0169	0.0099	0.9732	0.0000
	H	459	0.0251	0.0060	0.0148	0.9541

综合比较来看，南北城市经济增长呈现如下几个特征：（1）不管是短期内（步长为 1~3 年）还是长期内（步长为 4~6 年），南方地区和北方地区各个对角线上的元素值都远大于非对角线，说明南北城市经济增长受限于原有经济类型和存量，表现为增长惯性和路径依赖，即南北内部城市间经济增长均存在"马太效应"，这也进一步验证 4.2 节所得结论，即南北内部城市经济增长存在较大差距。（2）南方城市经济增长向上转移概率高于向下转移概率，而北方城市经济增长向下转移概率高于向上转移概率，并且在所有步长情况下，南方城市经济增长的跃迁效应均强于北方城市。

4.3.2　基于空间马尔可夫链的状态转移结果

南北城市经济增长具有一定程度的空间相关性，如果经济增长收敛问题分析中未考虑地理因素，则会使得对现实问题的解释力度不足，因此，有必要将区域背景加入马尔可夫转移矩阵进一步考察经济增长的空间马尔可夫链转移结果。与传统马尔可夫链分析一致，短期以步长1年为例，长期以步长5年为例。

表4.4显示了南方城市经济增长空间马尔可夫链分析结果，我们可以发现：（1）南方城市经济增长类型的转移在地理上并不是孤立的，它与周边城市的经济增长环境具有相关性。不同空间滞后类型的城市经济增长转移的概率存在差异，不论短期还是长期内，空间滞后类型为高的城市向上转移的概率明显大于空间滞后类型为低的城市。当步长为1时，空间滞后类型为低的城市经济增长类型由低向上转移总概率为0.0165，而空间滞后类型为高的城市经济增长类型由低向上转移总概率为0.0305；当步长为5时，空间滞后类型为低的城市经济增长类型由低向上转移总概率为0.0190，而空间滞后类型为高的城市经济增长类型由低向上转移总概率为0.0212。（2）区域背景对一个城市经济增长类型向上和向下转移概率的影响是不对称的。当步长为1时，空间滞后类型为中低的城市经济增长由中低向上转移概率（0.0461）低于向下转移概率（0.0826），空间滞后类型为高的城市经济增长由中低向上转移概率（0.0594）大于向下转移总概率（0.0274）；当步长为5时，空间滞后类型为中低的城市经济增长由中低向上转移概率（0.1232）低于向下转移概率（0.1269），空间滞后类型为高的城市经济增长由中低向上转移概率（0.1692）大于向下转移总概率（0.0685）。（3）随着步长的不断增加，同一种空间滞后类型下的经济增长向上转移概率不断增加，对于低空间滞后类型，城市经济增长类型由低、中低以及中高向高转移概率在步长1和5时分别为0.1872和0.4484；对于中低空间滞后类型，城市经济增长类型由低、中低以及中高向高转移概率在步长1和5时分别为0.0745和0.2884；对于中高空间滞后类型，城市经济增长由低、较低以及中高向高转移概率在步长1和5时分别为0.5027和0.3161；对于高空间滞后类型，城市经济增长由低、较低以及中高向高转移概率在步长1

和 5 时分别为 0.0923 和 0.1847。以上结论与传统马尔可夫链分析一样，引入空间因素后，南方城市经济增长的收敛态势从长期来看仍然明显。

表 4.4　　南方城市经济增长空间马尔可夫链状态转移概率矩阵

空间滞后类型	类型	N	L	ML	MH	H
步长 为1	L	L	506	0.9835	0.0100	0.0000	0.0065
		ML	197	0.0472	0.9009	0.0517	0.0001
		MH	76	0.0476	0.1028	0.6690	0.1806
		H	38	0.0000	0.0000	0.6330	0.3670
	ML	L	359	0.9786	0.0153	0.0056	0.0005
		ML	204	0.0826	0.8712	0.0157	0.0304
		MH	89	0.0266	0.0255	0.9042	0.0436
		H	51	0.0268	0.0362	0.0557	0.8813
	MH	L	133	0.9847	0.0093	0.0032	0.0027
		ML	152	0.0172	0.8786	0.0764	0.0278
		MH	47	0.0240	0.0312	0.4725	0.4722
		H	48	0.0240	0.0312	0.3642	0.5805
	H	L	134	0.9695	0.0142	0.0040	0.0123
		ML	240	0.0274	0.9132	0.0160	0.0434
		MH	174	0.0111	0.0041	0.9482	0.0366
		H	478	0.0024	0.0079	0.0112	0.9785
步长 为5	L	L	506	0.9810	0.0000	0.0000	0.0190
		ML	197	0.0092	0.8667	0.0000	0.1241
		MH	76	0.0608	0.0000	0.6339	0.3053
		H	38	0.0000	0.1139	0.5219	0.3642
	ML	L	359	0.9529	0.0158	0.0091	0.0222
		ML	204	0.1269	0.7499	0.0240	0.0992
		MH	89	0.0118	0.0045	0.8167	0.1670
		H	51	0.0921	0.0062	0.0118	0.8900
	MH	L	133	0.7746	0.0006	0.1459	0.0789
		ML	152	0.0000	0.7367	0.1695	0.0938
		MH	47	0.1815	0.0044	0.6707	0.1434
		H	48	0.0000	0.0085	0.5309	0.4606

空间滞后类型		类型	N	L	ML	MH	H
步长 为5	H	L	134	0.9788	0.0033	0.0000	0.0179
		ML	240	0.0685	0.7623	0.0296	0.1396
		MH	174	0.0100	0.0000	0.9628	0.0272
		H	478	0.0096	0.0019	0.0102	0.9783

表 4.5 为北方城市经济增长空间马尔可夫链分析结果，我们可以发现：（1）北方城市经济增长类型的转移受周边城市的经济增长环境影响较大。如当步长为 1 时，空间滞后类型为低的城市经济增长类型由低向上转移总概率仅为 0.0242，而空间滞后类型为高的城市经济增长类型由低向上转移总概率高达 0.5244；当步长为 5 时，空间滞后类型为低的城市经济增长由低向上转移总概率仅为 0.0223，而空间滞后类型为高的城市经济增长由低向上转移总概率高达 0.4118。（2）区域背景对北方城市经济增长类型向上和向下转移概率的影响具有相似性。例如，当步长为 1 时，空间滞后类型为中低的城市经济增长由中低向上转移概率（0.0443）低于向下转移概率（0.0761），空间滞后类型为高的城市经济增长由中低向上转移概率（0.0000）依然低于向下转移总概率（0.4174）；当步长为 5 时，空间滞后类型为中低的城市经济增长由中低向上转移概率（0.0648）低于向下转移概率（0.2720），空间滞后类型为高的城市经济增长由中低向上转移概率（0.0000）依然低于向下转移总概率（0.3853）。（3）对于低的空间滞后类型，城市经济增长由低、中低以及中高向高转移概率在步长 1 和 5 时分别为 0.0687 和 0.0678；对于中低空间滞后类型，城市经济增长由低、中低以及中高向高转移概率在步长 1 和 5 时均为 0.0000；对于中高空间滞后类型，城市经济增长由低、中低以及中高向高转移概率在步长 1 和 5 时分别为 0.0194 和 0.0400；对于高空间滞后类型，城市经济增长由低、中低以及中高向高转移概率在步长 1 和 5 时分别为 0.1752 和 0.1845。以上结论与传统马尔可夫链分析一样，不论短期和长期，北方城市经济增长的收敛态势并不稳定。

表 4.5　　　　　北方城市经济增长空间马尔可夫链状态转移概率矩阵

空间滞后类型	类型	N	L	ML	MH	H
步长为1	L	L	465	0.9758	0.0126	0.0082	0.0034
		ML	303	0.0538	0.9164	0.0252	0.0046
		MH	111	0.0137	0.0441	0.8816	0.0607
		H	109	0.0152	0.0151	0.0177	0.9520
	ML	L	178	0.9895	0.0071	0.0034	0.0000
		ML	158	0.0761	0.8795	0.0443	0.0000
		MH	44	0.0000	0.0743	0.9257	0.0000
		H	38	0.0000	0.0000	0.0000	1.0000
	MH	L	78	0.2409	0.7591	0.0000	0.0000
		ML	246	0.1027	0.8442	0.0399	0.0132
		MH	140	0.0000	0.1204	0.8734	0.0062
		H	144	0.0000	0.0497	0.0121	0.9382
	H	L	61	0.4756	0.1793	0.1699	0.1752
		ML	100	0.4174	0.5826	0.0000	0.0000
		MH	127	0.0528	0.0191	0.9281	0.0000
		H	168	0.0315	0.0010	0.0111	0.9563
步长为5	L	L	465	0.9776	0.0068	0.0098	0.0057
		ML	303	0.0782	0.8492	0.0426	0.0300
		MH	111	0.0382	0.0197	0.9100	0.0321
		H	109	0.0278	0.0172	0.0523	0.9027
	ML	L	178	1.0000	0.0000	0.0000	0.0000
		ML	158	0.2720	0.6632	0.0648	0.0000
		MH	44	0.0000	0.0813	0.9187	0.0000
		H	38	0.0000	0.0000	0.0000	1.0000
	MH	L	78	0.4778	0.5222	0.0000	0.0000
		ML	246	0.1384	0.6401	0.1815	0.0400
		MH	140	0.0000	0.2762	0.7238	0.0000
		H	144	0.0000	0.0595	0.0000	0.9405
	H	L	61	0.5882	0.0310	0.1963	0.1845
		ML	100	0.3853	0.6147	0.0000	0.0000
		MH	127	0.2395	0.0000	0.7605	0.0000
		H	168	0.5021	0.0000	0.0000	0.4979

引入空间因素后，南北城市经济增长转移呈现如下几个特征：（1）南方城市经济增长类型转移受周边城市经济环境影响程度小于北方，这是由于北方城市只有与经济发达城市相邻时才能获得更多的发展机会，一旦与经济落后城市为邻，经济发展将会受到限制。但是对于南方城市来说，由于它们自身经济发展的外部条件较北方城市好，所以当南方城市与低水平增长城市为邻时，仍具有较大的经济增长空间。（2）与传统马尔可夫链分析结果一致，不论空间滞后类型如何，南方城市经济增长向上转移概率往往高于向下转移概率，而北方城市经济增长向下转移的概率始终高于向上转移的概率，这表明考虑区域背景后南方城市经济增长类型由低向高跃迁的态势仍比北方明显。

4.4　本章小结

本章以 2001～2019 年中国 284 个地级及以上城市为研究对象，借助 Dagum 基尼系数、传统马尔可夫链分析方法以及空间马尔可夫链分析方法，对我国区域经济增长的南北差异及其动态演进问题予以探究。

首先，Dagum 基尼系数结果表明，我国南北城市经济增长仍存在明显差距，且总体差距呈逐年下降态势，2001～2019 年我国城市经济增长基尼系数下降了 24.18%，但 2011 年以后，基尼系数的下降幅度逐步减弱，这意味着 2011 年以来我国城市经济增长的南北差距呈现出拉大的趋向。Dagum 基尼系数分解结果得出，南北地区内城市经济差距对南北经济总体差距的贡献率最高，其次是超变密度的贡献率，最后是地区间差距，这意味着地区内部城市发展不均衡与地区间交叉重叠现象是造成南北城市经济差距的主要原因。因此，要促进南北区域经济协调发展，关键是要不断缩小地区内部各城市之间经济差距。

其次，传统马尔可夫链分析结果显示，不管是短期内还是长期内，南方和北方城市状态转移概率矩阵中所有对角线上的元素值均大于非对角线，说明南北内部城市间经济增长都存在马太效应，这也进一步验证 Dagum 基尼系数所得结论，即南北内部城市经济增长存在较大差距。此外，我们还发现南方城市经济增长状态向上转移概率高于向下转移概率，而北方城市经济增长向下转移概率高于向上转移概率，这说明南方城市经济增长的跃迁效应强于北方城市。

最后，使用引入空间因素的空间马尔可夫链分析方法的结果显示，南方城市经济增长状态转移受周边城市经济环境影响程度小于北方，即北方城市只有与经济发达城市相邻时才能获得更多的发展机会，南方城市与低类型增长城市为邻时，仍具有较大的经济增长空间。此外，与传统马尔可夫链分析结果一致，不论空间滞后类型如何，南方城市经济增长向上转移概率往往高于向下转移概率，而北方城市经济增长向下转移概率始终高于向上转移概率，表明考虑区域背景后南方城市经济增长类型由低向高跃迁的态势仍比北方城市明显。

第5章 南北区域经济收敛的
特征事实

第4章分析得出我国南北城市经济差距的主要来源是南北区域内城市间经济差距，因此，缩小南北各自内部经济差距是实现我国南北经济协调的关键所在。传统马尔可夫链和空间马尔可夫链分析显示，一方面南北城市经济增长都存在明显的固化特征，即存在经济增长的马太效应；另一方面南北城市经济增长也存在由低水平往高水平跃迁态势，即存在一定的收敛趋向，且南方城市经济增长的收敛趋向强于北方。以上仅是初步检验了南北城市经济增长的收敛性，因此，为了进一步弄清楚南北城市经济增长的收敛性，本章将借助一般收敛模型以及空间收敛模型对南北城市经济收敛特征进行严谨的实证检验，一方面有助于我们客观认识南北城市经济收敛特征和准确比较南北城市经济收敛差异，另一方面有助于我们找到缩小南北地区内部经济差距的切入点。

5.1 研究方法与数据

5.1.1 研究方法

1. σ 收敛

经济增长存在 σ 收敛意味着地区人均实际 GDP 的标准差随着时间推

移而减小（潘文卿，2010），因此，利用 σ 收敛指数来描述 2001～2019 年人均实际 GDP 的演进趋势，计算公式如下：

$$\sigma_t = \sqrt{\dfrac{\displaystyle\sum_{i}^{n}\left(\ln pgdp_{i,t} - \overline{\ln pgdp_t}\right)^2}{n}} \tag{5.1}$$

其中，$\ln pgdp_{i,t}$ 为 i 市在 t 时期人均实际 GDP 的对数值，$\overline{\ln pgdp_{i,t}}$ 为南（北）部 t 时期城市人均实际 GDP 对数的均值，n 为考察期城市数量。

2. β 收敛模型

经济收敛是新古典经济增长理论的拓展与延伸，经济收敛的含义是人均实际 GDP 与 GDP 增长率间呈负相关，也就是初始人均实际 GDP 较低的地区往往拥有较高的经济增速，经济欠发达地区追赶经济发达地区，最终以同样速度保持稳定发展，则视为经济收敛，反之则视为经济发散。β 收敛是揭示经济增长收敛的基本模型之一，且又可分为绝对收敛和条件收敛（Barro & Sala-I-Martin，1992）。为验证 2001～2019 年我国南北城市经济的收敛态势并比较其中的收敛差异性，借助绝对 β 收敛和条件 β 收敛模型来进行实证估测。

（1）β 绝对收敛。β 绝对收敛反映的是地区经济增长只依赖该地区初始的经济增长状况，所有地区最终将趋同于同一经济水平，绝对收敛模型如下：

$$\ln Y_{i,t} = \alpha_1 + \beta \ln y_{i,t-1} + \eta_i + \delta_t + \upsilon_{it} \tag{5.2}$$

其中，$\ln Y_{i,t}$ 为人均实际 GDP 增长率，$Y_{it} = y_{i,t}/y_{i,t-1}$，$y_{i,t}$ 为 i 市第 t 期的人均实际 GDP 值；$y_{i,t-1}$ 为 i 市第 $t-1$ 期的人均实际 GDP 值；β 用于反映经济收敛性，且收敛速度为 $\lambda = -\ln(1+\beta)$。

（2）β 条件收敛。由于不同地区的经济发展基础条件具有差异性，绝对收敛结果可能会因外部因素的变化而改变，不同地区经济增长可能具有不同稳态。基于 β 绝对收敛模型，引入影响经济长期增长的关键因素，构建条件收敛模型：

$$\ln Y_{i,t} = \alpha_1 + \beta \ln y_{i,t-1} + \delta X_{i,t} + \eta_i + \delta_t + \upsilon_{it} \qquad (5.3)$$

其中，$\ln Y_{i,t}$、$y_{i,t-1}$ 的含义与式（5.2）的相同。$X_{i,t}$ 表示纳入的控制变量，参考现有文献并根据城市数据的可得性，考虑如下影响长期经济增长的重要因素：物质资本（phy），参照刘生龙和张捷（2009）、李松林等（2021）的思路，使用固定资本投资占 GDP 的比重来衡量；人力资本（hum），参照徐文舸和刘洋（2019）的做法，使用普通小学专任教师数与普通小学在校学生数的比重（师生比）来衡量；政府干预（gov），参照王雨飞和倪鹏飞（2016）的思路，利用政府财政支出占 GDP 的比重来衡量；产业结构（ind），参照徐敏和姜勇（2015）的做法，将第一、第二、第三产业都放入指标体系中，构建产业结构升级指数，测算公式为 $ind = \sum_{i=1}^{3} q_i \times i$，$q_i$ 代表第 i 产业产值占总产值的比重；对外开放程度（$open$），借鉴王贤彬等（2021）的思路，使用外商直接投资总额与 GDP 的比重来衡量；储蓄率（sav），借鉴刘瑞明和赵仁杰（2015）的思路，以城乡居民储蓄总额与 GDP 的比重来衡量。

3. 空间收敛模型

β 收敛模型基于普通面板数据模型，但考虑到各城市间在地理上具有空间依赖性，本章将采用空间计量模型进一步分析南北城市经济收敛的情况。目前学界一般使用的空间计量模型主要有空间误差（SEM）、空间滞后（SAR）和空间杜宾模型（SDM），SEM 和 SAR 模型都仅考虑了一类变量的空间相关性，但是 SDM 模型则考虑了所有变量的空间相关性，故本书选取空间杜宾模型对南北城市经济增长收敛特征进行实证研究，基于 SDM 的绝对空间收敛模型如下：

$$\ln Y_{i,t} = \alpha_1 + \lambda W \ln Y_{i,t} + \beta \ln y_{i,t-1} + \rho W \ln y_{i,t-1} + \eta_i + \delta_t + \upsilon_{it} \qquad (5.4)$$

其中，λ 为空间自回归系数；W 为空间权重矩阵；ρ 为滞后空间自回归系数；其余变量与式（5.2）中含义相同。

基于 SDM 的条件空间收敛模型如下：

$$\ln Y_{i,t} = \alpha + \lambda W\ln Y_{i,t} + \beta \ln y_{i,t-1} + \rho W\ln y_{i,t-1}$$
$$+ \delta X_{i,t} + \gamma WX_{i,t} + \eta_i + \delta_t + \upsilon_{it} \tag{5.5}$$

其中，λ、W、ρ 与式（5.4）中含义相同，其余变量与式（5.3）中含义相同。

5.1.2　数据来源

困于城市数据的可得性，本书选取 2001～2019 年中国 284 个地级及以上城市数据进行计量分析。数据主要来自《中国城市统计年鉴》、《中国统计年鉴》、中经网数据库、ESP 数据库等，对于缺失的部分数据根据对应城市的统计年鉴、对应城市所在省份的统计年鉴以及对应城市的统计公报予以补充。为消除数据量纲和异方差影响，对全部解释变量做对数化处理，描述性统计指标见表 5.1。

表 5.1　　　　　　　　　　　变量的描述性统计

变量	标识	空间尺度	样本量	均值	标准差	最小值	最大值
人均实际GDP 增长率	spgz	全国	5396	0.0910	0.0820	− 0.8217	1.0382
		南方	2926	0.0906	0.0836	− 0.8217	1.0382
		北方	2470	0.0916	0.0802	− 0.4172	0.5860
初始人均实际 GDP	lnspgc	全国	5396	9.7099	0.8288	7.0938	11.8615
		南方	2926	9.6982	0.8290	7.6565	11.6620
		北方	2470	9.7236	0.8284	7.0938	11.8615
物质资本	lnphy	全国	5396	− 0.5887	0.5508	− 3.6035	2.0471
		南方	2926	− 0.5932	0.5365	− 2.7660	1.1363
		北方	2470	− 0.5834	0.5672	− 3.6035	2.0471
人力资本	lnhum	全国	5396	− 2.8668	0.2349	− 4.4599	− 0.7224
		南方	2926	− 2.9533	0.1997	− 3.8664	− 0.7224
		北方	2470	− 2.7643	0.2323	− 4.4599	− 1.6217

变量	标识	空间尺度	样本量	均值	标准差	最小值	最大值
政府干预	lngov	全国	5396	-1.9612	0.4997	-4.1149	0.3955
		南方	2926	-1.9818	0.4726	-3.2600	0.3955
		北方	2470	-1.9369	0.5292	-4.1149	0.0264
产业结构	lnind	全国	5396	0.8085	0.0704	0.5698	1.0301
		南方	2926	0.8047	0.0674	0.5877	1.0111
		北方	2470	0.8129	0.0736	0.5698	1.0301
对外开放	lnopen	全国	5396	-4.6387	1.4399	-11.5685	-0.7418
		南方	2926	-4.3661	1.3393	-11.1095	-0.7418
		北方	2470	-4.9616	1.4878	-11.5685	-1.5771
总储蓄率	lnsav	全国	5396	-0.3659	0.3561	-3.0884	2.0478
		南方	2926	-0.4072	0.2976	-1.4182	1.8035
		北方	2470	-0.3169	0.4095	-3.0884	2.0478

5.2 南北区域经济增长的收敛检验：整体城市视角

5.2.1 一般收敛检验

1. σ 收敛检验

使用人均实际 GDP 对数值的标准差分别测算南北城市经济增长的 σ 收敛性，如图 5.1 所示。

图 5.1 刻画了南方和北方城市经济增长的 σ 指数的演变趋势，观察分析后有如下发现：第一，南方和北方的收敛趋势基本上保持一致，2001~2019 年 σ 指数总体上呈持续下降态势。第二，南方和北方城市经济增长的收敛速度存在显著差异，2001~2019 年，南方地区 σ 指数从

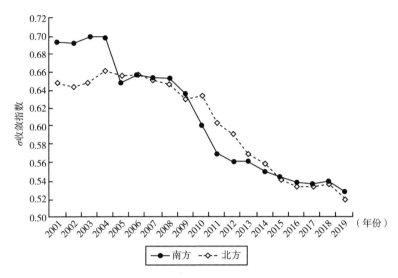

图 5.1　2001～2019 年南北城市经济增长的 σ 收敛指数

0.6938 降至 0.5278，降幅达到 24%，北方地区 σ 指数从 0.6480 降至
0.5190，降幅为 20%。第三，2010 年以前，南方城市的 σ 指数明显大于
北方城市，而 2010 年以后，这种局面发生扭转，即南方城市的 σ 指数明
显小于北方城市。综上所述，一方面，南方和北方城市经济增长的 σ 收
敛态势均较为明显，且南方的收敛程度大于北方，即我国南北城市经济
增长收敛呈现不同的态势，且南方城市经济收敛的趋向更为强烈，这与
前面马尔可夫链分析的结果一致。另一方面，在 2010 年之前，南方城市
间的经济差距大于北方，2010 年之后南方城市间的经济差距小于北方，
这可能与 2010 年后出台的一系列国家级城市群规划有关，而且南方城市
群规划对城市经济收敛的贡献可能强于北方，对于这一猜测将会在后面
进行严格验证。

2. β 绝对收敛检验

σ 收敛是对南北城市经济增长收敛特征的描述性分析，这为南方城
市经济增长收敛强于北方城市经济增长收敛又贡献了一个判断依据，但
是，如果期望获得客观稳健的研究结论，还需要依靠严谨的实证检验。
接下来将从绝对收敛方面实证考察南北城市经济增长的收敛特征。

（1）基准回归。表 5.2 报告了南北城市经济增长 β 绝对收敛的回归结果。其中，列（1）为全国总样本的 β 绝对收敛结果，且收敛系数在 1% 的水平上显著为负（-0.1493），说明从全国视角来看，城市总体上存在 β 绝对收敛现象；列（2）为南方城市的 β 绝对收敛结果，且收敛系数在 1% 的水平上显著为负（-0.1688），列（3）为北方城市的 β 绝对收敛结果，且收敛系数在 1% 的水平上同样显著为负（-0.1293），以上表明将全国城市划分为南北来看，各地区内城市也都存在 β 绝对收敛现象；根据收敛程度来看，南方 > 全国 > 北方，表明南北城市经济收敛呈现显著差异。列（4）~列（6）将经济增长变量变更为名义人均 GDP，不难发现，得到的结论与列（1）~列（3）的一致，这也巩固了南北城市经济绝对收敛的稳健性。

表 5.2   基准回归结果

项目	实际人均 GDP 增长率			名义人均 GDP 增长率		
	（1）全国	（2）南方	（3）北方	（4）全国	（5）南方	（6）北方
$\ln y_{i,t-1}$	-0.1493 *** （-21.88）	-0.1688 *** （-17.30）	-0.1293 *** （-13.55）	-0.0994 *** （-14.96）	-0.1371 *** （-14.76）	-0.0957 *** （-10.13）
常数项	是	是	是	是	是	是
地区固定效应	是	是	是	是	是	是
时间固定效应	是	是	是	是	是	是
R^2	0.1947	0.1934	0.2406	0.3207	0.2830	0.4533
F 统计量	64.83 ***	34.74 ***	38.71 ***	126.53 ***	57.18 ***	101.28 ***
F 检验	F = 2.30 ***	F = 2.49 ***	F = 2.17 ***	F = 1.56 ***	F = 1.88 ***	F = 1.81 ***
Hausman 检验	387.44 ***	240.95 ***	151.29 ***	148.53 ***	160.78 ***	67.71 ***

注：*** 、** 和 * 分别表示回归系数在 1%、5% 和 10% 的显著性水平上显著。

（2）稳健性检验。我们进一步对南北城市经济增长的绝对收敛性进行多种检验以保障结果的稳健性。

首先，替换变量。使用夜间灯光数据替代人均实际 GDP 变量。除了选用人均实际 GDP 代表城市经济增长的代理变量外，越来越多的学者将夜间灯光数据运用到经济领域研究当中。地区夜间灯光亮度也能够较为准确地揭示当地经济增长状况，因此，本章以城市夜间灯光数据替代人均实际 GDP 作为城市经济增长的代理变量，检验收敛结果的稳健性。由于从 2013 年开始 DMSP/OLS 夜间灯光数据不再更新，NPP/VIIRS 夜间灯光数据取而代之并从 2013 年开始更新，不过灯光数据已从年度数据变成月度数据，因两类数据间的连续性不足，直接采用月度数据获得的结果与年度数据存在很大不同（王振华和李萌萌，2020；沈洁，2021），因此本章将使用 2001～2013 年的 DMSP/OLS 夜间稳定灯光数据来考察南北城市经济增长绝对收敛的稳健性，回归结果如表 5.3 所示。

表 5.3　　　　　　　　　　　　替换变量回归结果

项目	DMSP/OLS 夜间稳定灯光数据		
	（1） 全国	（2） 南方	（3） 北方
$\ln y_{i,t-1}$	－ 0. 2253 *** （ － 23. 41）	－ 0. 2668 *** （ － 19. 79）	－ 0. 1585 *** （ － 11. 74）
常数项	是	是	是
地区固定效应	是	是	是
时间固定效应	是	是	是
R^2	0. 4670	0. 5729	0. 3660
F 统计量	2228. 77 ***	189. 37 ***	68. 71 ***
F 检验	F = 2. 65 ***	F = 3. 14 ***	F = 1. 89 ***
Hausman 检验	475. 56 ***	356. 66 ***	106. 61 ***

注：*** 、** 和 * 分别表示回归系数在 1%、5% 和 10% 的显著性水平上显著。

根据表 5.3 可知，使用 DMSP/OLS 夜间稳定灯光数据后，全国、南方以及北方城市的经济增长收敛系数依然显著为负，并且从收敛程度来看，仍然是南方 > 全国 > 北方，说明南方市经济增长绝对收敛态势强于北方地区，这与基准结果一致。

其次，变化样本。为了排除特殊样本方面的影响，先剔除直辖市（共4个，其中南方2个，北方2个），再剔除省会（首府）城市（除直辖市外共26个，其中北方11个，南方30个）。收敛结果如表5.4所示。

表5.4　　　　　　　　　　　变换样本回归结果

项目	剔除直辖市			剔除直辖市、省会（首府）城市		
	（1）全国	（2）南方	（3）北方	（4）全国	（5）南方	（6）北方
$lny_{i,t-1}$	−0.1505***（−21.73）	−0.1720***（−17.34）	−0.1286***（−13.29）	−0.1476***（−19.95）	−0.1710***（−16.03）	−0.1255***（−12.17）
常数项	是	是	是	是	是	是
地区固定效应	是	是	是	是	是	是
时间固定效应	是	是	是	是	是	是
R^2	0.1950	0.1947	0.2395	0.1988	0.1959	0.2483
F 统计量	64.01***	34.58***	37.87***	59.45***	31.84***	35.66***
F 检验	F = 2.30***	F = 2.52***	F = 2.12***	F = 2.15***	F = 2.34***	F = 2.03***
Hausman 检验	384.93***	243.91***	145.36***	322.33***	207.17***	122.25***

注：***、**和*分别表示回归系数在1%、5%和10%的显著性水平上显著。

表5.4结果显示，当剔除直辖市后，全国、南方以及北方城市的经济增长收敛系数依然显著为负，并且南北城市经济增长绝对收敛依然存在显著差异；再剔除各省会（首府）城市后，收敛结果与上述一致。综上所述，在剔除特殊样本后，南北城市经济收敛性特征始终稳健。

最后，分时段回归。由前文的 σ 收敛分析可知，2010年是 σ 收敛的一个分水岭，在该时点后，不管是南方还是北方，城市经济增长的 σ 指数都出现了快速下降，并且南方城市经济增长的 σ 收敛程度越来越强于北方。因此，为能捕捉更多经济特征以及验证基准结果的稳健性，将对样本数据进行分时段考察，结果如表 5.5 所示。

表 5.5　　　　　　　　　　　　分时段回归结果

项目	2001～2010 年		2011～2019 年	
	（1）南方	（2）北方	（3）南方	（4）北方
$\ln y_{i,t-1}$	－0.2879 ***（－15.43）	－0.1423 ***（－9.08）	－0.3538 ***（－15.82）	－0.1714 ***（－11.49）
常数项	是	是	是	是
地区固定效应	是	是	是	是
时间固定效应	是	是	是	是
R^2	0.1908	0.1548	0.2947	0.2126
F 统计量	32.45 ***	21.25 ***	56.78 ***	30.93 ***
F 检验	F = 2.39 ***	F = 2.80 ***	F = 2.91 ***	F = 1.67 **
Hausman 检验	209.63 ***	76.79 ***	167.57 ***	29.65 ***

注：*** 、** 和 * 分别表示回归系数在 1%、5% 和 10% 的显著性水平上显著。

根据表 5.5 可知，2010 年之前，南方、北方的经济收敛系数均显著为负，并且南方收敛程度强于北方地区。2010 年之后，南方、北方的经济收敛系数也均显著为负，并且南方收敛程度仍然强于北方地区。以上说明南方和北方城市经济增长绝对收敛依然存在显著差异，也检验了基准结果的稳健性。我们还发现，2010 年以后，南方和北方的经济收敛速度都出现了上升，但是南方城市收敛速度增长的幅度远远超过北方，这可能是由于自 2010 年以来，我国在南方和北方都实施了一系列城市群规划，但南方城市群规划的效果可能好于北方城市群，对于这种猜测将在接下来的章节中进行严谨的实证解释。

3. β 条件收敛检验

（1）基准回归。在加入一系列影响长期增长因素后，表 5.6 的列（1）～列（3）的结果显示，经济收敛系数也都显著为负，表明无论是全国样本还是分南北方样本，城市经济增长都呈条件收敛特征。比较南方和北方的收敛系数绝对值发现，南方城市经济增长收敛程度依然强于北方，这与前文的绝对收敛结论一致。此外，当采用名义人均 GDP 增长率时，列（4）~列（6）的回归结果依然支持上述结论。

表5.6 基准回归结果

项目	实际人均 GDP 增长率			名义人均 GDP 增长率		
	（1）全国	（2）南方	（3）北方	（4）全国	（5）南方	（6）北方
$\ln y_{i,t-1}$	−0.1841 *** （−25.82）	−0.2066 *** （−20.47）	−0.1771 *** （−16.85）	−0.1574 *** （−22.43）	−0.1764 *** （−18.14）	−0.1704 *** （−16.16）
$\ln phy$	0.0267 *** （7.61）	0.0462 *** （7.35）	0.0186 *** （4.47）	0.0424 *** （11.14）	0.0536 *** （8.36）	0.0265 *** （5.78）
$\ln hum$	0.0309 ** （3.83）	0.0120 （1.04）	0.0411 *** （3.73）	0.0414 *** （4.78）	0.0126 （1.07）	0.0526 ** （4.33）
$\ln gov$	−0.0182 ** （−2.42）	−0.0205 ** （−1.93）	−0.0276 ** （−2.55）	−0.0344 *** （−4.25）	−0.0147 （−1.36）	−0.0552 *** （−4.59）
$\ln ind$	0.0553 （1.45）	0.2973 *** （4.38）	−0.0352 （−0.79）	0.0931 ** （2.28）	0.1482 ** （2.16）	−0.0075 （−0.15）
$\ln open$	0.0032 *** （2.71）	0.0075 *** （3.98）	0.0012 （0.79）	0.0049 *** （3.85）	0.0083 *** （4.30）	0.0066 *** （4.00）
$\ln sav$	−0.0684 *** （−11.74）	−0.0653 *** （−7.44）	−0.0792 *** （−9.94）	−0.0970 *** （−15.44）	−0.0645 *** （−7.23）	−0.1044 *** （−11.90）
常数项	是	是	是	是	是	是
地区固定效应	是	是	是	是	是	是
时间固定效应	是	是	是	是	是	是
R^2	0.2356	0.2344	0.2958	0.3809	0.3202	0.5155
F 统计量	62.72 ***	33.63 ***	38.90 ***	125.16 ***	51.76 ***	98.53 ***
F 检验	F = 2.74 ***	F = 2.71 ***	F = 3.04 ***	F = 2.32 ***	F = 2.16 ***	F = 3.03 ***
Hausman 检验	562.31 ***	323.32 ***	284.53 ***	450.96 ***	238.60 ***	181.76 ***

注：***、** 和 * 分别表示回归系数在 1%、5% 和 10% 的显著性水平上显著。

由表 5.6 可知，大多数基础性因素的回归系数通过显著性检验。从全国样本看，物质资本、人力资本、经济开放对城市人均 GDP 增长率的影响显著为正，产业结构的影响也为正但不显著，而政府干预和储蓄率对城市人均 GDP 增长率的系数为负；从南方样本来看，物质资本、产业结构和经济开放对城市人均 GDP 增长率的影响显著为正，人力资本的影响为正但不显著，而政府干预和储蓄率的影响显著为负；从北方样本来看，物质资本、人力资本对城市人均 GDP 增长率具有显著促进作用，经济开放具有不显著的正向影响，政府干预和储蓄率的影响显著为负，产业结构的影响为负但不显著。不难得出，增加物质资本和人力资本投入等举措都能够促进南北城市经济增长速度加快，由于北方城市在产业结构升级、经济对外开放等方面较南方地区相对薄弱，因此产业结构、经济开放提升了南方城市经济增长速度，并在一定程度上抑制了北方城市的经济增长。

（2）稳健性检验。接下来对南北城市经济条件收敛性再做多种检验，以保障结果的稳健性。

首先，替换变量。与前文一样，使用夜间灯光数据替代人均实际 GDP 来考察南北城市群经济条件空间收敛的稳健性，回归结果如表 5.7 所示。

表 5.7　　　　　　　　　　替换变量回归结果

项目	DMSP/OLS 夜间稳定灯光数据		
	（1） 全国	（2） 南方	（3） 北方
$\ln y_{i,t-1}$	-0.2390*** （-24.64）	-0.3010*** （-22.11）	-0.1722*** （-12.67）
控制变量	是	是	是
常数项	是	是	是
地区固定效应	是	是	是

续表

项目	DMSP/OLS 夜间稳定灯光数据		
	（1） 全国	（2） 南方	（3） 北方
时间固定效应	是	是	是
R²	0.4790	0.5977	0.3815
F 统计量	163.97 ***	143.01 ***	50.02 ***
F 检验	F = 2.89 ***	F = 3.74 ***	F = 2.16 ***
Hausman 检验	581.84 ***	473.59 ***	160.51 ***

注：***、** 和 * 分别表示回归系数在 1%、5% 和 10% 的显著性水平上显著。

观察表 5.7 可知，使用 DMSP/OLS 夜间稳定灯光数据后，从收敛程度来看，仍是南方 > 全国 > 北方，说明南北城市经济收敛存在显著差异，与基准结果一致。

其次，变化样本。为了排除政策方面的影响，先剔除直辖市，在以上基础上再剔除各个省会（首府）城市。收敛结果如表 5.8 所示。

表 5.8 变换样本回归结果

项目	剔除直辖市			剔除直辖市、省会（首府）城市		
	（1） 全国	（2） 南方	（3） 北方	（4） 全国	（5） 南方	（6） 北方
$\ln y_{i,t-1}$	- 0.1852 *** （- 25.61）	- 0.2086 *** （- 20.38）	- 0.1781 *** （- 16.66）	- 0.1840 *** （- 23.41）	- 0.2068 *** （- 18.76）	- 0.1775 *** （- 15.44）
控制变量	是	是	是	是	是	是
常数项	是	是	是	是	是	是
地区固定效应	是	是	是	是	是	是
时间固定效应	是	是	是	是	是	是

续表

项目	剔除直辖市			剔除直辖市、省会（首府）城市		
	（1） 全国	（2） 南方	（3） 北方	（4） 全国	（5） 南方	（6） 北方
R^2	0.2355	0.2346	0.2955	0.2384	0.2321	0.3041
F 统计量	61.80***	33.23***	38.24***	56.94***	29.95***	35.75***
F 检验	F = 2.73***	F = 2.70***	F = 3.04***	F = 2.59***	F = 2.52***	F = 2.91***
Hausman 检验	553.80***	319.01***	282.46***	472.01***	269.06***	239.73***

注：***、** 和 * 分别表示回归系数在 1%、5% 和 10% 的显著性水平上显著。

　　观察表 5.8 可知，不论是剔除直辖市还是再剔除省会（首府）城市，从收敛程度来看，仍然为南方 > 全国 > 北方，这与基准结果一致。综上所述，在剔除特殊样本后，南北城市经济收敛性特征始终稳健。

　　最后，分时段回归。与前文一样，对样本数据进行分时段考察，回归结果如表 5.9 所示。

表 5.9　　　　　　　　　　　分时段回归结果

项目	2001~2010 年		2011~2019 年	
	（1） 南方	（2） 北方	（3） 南方	（4） 北方
$\ln y_{i,t-1}$	−0.3426*** （−18.34）	−0.2072*** （−11.94）	−0.4533*** （−21.29）	−0.2573*** （−11.40）
控制变量	是	是	是	是
常数项	是	是	是	是
地区固定效应	是	是	是	是
时间固定效应	是	是	是	是
R^2	0.2539	0.2206	0.4314	0.2276
F 统计量	29.14***	20.41***	61.56***	23.28***

项目	2001～2010 年		2011～2019 年	
	（1） 南方	（2） 北方	（3） 南方	（4） 北方
F 检验	F = 2.73 ***	F = 3.04 ***	F = 4.91 ***	F = 1.69 **
Hausman 检验	299.67 ***	137.08 ***	417.77 ***	83.66 ***

注：*** 、** 和 * 分别表示回归系数在 1%、5% 和 10% 的显著性水平上显著。

根据表 5.9 可知，2010 年之前，南方、北方的经济收敛系数均显著为负，并且南方收敛程度强于北方。2010 年之后，南方、北方的经济收敛系数也均显著为负，并且南方收敛程度强于北方。以上说明南方和北方城市经济收敛差异显著存在，再次验证了基准结果的稳健性。我们还发现，2010 年以后，南方和北方的经济收敛速度都出现了上升，且南方城市条件收敛速度远超北方，这与 β 绝对收敛模型的结果一致。

5.2.2　空间收敛检验

1. 空间自相关性分析

现有研究表明中国各省份的经济活动具有明显的空间相关性，但是这些研究并未聚焦到城市尺度，因此，接下来本章对南北城市经济增长做空间相关性检验，以便后文进行空间计量建模。空间相关性为数据区位信息的关键特质，呈现形式包括空间依赖性与空间异质性。空间自相关分析可用于探究南北城市经济增长的空间关联性，一般借助 Moran's I 指数进行测度，且利用三类空间权重矩阵保证结果的稳健性。第一类是地理距离权重矩阵（W_1），其元素 w_{ij} 为 i 城市与 j 城市之间距离的倒数，此距离是通过两城市经纬度算得。第二类是经济距离权重矩阵（W_2），其元素 w_{ij} 用 i 城市实际人均 GDP 年均值与 j 城市实际人均 GDP 年均值绝对差值的倒数测算。如果仅考虑地理距离或经济距离会具有一些局限性，因此我们还构建了地理与经济距离的嵌套权重矩阵（W_3）。$W_3 = \alpha W_1 + (1 - \alpha)W_2$，$\alpha$ 在 0 ~ 1 取值，为地理距离权重矩阵占比（邵帅等，2016）。南北城市经济增长的全局 Moran's I 值如表 5.10 所示。

表 5.10　　　　　　　　　南北城市经济增长的全局 Moran's I 值

年份	W_1			W_2			W_3		
	(1) 全国	(2) 南方	(3) 北方	(4) 全国	(5) 南方	(6) 北方	(7) 全国	(8) 南方	(9) 北方
2001	0.065 ***	0.083 ***	0.062 ***	0.248 ***	0.203 ***	0.330 ***	0.090 ***	0.100 ***	0.091 ***
2002	0.092 ***	0.143 ***	0.067 ***	0.422 ***	0.434 ***	0.351 ***	0.136 ***	0.178 ***	0.098 ***
2003	0.115 ***	0.171 ***	0.086 ***	0.467 ***	0.433 ***	0.431 ***	0.161 ***	0.202 ***	0.126 ***
2004	0.115 ***	0.175 ***	0.086 ***	0.477 ***	0.439 ***	0.439 ***	0.162 ***	0.205 ***	0.126 ***
2005	0.095 ***	0.170 ***	0.062 ***	0.481 ***	0.485 ***	0.458 ***	0.147 ***	0.207 ***	0.106 ***
2006	0.104 ***	0.179 ***	0.067 ***	0.498 ***	0.492 ***	0.480 ***	0.157 ***	0.215 ***	0.113 ***
2007	0.108 ***	0.183 ***	0.070 ***	0.513 ***	0.496 ***	0.503 ***	0.164 ***	0.220 ***	0.120 ***
2008	0.111 ***	0.181 ***	0.078 ***	0.525 ***	0.512 ***	0.519 ***	0.168 ***	0.220 ***	0.129 ***
2009	0.106 ***	0.173 ***	0.073 ***	0.529 ***	0.502 ***	0.530 ***	0.165 ***	0.213 ***	0.125 ***
2010	0.101 ***	0.176 ***	0.073 ***	0.542 ***	0.545 ***	0.524 ***	0.163 ***	0.226 ***	0.120 ***
2011	0.105 ***	0.174 ***	0.086 ***	0.548 ***	0.570 ***	0.526 ***	0.168 ***	0.228 ***	0.132 ***
2012	0.103 ***	0.171 ***	0.084 ***	0.548 ***	0.573 ***	0.523 ***	0.166 ***	0.224 ***	0.129 ***
2013	0.106 ***	0.173 ***	0.084 ***	0.553 ***	0.570 ***	0.517 ***	0.171 ***	0.226 ***	0.130 ***
2014	0.100 ***	0.169 ***	0.075 ***	0.557 ***	0.582 ***	0.532 ***	0.167 ***	0.224 ***	0.122 ***
2015	0.104 ***	0.169 ***	0.078 ***	0.570 ***	0.582 ***	0.534 ***	0.175 ***	0.226 ***	0.127 ***
2016	0.103 ***	0.172 ***	0.071 ***	0.563 ***	0.588 ***	0.511 ***	0.173 ***	0.229 ***	0.117 ***
2017	0.106 ***	0.168 ***	0.077 ***	0.573 ***	0.589 ***	0.518 ***	0.179 ***	0.225 ***	0.126 ***
2018	0.109 ***	0.177 ***	0.076 ***	0.578 ***	0.597 ***	0.521 ***	0.183 ***	0.235 ***	0.126 ***
2019	0.109 ***	0.183 ***	0.069 ***	0.564 ***	0.576 ***	0.515 ***	0.181 ***	0.238 ***	0.115 ***
均值	0.102	0.166	0.074	0.505	0.501	0.488	0.160	0.209	0.119

注：*** 、** 和 * 分别表示回归系数在 1%、5% 和 10% 的显著性水平上显著。

根据表 5.10，以地理距离权重矩阵 W_1 为例进行分析。2001 年以来，南方和北方城市经济增长全局 Moran's I 指数值都显著为正，这意味着南方和北方地区内各城市经济增长都存在明显的空间正相关性，即南方和北方地区内城市经济增长在空间上趋于集聚。分地区来看，南方地区经历了升（2001～2012 年）-降（2013 年）-升（2014～2019 年）的演变态势，总体来看，南方地区全局 Moran's I 指数由 2001 年的 0.083 上升至 2019 年的 0.183，增幅超过 120%，2001～2019 年全局 Moran's I 指数均值为 0.166；北方地区经历了升（2001～2004 年）-降（2005 年）-升（2006～2012 年）-降（2013 年）-升（2014～2019 年）的演变趋势，总体上北方地区全局 Moran's I 指数呈缓慢上升态势，由 2001 年的 0.062 增至 2019 年的 0.069，增幅仅为 11.3%，2001～2019 年全局 Moran's I 指数均值为 0.074。综上所述，不论是南方地区还是北方地区，各地区内城市经济增长的空间集聚性都随着时间推移有所强化，但从全局 Moran's I 指数的增幅和均值来看，南方都远超北方，这意味着自 2001 年以来，南方城市经济增长的空间集聚性强于北方，南方城市之间的经济联系越来越强。由此看来，空间自相关性的影响是我国南北城市经济增长收敛的一个不可忽视的因素。权重矩阵 W_2 和权重矩阵 W_3 的结果与 W_1 一致，说明我们得到的南北城市经济增长全局 Moran's I 值的结论具有稳健性。

2. 绝对空间收敛检验

（1）模型选择检验。在运用空间计量模型对南北城市经济增长收敛进行实证前，需要对空间滞后模型（SAR）、空间误差模型（SEM）、空间杜宾模型（SDM）这三个空间计量模型作诊断性检验，最终遴选出最佳基准回归模型，检验结果见表 5.11。

根据表 5.11 的结果得到如下判断：第一，LM 检验结果表明，在三种空间权重矩阵下，南方城市样本的四个 LM 统计量都通过 1% 水平的显著检验，故对于南方城市样本来说，SAR 模型和 SEM 模型暂时都可选

表 5.11　　空间计量模型诊断性检验结果

项目	W_1			W_2			W_3		
	(1) 全国	(2) 南方	(3) 北方	(4) 全国	(5) 南方	(6) 北方	(7) 全国	(8) 南方	(9) 北方
Lm-lag	2192.41***	1038.59***	1298.39***	513.11***	277.54***	280.88***	809.04***	588.57***	674.11***
Robust Lm-lag	0.05	7.02***	14.94***	100.41***	96.84***	3.35*	0.90	12.65***	13.72***
Lm-error	3521.43***	1406.02***	1581.37***	578.35***	317.81***	294.91***	920.40***	710.43***	692.04***
Robust Lm-error	1329.07***	374.45***	297.92***	165.65***	137.11***	17.38***	112.26***	134.51***	31.65***
Hausman 检验	656.19***	492.29***	194.28***	491.22***	351.21***	183.47***	648.09***	452.70***	199.03***
Wald-SDM-SAR	730.81***	544.27***	205.97***	610.46***	463.12***	151.15***	696.64***	526.29***	195.15***
Wald-SDM-SEM	13.35***	19.33***	16.36***	261.12***	184.67***	79.19***	60.50***	27.65***	33.43***
Lr-SDM-SAR	683.71***	498.31***	196.79***	573.31***	425.97***	145.63***	651.16***	482.45***	186.46***
Lr-SDM-SEM	18.04***	31.16***	21.29**	404.41***	315.32***	95.69***	353.30***	45.94***	79.05***
Lr-both-ind	425.60***	253.57***	10.32**	136.13***	80.01***	122.60***	26.18***	7.31***	31.28***
Lr-both-time	777.60***	516.02***	294.39***	490.35***	338.70***	167.87***	760.43***	496.21***	290.08***

注：***、**和*分别表示回归系数在 1%、5%和 10%的显著性水平上显著。

择；北方城市样本除了在权重矩阵 W_2 下的 Robust Lm-lag 统计量只在 10% 的水平上显著，其余统计量都在 1% 的水平上显著，故对于北方城市来说，暂时应选择显著性更优的 SEM 模型；全国城市样本除了在权重矩阵 W_1 和 W_3 下的 Robust Lm-lag 统计量都不显著外，其余都通过 1% 水平的显著检验，故对全国城市来说，暂时应选择显著性更优的 SEM 模型。第二，Hausman 检验结果显示，在三种空间权重矩阵下，全国、南方及北方城市样本的统计量均通过 1% 水平上的显著检验，说明固定效应好于随机效应。第三，Wald 和 Lr 的退化检验结果均显示，全国、南方及北方城市样本的所有统计量均通过了 1% 水平上的显著检验，意味着 SDM 模型不能退化成 SAR 和 SEM 模型，这说明对于全国、南方及北方城市样本来说，SDM 模型是最优选择。第四，固定效应的 Lr 检验结果表明，除了在权重矩阵 W_1 下的北方城市样本的 Lr-both-ind 统计量通过了 5% 水平上的显著检验，其余 Lr 统计量均在 1% 的水平上显著，说明双向固定效应好于单一固定效应。综上所述，本章最终选取双固定效应下的空间杜宾模型作为验证南北城市经济增长绝对收敛性的基准回归模型。

（2）基准回归。表 5.12 分别报告了在三种加权方式下，通过双固定效应空间杜宾模型得到的回归结果。不难发现，无论采用哪一类空间权重矩阵，全国、南方和北方回归模型的空间自回归系数 ρ 都显著为正，表明经济收敛模型的确存在空间自相关性。南方地区的 ρ 在三种空间权重下都大于北方地区，说明南方地区城市对周边城市的辐射带动能力强于北方地区，空间溢出效应更为明显，从而带动了周边城市的发展，进一步缩小了城市差距。

表 5.12 的列（1）~列（9）的结果显示，所有模型的经济收敛系数均显著为负，满足绝对收敛的假设，说明考虑了空间相关性后，不论是全国样本还是分南北方样本，城市经济增长仍然具有绝对收敛现象。但是，SDM 模型的点估计系数并不能准确揭示解释变量之间的关系，故接

表5.12 基准回归结果

项目	W_1			W_2			W_3		
	(1)全国	(2)南方	(3)北方	(4)全国	(5)南方	(6)北方	(7)全国	(8)南方	(9)北方
$\ln y_{i,t-1}$	-0.1620*** (-23.04)	-0.1902*** (-18.37)	-0.1343*** (-14.39)	-0.1556*** (-23.23)	-0.1769*** (-18.30)	-0.1315*** (-14.20)	-0.1579*** (-23.15)	-0.1826*** (-18.19)	-0.1348*** (-14.50)
$W \times \ln y_{i,t-1}$	0.3068*** (6.05)	0.3117*** (5.72)	0.1816*** (3.01)	0.0940*** (5.22)	0.0941** (3.87)	0.0527** (2.21)	0.1697*** (5.22)	0.1958*** (4.45)	0.1461*** (3.03)
直接效应	-0.1577*** (-22.54)	-0.1859*** (-18.05)	-0.1312*** (-13.95)	-0.1541*** (-22.55)	-0.1757*** (-17.81)	-0.1305*** (-13.76)	-0.1557*** (-22.60)	-0.1806*** (-17.78)	-0.1321*** (-14.02)
间接效应	1.0570*** (2.73)	0.5638*** (3.05)	0.3215 (1.32)	0.0826*** (4.27)	0.0862* (3.55)	0.0403 (1.59)	0.1753*** (3.14)	0.1987*** (3.19)	0.1539 (1.54)
总效应	0.8993** (2.32)	0.3779** (2.06)	0.1903 (0.78)	-0.0714*** (-3.61)	-0.0895*** (-3.67)	-0.0902*** (-3.36)	0.0196 (0.35)	0.0181 (0.30)	0.0218 (0.22)
常数项	是	是	是	是	是	是	是	是	是
地区固定效应	是	是	是	是	是	是	是	是	是
时间固定效应	是	是	是	是	是	是	是	是	是
rho	0.8291*** (23.02)	0.6650*** (11.15)	0.7459*** (15.58)	0.1280*** (4.96)	0.0634** (1.98)	0.1157*** (3.18)	0.4455*** (10.36)	0.3204*** (5.08)	0.5363*** (10.19)
sigma2_e	0.0049*** (51.76)	0.0051*** (38.09)	0.0043*** (34.91)	0.0051*** (51.89)	0.0053*** (38.24)	0.0046*** (35.11)	0.0050*** (51.72)	0.0053*** (38.18)	0.0044*** (34.86)
Log-likelihood	6657.4744	3545.9620	3191.0573	6572.7184	3506.1669	3131.4298	6605.0472	3516.0446	3167.2798

注：***、 **和*分别表示回归系数在1%、5%和10%的显著性水平上显著。

下来还需进行偏导数分解，以计算其直接影响效应、空间溢出效应和总经济效应。比较表 5.12 中的直接效应发现，系数的绝对值上，南方 > 全国 > 北方，与 SDM 模型的估计系数一致，说明南方地区收敛程度强于北方地区的结论较为稳健，即考虑了空间相关性，南北城市经济增长绝对收敛差异特征依然明显。从间接效应来看，在三类不同权重矩阵下，南方城市的间接效应都显著为正，而北方城市间的间接效应都不显著，意味着南方城市的经济增长会带动邻边城市经济增长进而促进经济收敛，而北方城市间的溢出效应并不明显。

（3）稳健性检验。我们进一步对南北城市经济增长的绝对空间收敛性进行多种检验以保障结果的稳健性。

首先，替换变量。与前文一样，使用夜间灯光数据替代人均实际 GDP，回归结果如表 5.13 所示。

容易看出，使用 DMSP/OLS 夜间稳定灯光数据后，不论是模型中 $\ln y_{i,t-1}$ 的估计系数还是直接效应的数值，南方地区城市经济收敛程度均高于北方地区，这与基准结果一致。

其次，改变回归模型。虽然空间杜宾模型是三种空间计量模型的最优模型，但还是需要使用 SLM 和 SEM 模型进一步检验基准回归结论的稳健性，回归结果分别见表 5.14 和表 5.15。

由表 5.14 可以看出，SLM 模型中所有类型样本的估计系数和直接效应值都显著为负，且数值上南方 > 北方，这与基准回归结果一致；由表 5.15 可知，SEM 模型中的收敛系数都显著为负，且数值上南方 > 北方，依然与基准回归结果一致。

最后，分时段回归。与前文分析一样，对样本数据划分为 2001～2010 年和 2011～2019 年两个时段分别考察。具体地，2001～2010 年的回归结果见表 5.16，2011～2019 年的回归结果见表 5.17。

表 5.13　　替换变量回归结果

项目	W_1			W_2			W_3		
	(1)全国	(2)南方	(3)北方	(4)全国	(5)南方	(6)北方	(7)全国	(8)南方	(9)北方
$\ln y_{i,t-1}$	-0.2062*** (-21.09)	-0.2355*** (-18.48)	-0.1635*** (-12.91)	-0.2266*** (-24.46)	-0.2686*** (-20.65)	-0.1604*** (-12.48)	-0.2224*** (-23.55)	-0.2569*** (-19.19)	-0.1657*** (-12.59)
$W \times \ln y_{i,t-1}$	-0.0018 (-0.03)	0.3718*** (5.00)	0.2777*** (5.15)	0.0492** (1.96)	0.0536* (1.68)	0.0580* (1.72)	0.0716* (1.62)	0.1210* (1.93)	0.1635*** (2.96)
直接效应	-0.2177*** (-21.21)	-0.2390*** (-18.05)	-0.1639*** (-12.41)	-0.2259*** (-23.82)	-0.2677*** (-20.11)	-0.1593*** (-12.07)	-0.2226*** (-23.25)	-0.2595*** (-19.42)	-0.1627*** (-12.38)
间接效应	-3.2358** (-2.12)	0.1159* (1.88)	0.0448 (0.88)	0.0207 (0.79)	0.0259 (0.80)	0.0258 (0.65)	-0.0524 (-0.74)	-0.2721 (-1.23)	0.1495 (0.82)
总效应	-3.4535** (-2.40)	0.1231** (-1.96)	-0.1191** (-2.31)	-0.2052*** (-7.49)	-0.2418*** (-7.17)	-0.1335*** (-3.15)	-0.2750*** (-3.89)	-0.5316** (-2.40)	-0.0132 (-0.07)
常数项	是	是	是	是	是	是	是	是	是
地区固定效应	是	是	是	是	是	是	是	是	是
时间固定效应	是	是	是	是	是	是	是	是	是
rho	0.9319*** (50.17)	2.0740*** (63.26)	1.9370*** (80.49)	0.1297*** (4.32)	0.1038*** (2.62)	0.2211*** (5.20)	0.4414*** (9.46)	0.7300*** (13.86)	0.7124*** (15.24)
sigma2_e	0.0039*** (42.80)	0.0033*** (31.56)	0.0033*** (29.05)	0.0045*** (42.92)	0.0042*** (31.60)	0.0042*** (28.96)	0.0044*** (42.78)	0.0039*** (31.33)	0.0038*** (28.71)
Log-likelihood	4922.8476	2849.9417	2385.6597	4746.0864	2633.1607	2230.4905	4778.0183	2688.8646	2285.5470

注：***、** 和 * 分别表示回归系数在 1%、5% 和 10% 的显著性水平上显著。

表5.14　SLM模型回归结果

项目	W_1			W_2			W_3		
	(1)全国	(2)南方	(3)北方	(4)全国	(5)南方	(6)北方	(7)全国	(8)南方	(9)北方
$\ln y_{i,t-1}$	-0.1453*** (-22.38)	-0.1639*** (-17.55)	-0.1261*** (-14.09)	-0.1495*** (-22.60)	-0.1688*** (-17.83)	0.1295*** (-14.04)	-0.1478*** (-22.54)	-0.1670*** (-17.68)	-0.1280*** (-14.15)
直接效应	-0.1475*** (-21.63)	-0.1653*** (-17.05)	-0.1289*** (-13.61)	-0.1495*** (-21.96)	-0.1685*** (-17.33)	-0.1294*** (-13.63)	-0.1487*** (-22.54)	-0.1670*** (-17.19)	-0.1298*** (-13.71)
间接效应	-0.6528*** (-3.54)	-0.2618*** (-3.53)	-0.3541*** (-3.60)	-0.0168*** (-3.67)	-0.0055 (-1.02)	-0.0144** (-2.56)	-0.1030*** (-5.54)	-0.0579*** (-3.09)	-0.1361*** (-4.44)
总效应	-0.8003*** (4.30)	-0.4271*** (-5.53)	-0.4830*** (-4.72)	-0.1663*** (-18.52)	-0.1740*** (-15.12)	-0.1438*** (-11.87)	-0.2517*** (-11.66)	-0.2249*** (-9.94)	-0.2659*** (-7.50)
常数项	是	是	是	是	是	是	是	是	是
地区固定效应	是	是	是	是	是	是	是	是	是
时间固定效应	是	是	是	是	是	是	是	是	是
rho	0.8121*** (20.90)	0.6093*** (9.43)	0.7325*** (14.83)	0.1028*** (4.03)	0.0324*** (7.04)	0.1018*** (2.83)	0.4123*** (9.50)	0.2570*** (4.09)	0.5163*** (9.69)
sigma2_e	0.0049*** (51.77)	0.0052*** (38.12)	0.0044*** (34.90)	0.0051*** (51.91)	0.0054*** (38.25)	0.0046*** (35.12)	0.0051*** (51.76)	0.0053*** (38.21)	0.0045*** (34.89)
Log-likelihood	6639.2636	3529.7807	3186.5461	6559.1309	3498.7035	3128.9989	6591.4905	3506.1901	162.7100

注：***、**和*分别表示回归系数在1%、5%和10%的显著性水平上显著。

表 5.15　SEM 模型回归结果

项目	W_1			W_2			W_3		
	(1)全国	(2)南方	(3)北方	(4)全国	(5)南方	(6)北方	(7)全国	(8)南方	(9)北方
$\ln y_{i,t-1}$	-0.1548*** (-22.96)	-0.1778*** (-18.12)	-0.1320*** (-14.37)	-0.1522*** (-22.79)	-0.1704*** (-17.86)	-0.1307*** (-14.12)	-0.1538*** (-22.93)	-0.1733*** (-17.91)	-0.1328*** (-14.41)
常数项	是	是	是	是	是	是	是	是	是
地区固定效应	是	是	是	是	是	是	是	是	是
时间固定效应	是	是	是	是	是	是	是	是	是
lambda	0.8342*** (23.80)	0.6754*** (11.55)	0.7452*** (15.57)	0.1314*** (5.09)	0.0602* (1.88)	0.1169*** (3.22)	0.4531*** (10.61)	0.3264*** (5.17)	0.5377*** (10.26)
sigma2_e	0.0049*** (51.76)	0.0052*** (38.08)	0.0043*** (34.92)	0.0051*** (51.89)	0.0053*** (38.24)	0.0046*** (35.11)	0.0050*** (51.73)	0.0053*** (38.18)	0.0044*** (34.88)
Log-likelihood	6651.2340	3539.4499	3190.1513	6563.8320	3499.9227	3130.1472	6600.0402	3510.6906	3166.0485

注：***，** 和 * 分别表示回归系数在 1%、5% 和 10% 的显著性水平上显著。

表 5.16 　　　　　　　　　　　**2001～2010 年回归结果**

项目	W_1		W_2		W_3	
	(1) 南方	(2) 北方	(3) 南方	(4) 北方	(5) 南方	(6) 北方
$\ln y_{i,t-1}$	-0.2925 *** (-18.52)	-0.1265 *** (-8.61)	-0.2888 *** (-16.37)	-0.1421 *** (-9.60)	-0.2909 *** (-16.26)	-0.1332 *** (-9.14)
$W \times \ln y_{i,t-1}$	0.2664 ** (2.40)	-0.1627 (-1.37)	0.0627 (1.42)	-0.0400 (-1.04)	0.1423 * (1.83)	-0.0525 (-0.61)
直接效应	-0.2905 *** (-18.85)	-0.1374 *** (-8.99)	-0.2879 *** (-15.90)	-0.1421 *** (-9.33)	-0.2898 *** (-15.87)	-0.1379 *** (-9.17)
间接效应	0.1961 (0.49)	-1.3220 ** (-2.03)	0.0534 (1.27)	-0.0539 (-1.39)	0.0568 (0.51)	-0.3207 * (-1.65)
总效应	-0.0944 (-0.24)	-1.4594 ** (-2.23)	-0.2345 *** (-5.17)	-0.1960 *** (-4.63)	-0.2330 ** (-2.10)	-0.4586 ** (-2.33)
常数项	是	是	是	是	是	是
地区固定 效应	是	是	是	是	是	是
时间固定 效应	是	是	是	是	是	是
rho	0.7138 *** (9.66)	0.7805 *** (13.16)	0.0277 *** (3.64)	0.0603 (1.19)	0.3421 *** (4.06)	0.5771 *** (8.46)
sigma2_e	0.0063 *** (27.61)	0.0036 *** (25.31)	0.0066 *** (27.75)	0.0039 *** (25.49)	0.0065 *** (27.70)	0.0037 *** (25.27)
Log- likelihood	1707.6524	1801.0480	1682.2550	1752.5481	1689.2325	1780.7421

　　注：***、** 和 * 分别表示回归系数在 1%、5% 和 10% 的显著性水平上显著。

表 5.17　　　　　　　　　　　　　2011～2019 年回归结果

项目	W_1		W_2		W_3	
	(1) 南方	(2) 北方	(3) 南方	(4) 北方	(5) 南方	(6) 北方
$\ln y_{i,t-1}$	-0.3426 *** (-15.61)	-0.2964 *** (-13.40)	-0.3541 *** (-16.87)	-0.2492 *** (-11.79)	-0.3523 *** (-16.63)	-0.2859 *** (-12.75)
$W \times \ln y_{i,t-1}$	-0.1564 *** (-1.04)	0.4671 *** (5.17)	0.0549 (0.92)	-0.0236 (-0.42)	-0.0178 (-0.16)	0.3527 *** (3.86)
直接效应	-0.3424 *** (-15.25)	-0.2897 *** (-13.02)	-0.3531 *** (-16.38)	-0.2485 *** (-11.43)	-0.3516 *** (-16.18)	-0.2806 *** (-12.48)
间接效应	-0.2662 * (-1.65)	0.7371 *** (2.67)	0.0150 (0.25)	-0.0276 (-0.52)	-0.0571 (-0.54)	0.3804 *** (2.82)
总效应	-0.6086 *** (-3.89)	0.4474 * (1.65)	-0.3381 *** (-5.32)	-0.2761 *** (-5.30)	-0.4087 *** (-3.87)	0.0998 (0.77)
常数项	是	是	是	是	是	是
地区固定效应	是	是	是	是	是	是
时间固定效应	是	是	是	是	是	是
rho	0.1530 *** (3.05)	0.5853 *** (5.88)	0.1061 ** (2.07)	-0.0006 (-0.01)	0.0785 *** (4.69)	0.3321 *** (3.52)
sigma2_e	0.0026 *** (26.32)	0.0040 *** (24.11)	0.0026 *** (26.30)	0.0042 *** (24.19)	0.0026 *** (26.32)	0.0041 *** (24.10)
Log-likelihood	2150.2248	1558.0455	2150.3742	1536.0820	2148.6494	1547.2845

注：***、** 和 * 分别表示回归系数在 1%、5% 和 10% 的显著性水平上显著。

　　根据表 5.16 可知，2010 年之前，全国、南方、北方的 $\ln y_{i,t-1}$ 系数和直接效应值均显著为负，并且南方收敛程度强于北方，说明南方和北方呈现出显著的收敛异质性；根据表 5.17 可知，2010 年之后，全国、南方、

北方的 $\ln y_{i,t-1}$ 系数和直接效应值也均显著为负,并且南方收敛程度强于北方地区。综上所述,两个时期的回归结果都显示南方 > 全国 > 北方,再次验证了基准回归的稳健性。

3. 条件空间收敛检验

(1) 模型选择检验。具体检验步骤和规则同前面一致,故不再赘述,诊断性检验结果见表 5.18。最终确定双固定效应空间杜宾模型作为检验南北城市条件收敛性的基准模型。

(2) 基准回归。基于空间绝对收敛模型,加入一系列影响长期增长因素后,表 5.19 的 $\ln y_{i,t-1}$ 系数和表 5.20 的直接效应系数都显著为负,说明不论是全国样本还是分南北样本,城市经济增长存在空间条件收敛现象。比较南方和北方的收敛系数绝对值发现,南方城市收敛程度依然强于北方,这与前文的绝对收敛结论一致。

(3) 稳健性检验。进一步对南北城市经济增长的条件空间收敛性进行多种稳健性检验。

首先,替换变量。与前文一样,使用夜间灯光数据替代人均实际GDP 来考察南北城市经济增长空间条件收敛的稳健性,回归结果如表5.21 所示。

由表 5.21 可知,使用夜间稳定灯光数据后,不论是模型中 $\ln y_{i,t-1}$ 的估计系数还是直接效应的数值,南方城市经济收敛程度均高于北方,这与基准结果一致。

其次,改变回归模型。与前文一样,使用 SLM 和 SEM 模型进一步检验基准回归结论的稳健性。结果如表 5.22 和表 5.23 所示。

由表 5.22 可以看出,SLM 模型中所有类型样本的估计系数和直接效应值都显著为负,且数值上南方 > 北方,这与基准回归结果一致;由表 5.23 可知,SEM 模型中的收敛系数都显著为负,且数值上南方 > 北方,依然与基准回归结果一致。

表 5.18

空间计量模型诊断性检验结果

项目	W_1			W_2			W_3		
	(1)全国	(2)南方	(3)北方	(4)全国	(5)南方	(6)北方	(7)全国	(8)南方	(9)北方
Lm-lag	1990.16***	1007.09***	979.34***	446.39***	266.01***	208.79***	679.64***	553.78***	493.12***
Robust Lm-lag	14.32***	0.01	38.34***	0.83	1.50	7.8***	11.71***	0.02	34.68***
Lm-error	2607.38***	1222.65***	1043.89***	465.01***	280.59***	200.99***	688.12***	607.86***	461.29***
Robust Lm-error	631.54***	215.57***	102.89***	19.45***	16.08***	0.01	20.19***	54.10***	2.85*
Hausman检验	791.37***	501.51***	299.07***	640.59***	464.11***	213.62***	820.45***	529.18***	318.02***
Wald-SDM-SAR	677.03***	443.91***	234.95***	688.43***	423.27***	252.78***	663.91***	432.20***	244.96***
Wald-SDM-SEM	24.70***	25.10***	33.56***	360.10***	216.89***	173.24***	91.80***	42.06***	61.53***
Lr-SDM-SAR	635.81***	412.14***	223.55***	646.05***	393.72***	240.17***	624.14***	401.84***	232.68***
Lr-SDM-SEM	38.39***	41.26***	55.35***	593.93***	356.76***	227.40***	445.74***	70.84***	140.54***
Lr-both-ind	421.63***	47.50***	379.71***	67.83***	55.25***	68.43***	46.08***	50.44***	28.96**
Lr-both-time	861.28***	320.70***	16.21***	688.11***	434.01***	292.17***	905.58***	551.48***	392.57***

注：***、** 和 * 分别表示回归系数在 1%、5% 和 10% 的显著性水平上显著。

表5.19　SDM 模型回归结果

项目	W_1			W_2			W_3		
	(1)全国	(2)南方	(3)北方	(4)全国	(5)南方	(6)北方	(7)全国	(8)南方	(9)北方
$\ln y_{i,t-1}$	-0.1976*** (-26.68)	-0.2346*** (-21.56)	-0.1759*** (-17.17)	-0.2061*** (-29.03)	-0.2292*** (-22.56)	-0.1907*** (-18.78)	-0.1969*** (-27.58)	-0.2320*** (-21.94)	-0.1808*** (-17.76)
$\ln phy$	0.0199*** (5.62)	0.0315*** (4.91)	0.0128*** (3.13)	0.0178*** (5.16)	0.0373*** (6.05)	0.0140*** (3.51)	0.0183*** (5.28)	0.0344*** (5.43)	0.0129*** (3.19)
$\ln hum$	0.0218*** (2.65)	0.0111 (0.93)	0.0280** (2.50)	0.0181** (2.32)	0.0084 (0.76)	0.0197* (1.84)	0.0200** (2.53)	0.0006 (0.05)	0.0274** (2.51)
$\ln gov$	-0.0260*** (-3.34)	-0.0205* (-1.83)	-0.0352*** (-3.21)	-0.0306*** (-4.18)	-0.0280*** (-2.66)	-0.0440 (-4.19)	-0.0224*** (-3.07)	-0.0221** (-2.00)	-0.0360 (-3.45)
$\ln ind$	0.0944** (2.46)	0.3906*** (5.72)	-0.0468 (-1.06)	0.0163 (0.44)	0.1998*** (2.96)	-0.0675* (-1.58)	0.0517 (1.40)	0.3007*** (4.47)	-0.0642 (-1.49)
$\ln open$	0.0030** (2.51)	0.0051*** (2.70)	0.0005 (0.31)	0.0029** (2.52)	0.0083** (4.57)	0.0004 (0.25)	0.0031*** (2.71)	0.0067*** (3.60)	0.0002 (0.13)
$\ln sav$	-0.0750*** (-12.20)	-0.0724*** (-7.58)	-0.0760*** (-9.88)	-0.0769*** (-13.29)	-0.0772*** (-8.08)	-0.0821*** (-10.75)	-0.0729*** (-12.60)	-0.0746*** (-7.65)	-0.0760*** (-10.00)
$W \times \ln y_{i,t-1}$	0.2408*** (3.58)	0.2183*** (2.70)	0.1118 (1.39)	0.0759*** (3.94)	0.0577** (2.09)	0.0790*** (3.07)	0.1014*** (2.83)	0.1025* (1.92)	0.0808 (1.55)
$W \times \ln phy$	0.1100*** (3.85)	0.1480*** (3.38)	0.0577** (2.51)	0.0671*** (7.05)	0.0685*** (3.85)	0.0527*** (4.45)	0.1071*** (6.40)	0.1215*** (3.54)	0.0747*** (3.63)

续表

项目	W_1			W_2			W_3		
	(1) 全国	(2) 南方	(3) 北方	(4) 全国	(5) 南方	(6) 北方	(7) 全国	(8) 南方	(9) 北方
$W \times \ln hum$	0.0441 (0.69)	-0.0781 (-0.82)	0.0585 (1.03)	0.1122*** (5.07)	0.0794*** (2.79)	0.1537*** (5.55)	0.1671*** (4.13)	0.2040*** (3.17)	0.1309*** (2.90)
$W \times \ln gov$	0.1233** (2.07)	-0.0503 (-0.70)	0.1161* (1.85)	0.0234 (1.35)	0.0444* (1.66)	0.0431* (1.89)	0.0440 (1.54)	0.0620 (1.07)	0.0694** (2.15)
$W \times \ln ind$	-0.8805** (-2.30)	-1.1991** (-2.37)	0.1075 (0.34)	0.0494 (0.60)	0.0517 (0.39)	0.2202* (1.84)	0.0546 (0.37)	-0.0291 (-0.12)	0.2390 (1.07)
$W \times \ln open$	-0.0127 (-1.12)	0.0136 (0.97)	0.0056 (0.59)	-0.0006 (-0.17)	0.0033 (0.66)	0.0004 (0.10)	-0.0066 (-1.03)	0.0079 (0.74)	-0.0037 (-0.49)
$W \times \ln sav$	0.1569*** (3.98)	0.0586 (1.28)	0.0760 (1.31)	0.0370*** (3.09)	0.0342* (1.82)	0.0141 (0.93)	0.0682*** (3.35)	0.0690* (1.80)	0.0155 (0.68)
常数项	是	是	是	是	是	是	是	是	是
地区固定效应	是	是	是	是	是	是	是	是	是
时间固定效应	是	是	是	是	是	是	是	是	是
rho	0.7930*** (18.54)	0.5831*** (8.32)	0.7091*** (13.21)	0.1002*** (3.85)	0.0345*** (11.07)	0.1004*** (2.76)	0.3908*** (8.69)	0.2591*** (3.95)	0.4911*** (8.81)
sigma2_e	0.0046*** (51.77)	0.0049*** (38.13)	0.0040*** (34.93)	0.0048*** (51.91)	0.0050*** (38.24)	0.0042*** (35.12)	0.00447*** (51.76)	0.0050*** (38.20)	0.0041*** (34.90)
Log-likelihood	6810.3292	3626.1331	3288.5813	6770.6122	3605.8006	3264.0599	6771.9970	3606.9413	3271.7005

注：***、** 和 * 分别表示回归系数在 1%、5% 和 10% 的显著性水平上显著。

表 5.20　SDM 模型的直接效应和间接效应

权重矩阵	变量	直接效应			间接效应			总效应		
		(1) 全国	(2) 南方	(3) 北方	(4) 全国	(5) 南方	(6) 北方	(7) 全国	(8) 南方	(9) 北方
W_1	$\ln y_{i,t-1}$	-0.1958*** (-26.79)	-0.2329*** (-21.35)	-0.1760*** (-17.09)	0.4086 (1.25)	0.1956 (1.07)	-0.0506 (-0.20)	0.2128*** (0.65)	-0.0373 (-0.20)	-0.2266 (-0.87)
	$\ln phy$	0.0222*** (6.53)	0.0338*** (5.52)	0.0146*** (3.71)	0.6332*** (3.46)	0.4100*** (3.68)	0.2374*** (2.82)	0.6553*** (3.58)	0.4438*** (3.99)	0.2520*** (2.98)
	$\ln hum$	0.0238*** (3.12)	0.0112 (1.02)	0.0314 (3.02)	0.2983 (0.95)	-0.1778 (-0.76)	0.2715 (1.43)	0.3221 (1.03)	-0.1666 (-0.72)	0.3029* (1.62)
	$\ln gov$	-0.0241*** (-3.35)	-0.0215** (-2.05)	-0.0324 (-3.17)	0.4949 (1.59)	-0.1592 (-0.94)	0.3081 (1.37)	0.4708 (1.52)	-0.1807 (-1.08)	0.2757 (1.22)
	$\ln ind$	0.0794** (2.22)	0.3751*** (5.86)	-0.0442 (-1.07)	-3.9084* (-1.87)	-2.2993* (-1.81)	0.3055 (0.27)	-3.8290* (-2.28)	-1.9242* (-1.62)	0.2613 (0.23)
	$\ln open$	0.0029** (2.41)	0.0055*** (2.92)	0.0007 (0.46)	-0.0547 (-0.94)	0.0376 (1.10)	0.0178 (0.53)	-0.0518 (-0.89)	0.0431 (1.25)	0.0185 (0.55)
	$\ln sav$	-0.0732*** (11.59)	-0.0721*** (-7.32)	-0.0753*** (-9.15)	0.4937** (2.32)	0.0457 (0.42)	0.0811 (0.42)	0.4205** (1.98)	-0.0264 (-0.25)	0.0058 (0.03)

续表

权重矩阵	变量	直接效应			间接效应			总效应		
		(1)全国	(2)南方	(3)北方	(4)全国	(5)南方	(6)北方	(7)全国	(8)南方	(9)北方
W_2	$\ln y_{i,t-1}$	-0.2052*** (-28.31)	-0.2286*** (-21.99)	-0.1896*** (-18.28)	0.0603*** (3.03)	0.0506* (1.93)	0.0650** (2.44)	-0.1449*** (-7.10)	-0.1780*** (-6.68)	-0.1246*** (-4.50)
	$\ln phy$	0.0185*** (5.58)	0.0373*** (6.26)	0.0146*** (3.78)	0.0763*** (7.59)	0.0734*** (4.18)	0.0603*** (4.79)	0.0948*** (9.09)	0.1107*** (6.16)	0.0749*** (5.63)
	$\ln hum$	0.0204*** (2.74)	0.0100 (0.94)	0.0230** (2.25)	0.1260*** (5.19)	0.0832* (2.82)	0.1712*** (5.56)	0.1465*** (5.88)	0.0932*** (3.02)	0.1942*** (6.24)
	$\ln gov$	-0.0303*** (-4.30)	-0.0277*** (-2.73)	-0.0433*** (-4.28)	0.0210 (1.13)	0.0427 (1.48)	0.0407* (1.68)	-0.0092 (-0.48)	0.0150 (0.51)	-0.0026 (-0.10)
	$\ln ind$	0.0170 (0.48)	0.1997*** (3.08)	-0.0643 (-1.56)	0.0613 (0.65)	0.0687 (0.48)	0.2425* (1.76)	0.0783 (0.79)	0.2684* (1.81)	0.1782 (1.24)
	$\ln open$	0.0029** (2.58)	0.0085*** (4.67)	0.0005 (0.31)	-0.0006 (-0.15)	0.0033 (0.66)	0.0002 (0.05)	0.0024 (0.56)	0.0118** (2.08)	0.0007 (0.14)
	$\ln sav$	-0.0765*** (-12.57)	-0.0771*** (-7.67)	-0.0820*** (-10.21)	0.0328** (2.54)	0.0334* (1.73)	0.0072 (0.44)	-0.0437*** (-3.28)	-0.0437** (-2.51)	-0.0748*** (-4.13)

续表

权重矩阵	变量	直接效应			间接效应			总效应		
		(1) 全国	(2) 南方	(3) 北方	(4) 全国	(5) 南方	(6) 北方	(7) 全国	(8) 南方	(9) 北方
W_3	$\ln y_{i,t-1}$	-0.1963*** (-27.13)	-0.2312*** (-21.50)	-0.1807*** (-17.50)	0.0381 (0.70)	0.0546 (0.84)	-0.0182 (-0.19)	-0.1582*** (-2.94)	-0.1766*** (-2.75)	-0.1989** (-2.09)
	$\ln phy$	0.0201*** (6.05)	0.0354*** (5.82)	0.0151*** (3.86)	0.1877*** (6.88)	0.1791*** (4.00)	0.1604*** (3.99)	0.2077*** (7.61)	0.2145*** (4.86)	0.1755*** (4.32)
	$\ln hum$	0.0238*** (3.18)	0.0038 (0.35)	0.0327*** (3.18)	0.2865*** (4.29)	0.2761* (3.12)	0.2823** (3.17)	0.3103*** (4.66)	0.2799*** (3.20)	0.3150*** (3.55)
	$\ln gov$	-0.0218*** (-3.12)	-0.0216** (-2.05)	-0.0344*** (-3.43)	0.0552 (1.23)	0.0720 (0.93)	0.0975* (1.62)	0.0334 (0.74)	0.0504 (0.67)	0.0631 (1.03)
	$\ln ind$	0.0530 (1.50)	0.3006*** (4.70)	-0.0578 (-1.40)	0.1393 (0.56)	0.0891 (0.26)	0.4326 (0.95)	0.1924 (0.77)	0.3897 (1.13)	0.3748 (0.81)
	$\ln open$	0.0031*** (2.68)	0.0068*** (3.73)	0.0002 (0.11)	-0.0094 (-0.92)	0.0120 (0.83)	-0.0082 (-0.57)	-0.0063 (-0.60)	0.0188 (1.29)	-0.0080 (-0.54)
	$\ln sav$	-0.0722*** (-11.91)	-0.0741*** (-7.31)	-0.0766*** (-9.47)	0.0666** (2.07)	0.0692 (1.35)	-0.0406 (-0.92)	-0.0056 (-0.17)	-0.0049 (-0.10)	-0.1172** (-2.52)

注：***、** 和 * 分别表示回归系数在1%、5%和10%的显著性水平上显著。

表 5.21　替换变量回归结果

项目	W_1			W_2			W_3		
	(1) 全国	(2) 南方	(3) 北方	(4) 全国	(5) 南方	(6) 北方	(7) 全国	(8) 南方	(9) 北方
$\ln y_{i,t-1}$	-0.2166 *** (-21.81)	-0.2700 *** (-20.59)	-0.1758 *** (-13.17)	-0.2376 *** (-25.46)	-0.3097 *** (-23.19)	-0.1769 *** (-13.57)	-0.2348 *** (-24.65)	-0.2984 *** (-21.43)	-0.1813 *** (-13.69)
$W \times \ln y_{i,t-1}$	-0.1224 * (-1.69)	0.3302 *** (3.92)	-0.1159 * (-1.56)	0.0443 * (1.69)	0.0561 * (1.64)	0.0334 (0.98)	0.0589 (1.26)	0.1138 * (1.72)	0.0367 (0.58)
直接效应	-0.2339 *** (-20.35)	-0.2762 *** (-19.48)	-0.1927 *** (-13.36)	-0.2370 *** (-24.79)	-0.3088 *** (-22.60)	-0.1765 *** (-13.19)	-0.2352 *** (-24.36)	-0.3017 *** (-21.59)	-0.1858 *** (-13.88)
间接效应	-4.7760 ** (-2.41)	0.2226 *** (3.25)	-2.0304 ** (-2.52)	0.0181 (0.68)	0.0268 (0.80)	-0.0002 (-0.01)	-0.0704 (-0.98)	-0.3342 * (-1.58)	-0.2947 (-1.51)
总效应	-5.0099 ** (-2.52)	-0.0536 (-0.74)	-2.2231 ** (-2.75)	-0.2189 *** (-7.76)	-0.2820 *** (-7.97)	-0.1767 *** (-4.28)	-0.3056 *** (-4.28)	-0.6359 ** (-3.02)	-0.4805 ** (-2.44)
控制变量	是	是	是	是	是	是	是	是	是
常数项	是	是	是	是	是	是	是	是	是
地区固定效应	是	是	是	是	是	是	是	是	是
时间固定效应	是	是	是	是	是	是	是	是	是
rho	0.9272 *** (46.78)	2.0712 *** (62.07)	0.8609 *** (24.10)	0.1162 *** (3.85)	0.0994 ** (2.50)	0.1863 *** (4.32)	0.4222 *** (8.94)	0.7030 *** (12.68)	0.6918 *** (14.10)
sigma2_e	0.0039 *** (42.79)	0.0031 *** (31.61)	0.0035 *** (28.81)	0.0043 *** (42.93)	0.0039 *** (31.61)	0.0040 *** (28.99)	0.0042 *** (42.80)	0.0037 *** (31.39)	0.0037 *** (28.73)
Log-likelihood	4987.4460	2907.9085	2366.2240	4799.7928	2705.9765	2258.4748	4832.6900	2755.3150	2318.7570

注：***、** 和 * 分别表示回归系数在 1%、5% 和 10% 的显著性水平上显著。

107

表5.22　　SLM模型回归结果

项目	W_1			W_2			W_3		
	(1)全国	(2)南方	(3)北方	(4)全国	(5)南方	(6)北方	(7)全国	(8)南方	(9)北方
$\ln y_{i,t-1}$	-0.1788 *** (-26.31)	-0.2005 *** (-20.68)	-0.1715 *** (-17.38)	-0.1841 *** (-26.64)	-0.2065 *** (-21.11)	0.1773 *** (-17.46)	-0.1819 *** (-26.50)	-0.2045 *** (-20.91)	-0.1745 *** (-17.51)
直接效应	-0.1812 *** (-25.55)	-0.2018 *** (-20.17)	-0.1750 *** (-16.86)	-0.1840 *** (-25.91)	-0.2062 *** (-20.54)	-0.1772 *** (-16.96)	-0.1828 *** (-29.85)	-0.2044 *** (-20.36)	-0.2048 *** (-17.47)
间接效应	-0.7124 *** (-3.73)	-0.2606 *** (-3.58)	-0.4489 *** (-3.86)	-0.0182 *** (-3.40)	-0.0029 (-0.46)	-0.0180 ** (-2.48)	-0.1134 *** (-5.58)	-0.0533 *** (-2.70)	-0.0533 *** (-2.70)
总效应	-0.8936 *** (-4.63)	-0.4624 *** (-6.17)	-0.6239 *** (-5.22)	-0.2022 *** (-21.07)	-0.2091 *** (-17.43)	-0.1952 *** (-14.12)	-0.2962 *** (-12.84)	-0.2577 *** (-11.21)	-0.2577 *** (-11.21)
控制变量	是	是	是	是	是	是	是	是	是
常数项	是	是	是	是	是	是	是	是	是
地区固定效应	是	是	是	是	是	是	是	是	是
时间固定效应	是	是	是	是	是	是	是	是	是
rho	0.7933 *** (18.94)	0.5589 *** (8.14)	0.7188 *** (14.18)	0.0911 *** (3.61)	0.0141 *** (17.46)	0.0936 *** (2.64)	0.3854 *** (8.84)	0.2053 *** (3.26)	0.4993 *** (9.31)
sigma2_e	0.0047 *** (51.78)	0.0050 *** (38.14)	0.0041 *** (34.94)	0.0049 *** (51.92)	0.0051 *** (38.25)	0.0043 *** (35.12)	0.0048 *** (51.78)	0.0051 *** (38.22)	0.0041 *** (34.91)
Log-likelihood	6771.4488	3599.6729	3276.7929	698.1208	3574.5346	3221.6598	6727.2980	3579.5923	3253.7857

注：***、**和*分别表示回归系数在1%、5%和10%的显著性水平上显著。

表 5.23 SEM 模型回归结果

项目	W_1			W_2			W_3		
	(1)全国	(2)南方	(3)北方	(4)全国	(5)南方	(6)北方	(7)全国	(8)南方	(9)北方
$\ln y_{i,t-1}$	-0.1886*** (-26.81)	-0.2132*** (-21.14)	-0.1756*** (-17.39)	-0.1872*** (-26.79)	-0.2072*** (-21.10)	-0.1797*** (-17.57)	-0.1870*** (-26.76)	-0.2091*** (-21.06)	-0.1787*** (-17.60)
控制变量	是	是	是	是	是	是	是	是	是
常数项	是	是	是	是	是	是	是	是	是
地区固定效应	是	是	是	是	是	是	是	是	是
时间固定效应	是	是	是	是	是	是	是	是	是
lambda	0.8248*** (22.37)	0.6386*** (10.04)	0.7329*** (14.67)	0.1278*** (4.82)	0.0347*** (5.06)	0.1213*** (3.25)	0.4312*** (9.79)	0.2670*** (4.05)	0.5168*** (9.49)
sigma2_e	0.0047*** (51.77)	0.0049*** (38.09)	0.0040*** (34.92)	0.0048*** (51.89)	0.0051*** (38.25)	0.0043*** (35.10)	0.0048*** (51.74)	0.0050*** (38.20)	0.0041*** (34.89)
Log-likelihood	6783.5541	3607.4519	3277.1353	6703.1038	3574.9879	3223.4258	6733.7016	3582.2500	3253.8596

注：***、**和*分别表示回归系数在1%、5%和10%的显著性水平上显著。

109

最后，分时段回归。与前文分析一样，对样本数据划分为 2001～2010 年和 2011～2019 年两个时段分别进行考察，回归结果如表 5.24 和表 5.25 所示。

表 5.24   2001～2010 年回归结果

项目	W_1		W_2		W_3	
	(1) 南方	(2) 北方	(3) 南方	(4) 北方	(5) 南方	(6) 北方
$\ln y_{i,t-1}$	-0.3801 *** (-19.90)	-0.1842 *** (-11.48)	-0.3481 *** (-19.72)	-0.2073 *** (-12.55)	-0.3825 *** (-20.40)	-0.1933 *** (-12.02)
$W \times \ln y_{i,t-1}$	0.1216 (0.89)	-0.2586 * (-1.95)	0.0070 (0.14)	-0.0152 (-0.33)	0.0931 (0.99)	-0.1216 (-1.30)
直接效应	-0.3812 *** (-19.70)	-0.1964 *** (-11.61)	-0.3474 *** (-19.16)	-0.2068 *** (-12.18)	-0.3820 *** (-19.96)	-0.2002 *** (-12.05)
间接效应	-0.2692 (-0.84)	-1.4838 ** (-2.39)	0.0139 (1.27)	-0.0232 (-0.52)	-0.0172 (-0.15)	-0.4837 ** (-2.53)
总效应	-0.6504 ** (-2.04)	-1.6802 ** (-2.69)	-0.3335 *** (-7.42)	-0.2300 *** (-4.77)	-0.3992 ** (-3.52)	-0.6839 ** (-3.53)
常数项	是	是	是	是	是	是
地区固定效应	是	是	是	是	是	是
时间固定效应	是	是	是	是	是	是
rho	0.5930 *** (6.25)	0.7241 *** (10.14)	0.0227 * (1.51)	0.0333 (0.65)	0.2705 *** (3.01)	0.5348 *** (7.32)
sigma2_e	0.0057 *** (27.65)	0.0033 *** (25.33)	0.0060 *** (27.75)	0.0036 *** (25.49)	0.0058 *** (27.71)	0.0034 *** (25.29)
Log-likelihood	1783.0960	1862.4377	1751.7846	1807.8403	1770.4875	1837.2281

注：***、** 和 * 分别表示回归系数在 1%、5% 和 10% 的显著性水平上显著。

表 5. 25   2011～2019 年回归结果

项目	W_1		W_2		W_3	
	(1) 南方	(2) 北方	(3) 南方	(4) 北方	(5) 南方	(6) 北方
$\ln y_{i,t-1}$	-0.4833*** (-23.08)	-0.2926*** (-13.23)	-0.4855*** (-24.17)	-0.2660*** (-12.13)	-0.4777*** (-23.30)	-0.2917*** (-13.01)
$W \times \ln y_{i,t-1}$	0.1621 (0.96)	0.2388* (1.78)	0.2188*** (3.87)	0.0184 (0.31)	0.1898* (1.72)	0.1252*** (1.13)
直接效应	-0.4827*** (-22.62)	-0.2903*** (-12.89)	-0.4814*** (-23.40)	-0.2653*** (-11.78)	-0.4763*** (-22.65)	-0.2902*** (-12.77)
间接效应	-0.0230 (-0.10)	0.2045 (0.72)	0.1633*** (2.81)	0.0205 (0.36)	0.0955 (0.78)	0.0603 (0.39)
总效应	-0.5057** (-2.16)	-0.0858 (-0.30)	-0.3181*** (-5.12)	-0.2448*** (-4.24)	-0.3808*** (-3.06)	-0.2299 (-1.51)
常数项	是	是	是	是	是	是
地区固定 效应	是	是	是	是	是	是
时间固定 效应	是	是	是	是	是	是
rho	0.3550*** (2.75)	0.5084*** (4.54)	0.1617** (3.21)	0.0004 (-0.01)	0.2414** (2.25)	0.2993*** (3.11)
sigma2_e	0.0021*** (26.29)	0.0039*** (24.10)	0.0020*** (26.26)	0.0041*** (24.19)	0.0021*** (26.29)	0.0039*** (24.13)
Log- likelihood	2320.1783	1579.1324	2326.2573	1551.9177	2314.4509	1570.8894

注：***、**和*分别表示回归系数在1%、5%和10%的显著性水平上显著。

　　根据表 5. 24 可知，2010 年之前，全国、南方、北方的 $\ln y_{i,t-1}$ 系数和直接效应值均显著为负，并且南方收敛程度强于北方；根据表 5. 25 可知，2010 年之后，全国、南方、北方的 $\ln y_{i,t-1}$ 系数和直接效应值也均显著为负，并且南方收敛程度强于北方地区。综上所述，两个时期的回归结果都显示南方 > 全国 > 北方，说明南北城市经济增长空间条件收敛差异特征明显，同时也确保了基准回归的稳健性。

5.3 南北区域经济增长的收敛检验：城市群视角

5.2 节基于全国整体城市视角，研究得出南方城市经济增长的收敛性显著强于北方城市，并且这种收敛性的差异自 2010 年以来越来越大。同时，也提及这可能与 2010 年以来我国一系列国家级城市群规划的出台实施有关。因此，本节将在 5.2 节研究基础之上，将研究范畴聚焦于城市群，并通过一系列的收敛模型尝试探索并比较南北城市群经济增长的收敛性及其差异性，希望为后文的研究提供问题依据。

5.3.1 一般收敛检验

本节以 19 个城市群涵盖的 214 个城市为研究对象，其中国务院批复的国家级城市群有 11 个，包括 157 个城市，其余的 8 个城市群为区域性城市群，涵盖 57 个城市。按照前文的南北划分，这里 19 个城市群包括南方的 8 个城市群（117 个城市）以及北方的 11 个城市群（97 个城市），其中 11 个国家级城市群中包含南方的 5 个（89 个城市）以及北方的 6 个（68 个城市）。

1. σ 收敛检验

采用人均实际 GDP 对数值的标准差分别测算南北城市群经济增长的 σ 收敛性，如图 5.2 所示。

图 5.2 刻画了南北城市群内部经济增长的 σ 指数的演变趋势。我们发现：第一，南方和北方的收敛趋势同样基本保持一致，2001～2019 年

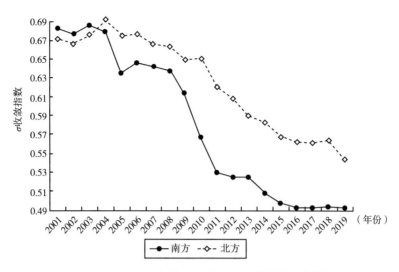

图 5.2　2001~2019 年南北城市群经济增长的 σ 收敛指数

σ 指数总体上呈持续下降态势。第二，南方和北方城市群经济增长的收敛速度存在显著差异，2001~2019 年，南方地区 σ 指数从 0.6831 降至 0.4930，降幅达到 28%，北方地区 σ 指数从 0.6715 降至 0.5447，降幅为 19%。第三，2010 年前，南方城市群内部的 σ 指数与北方之间的差距并不大，而 2010 年后，这种差距呈逐步扩大态势。综上所述，一方面，南北方城市群经济增长的 σ 收敛态势均较为明显，且南方的收敛程度大于北方，即从城市群视角出发，我国南北经济增长收敛同样存在明显的差异性；另一方面，2010 年之后南方城市群经济增长 σ 收敛态势越来越强于北方，这可能与国家级城市群规划的带动效应有关，但有待第 6 章进一步验证。

2. β 绝对收敛检验

（1）基准回归。表 5.26 报告了城市群城市经济增长 β 绝对收敛的回归结果。其中，列（1）为全国城市群总体的 β 绝对收敛结果，且收敛系数在 1% 的水平上显著为负（−0.1488），意味着全国总体上存在 β 绝对收敛现象；列（2）为南方城市群的 β 绝对收敛结果，且收敛系数在 1% 的水平上显著为负（−0.1686）；列（3）为北方城市群的 β 绝对收敛结果，且收敛系数在1%的水平上显著为负（-0.1259）。综上可知，南北区域内城市群都存在 β 绝对收敛现象，而且根据收敛程度来看，南方＞全国＞北方，表明南北城市群经济增长绝对收敛呈现显著差异态势。列（4）～列（6）将经济增长变量变更为名义人均 GDP，不难发现，得到的结论与列（1）～列（3）的一致，这也巩固了南北城市群经济增长绝对收敛结论的稳健性。

表 5.26　　　　　　　　　　　　基准回归结果

项目	实际人均 GDP 增长率			名义人均 GDP 增长率		
	（1）全国	（2）南方	（3）北方	（4）全国	（5）南方	（6）北方
$\ln y_{i,t-1}$	-0.1488 *** （-19.32）	-0.1686 *** （-15.23）	-0.1259 *** （-12.01）	-0.0990 *** （-13.01）	-0.1362 *** （-12.95）	-0.0877 *** （-8.16）
常数项	是	是	是	是	是	是
地区固定效应	是	是	是	是	是	是
时间固定效应	是	是	是	是	是	是
R^2	0.1945	0.1884	0.2518	0.3067	0.2626	0.4622
F 统计量	48.71 ***	25.50 ***	30.59 ***	89.24 ***	39.12 ***	78.10 ***
F 检验	F = 2.42 ***	F = 2.43 ***	F = 2.50 ***	F = 1.5 ***	F = 1.77 ***	F = 1.94 ***
Hausman 检验	295.75 ***	177.43 ***	119.30 ***	106.80 ***	116.03 ***	41.18 ***

注：***、** 和 * 分别表示回归系数在1%、5%和10%的显著性水平上显著。

（2）稳健性检验。我们进一步对南北城市群经济增长的绝对收敛性进行多种稳健性检验。

首先，替换变量。与前面一致，使用夜间灯光数据替代人均实际 GDP 来考察南北城市群经济增长绝对收敛的稳健性，结果如表 5.27 所示。

表 5.27　　　　　　　　　　　　替换变量回归结果

项目	DMSP/OLS 夜间稳定灯光数据		
	(1) 全国	(2) 南方	(3) 北方
$lny_{i,t-1}$	− 0.2477 *** （− 22.18）	− 0.2850 *** （− 18.79）	− 0.1651 *** （− 9.87）
常数项	是	是	是
地区固定效应	是	是	是
时间固定效应	是	是	是
R^2	0.4761	0.5838	0.3552
F 统计量	178.61 ***	150.10 ***	48.76 ***
F 检验	F = 2.99 ***	F = 3.59 ***	F = 1.74 ***
Hausman 检验	430.68 ***	323.31 ***	73.97 ***

注：***、** 和 * 分别表示回归系数在 1%、5% 和 10% 的显著性水平上显著。

根据表 5.27 可知，使用夜间稳定灯光数据后，全国、南方及北方的城市群的经济增长收敛系数依然显著为负，并且从收敛程度来看，仍然是南方 > 全国 > 北方，说明南北城市群经济收敛存在显著差异，这与基准结果一致。

其次，变化样本。为了排除特殊样本方面的影响，先剔除直辖市（共 4 个，其中南方 2 个，北方 2 个），在以上基础上再剔除省会（首府）城市（除直辖市外共 26 个，其中北方 11 个，南方 30 个。收敛结果如表 5.28 所示。

表 5.28　　　　　　　　　　　　变换样本回归结果

项目	剔除直辖市			剔除直辖市、省会（首府）城市		
	(1) 全国	(2) 南方	(3) 北方	(4) 全国	(5) 南方	(6) 北方
$lny_{i,t-1}$	− 0.1502 *** （− 19.15）	− 0.1723 *** （− 15.25）	− 0.1246 *** （− 11.68）	− 0.1452 *** （− 17.02）	− 0.1699 *** （− 13.74）	− 0.1190 *** （− 10.33）
常数项	是	是	是	是	是	是
地区固定 效应	是	是	是	是	是	是

续表

项目	剔除直辖市			剔除直辖市、省会（首府）城市		
	（1）全国	（2）南方	（3）北方	（4）全国	（5）南方	（6）北方
时间固定效应	是	是	是	是	是	是
R²	0.1948	0.1895	0.2504	0.1992	0.1905	0.2642
F 统计量	47.89***	25.24***	29.73***	43.10***	22.51***	27.53***
F 检验	F = 2.42***	F = 2.47***	F = 2.44***	F = 2.21***	F = 2.22***	F = 2.31***
Hausman 检验	292.97***	179.96***	113.56***	228.98***	143.98***	87.82***

注：***、**和*分别表示回归系数在1%、5%和10%的显著性水平上显著。

由表5.28可知，当剔除直辖市和省会（首府）城市后，全国、南方及北方的城市群的经济增长收敛系数依然显著为负，并且南方>全国>北方，以上表明南北城市群经济收敛特征始终稳健。

最后，分时段回归。与前文一样，对样本数据进行分时段考察，结果如表5.29所示。

表5.29　　　　　　　　　　　分时段回归结果

项目	2001~2010 年		2011~2019 年	
	（1）南方	（2）北方	（3）南方	（4）北方
$lny_{i,t-1}$	-0.2558*** (-12.03)	-0.0934*** (-6.22)	-0.3450*** (-13.20)	-0.1377*** (-4.92)
常数项	是	是	是	是
地区固定效应	是	是	是	是
时间固定效应	是	是	是	是
R²	0.2528	0.3802	0.3528	0.3124
F 统计量	35.28***	52.93***	56.14***	38.73***
F 检验	F = 2.00***	F = 3.55***	F = 2.74***	F = 1.31**
Hausman 检验	120.79***	28.55***	71.05***	29.65***

注：***、**和*分别表示回归系数在1%、5%和10%的显著性水平上显著。

根据表 5.29 可知，2010 年之前，南方、北方城市群的经济收敛系数均显著为负，并且南方收敛程度强于北方地区。2010 年之后，南方、北方的经济收敛系数也均显著为负，并且南方收敛程度强于北方。以上验证了基准回归的稳健性。另外，我们还发现，2010 年以后，南方和北方的经济收敛速度都出现了上升，且南方城市群收敛速度的增幅远超北方，这可能与城市群规划在南北地区政策效应不同有关，这种猜测也将在接下来的章节中进行实证解释。

3. β 条件收敛检验

（1）基准回归。在引入影响长期增长因素后，表 5.30 列（1）～列（3）的结果显示，经济收敛系数均显著为负，表明不论是全国样本还是分南北样本，城市群经济增长同样呈现条件收敛特征。比较南方和北方的收敛系数绝对值发现，南方地区城市群收敛程度依然强于北方地区，说明我国南北城市群经济增长条件收敛存在显著差异，这与前文的绝对收敛结论一致。此外，当采用名义人均 GDP 增长率时，列（4）～列（6）的回归结果依然支持上述结论。

表 5.30　　　　　　　　　　　　基准回归结果

项目	实际人均 GDP 增长率			名义人均 GDP 增长率		
	（1） 全国	（2） 南方	（3） 北方	（4） 全国	（5） 南方	（6） 北方
$\ln y_{i,t-1}$	- 0. 1886 *** （- 23. 54）	- 0. 2175 *** （- 18. 67）	- 0. 1684 *** （- 14. 76）	- 0. 1585 *** （- 19. 98）	- 0. 1892 *** （- 16. 82）	- 0. 1524 *** （- 13. 06）
$\ln phy$	0. 0365 *** （8. 90）	0. 0660 *** （8. 35）	0. 0233 *** （5. 23）	0. 0485 *** （10. 87）	0. 0741 *** （9. 18）	0. 0288 *** （5. 73）
$\ln hum$	0. 0235 ** （2. 54）	0. 0141 （1. 02）	0. 0222 * （1. 84）	0. 0387 *** （3. 87）	0. 0163 （1. 16）	0. 0306 ** （2. 23）
$\ln gov$	- 0. 0267 ** （- 2. 97）	- 0. 0385 ** （- 2. 83）	- 0. 0272 ** （- 2. 23）	- 0. 0420 *** （- 4. 30）	- 0. 0321 ** （- 2. 33）	- 0. 0462 *** （- 3. 35）
$\ln ind$	0. 0932 ** （2. 04）	0. 3171 *** （3. 57）	0. 0044 （0. 09）	0. 1255 ** （2. 55）	0. 1699 * （1. 88）	0. 0439 （0. 80）

项目	实际人均 GDP 增长率			名义人均 GDP 增长率		
	(1) 全国	(2) 南方	(3) 北方	(4) 全国	(5) 南方	(6) 北方
lnopen	0.0041 *** (2.78)	0.0078 *** (3.10)	0.0022 (1.29)	0.0059 *** (1.82)	0.0087 *** (3.38)	0.0080 *** (4.13)
lnsav	− 0.0687 *** (− 10.74)	− 0.0750 *** (− 7.33)	− 0.0679 *** (− 8.33)	− 0.0983 (− 14.13)	− 0.0732 ** (− 7.04)	− 0.0935 *** (− 10.11)
常数项	是	是	是	是	是	是
地区固定 效应	是	是	是	是	是	是
时间固定 效应	是	是	是	是	是	是
R^2	0.2441	0.2418	0.3072	0.3738	0.3126	0.5220
F 统计量	49.45 ***	26.55 ***	30.53 ***	91.39 ***	37.85 ***	75.19 ***
F 检验	F = 2.76 ***	F = 2.77 ***	F = 2.99 ***	F = 2.41 ***	F = 2.24 ***	F = 2.88 ***
Hausman 检验	423.48 ***	265.38 ***	188.67 ***	348.82 ***	202.91 ***	181.76 ***

注：***、**和*分别表示回归系数在1%、5%和10%的显著性水平上显著。

表5.30的结果与第4章整体城市样本的结果基本一致，从全国来看，物质资本、人力资本、产业结构、经济开放度对城市群人均 GDP 增长率的影响显著为正，但政府干预和储蓄率的系数显著为负；从南方来看，物质资本、产业结构及经济开放度对城市群人均 GDP 增长率的影响显著为正，人力资本的影响为正且不显著，政府干预和储蓄率的影响显著为负；从北方来看，物质资本、人力资本对城市群人均 GDP 增长率的影响显著为正，产业结构、经济开放度存在不显著的正向影响，政府干预和储蓄率的影响显著为负。

（2）稳健性检验。我们进一步对南北城市群经济增长的条件收敛性进行多种稳健性检验。

首先，替换变量。与前文一样，使用夜间灯光数据替代人均实际 GDP

来考察南北城市群经济增长条件收敛的稳健性。回归结果如表 5.31 所示。

表 5.31　　　　　　　　　　　替换变量回归结果

项目	DMSP/OLS 夜间稳定灯光数据		
	（1）全国	（2）南方	（3）北方
$\ln y_{i,t-1}$	－ 0.2596 ***（－ 23.01）	－ 0.3249 ***（－ 20.72）	－ 0.1722 ***（－ 10.22）
控制变量	是	是	是
常数项	是	是	是
地区固定效应	是	是	是
时间固定效应	是	是	是
R^2	0.4919	0.6108	0.3709
F 统计量	129.85 ***	114.38 ***	35.52 ***
F 检验	F = 3.24 ***	F = 4.38 ***	F = 1.88 ***
Hausman 检验	528.14 ***	440.25 ***	109.86 ***

注：*** 、** 和 * 分别表示回归系数在 1%、5% 和 10% 的显著性水平上显著。

观察表 5.31 可知，使用 DMSP/OLS 夜间稳定灯光数据后，从收敛程度来看，仍然是南方 > 全国 > 北方，这与基准结果一致。

其次，变化样本。为了排除特殊样本方面的影响，先剔除直辖市，在以上基础上再剔除省会（首府）城市。收敛结果如表 5.32 所示。

表 5.32　　　　　　　　　　　变换样本回归结果

项目	剔除直辖市			剔除直辖市、省会（首府）城市		
	（1）全国	（2）南方	（3）北方	（4）全国	（5）南方	（6）北方
$\ln y_{i,t-1}$	－ 0.1897 ***（－ 23.30）	－ 0.2196 ***（－ 18.56）	－ 0.1686 ***（－ 14.53）	－ 0.1859 ***（－ 20.95）	－ 0.2169 ***（－ 16.74）	－ 0.1647 ***（－ 13.08）
控制变量	是	是	是	是	是	是
常数项	是	是	是	是	是	是

续表

项目	剔除直辖市			剔除直辖市、省会（首府）城市		
	（1） 全国	（2） 南方	（3） 北方	（4） 全国	（5） 南方	（6） 北方
地区固定效应	是	是	是	是	是	是
时间固定效应	是	是	是	是	是	是
R^2	0.2443	0.2418	0.3069	0.2480	0.2395	0.3192
F 统计量	48.55***	26.09***	29.84***	43.37***	22.81***	27.21***
F 检验	F = 2.77***	F = 2.77***	F = 2.98***	F = 2.58***	F = 2.52***	F = 2.77***
Hausman 检验	415.81***	261.58***	186.60***	334.36***	209.76***	142.83***

注：***、**和*分别表示回归系数在1%、5%和10%的显著性水平上显著。

由表5.32可知，不论是剔除直辖市还是再剔除省会（首府）城市，从收敛程度来看，仍为南方 > 全国 > 北方，这意味着南北城市群经济收敛性特征始终稳健。

最后，分时段回归。与前文一样，对样本数据进行分时段考察，回归结果见表5.33。

表5.33 分时段回归结果

项目	2001～2010 年		2011～2019 年	
	（1） 南方	（2） 北方	（3） 南方	（4） 北方
$\ln y_{i,t-1}$	-0.3324*** （-15.45）	-0.1756*** （-9.50）	-0.4712*** （-20.03）	-0.2636*** （-9.48）
控制变量	是	是	是	是
常数项	是	是	是	是
地区固定效应	是	是	是	是
时间固定效应	是	是	是	是
R^2	0.3290	0.2077	0.5296	0.2230

项目	2001～2010 年		2011～2019 年	
	（1） 南方	（2） 北方	（3） 南方	（4） 北方
F 统计量	31.78 ***	14.04 ***	69.12 ***	16.85 ***
F 检验	F = 2.55 ***	F = 3.55 ***	F = 5.71 ***	F = 1.70 **
Hausman 检验	211.64 ***	83.15 ***	388.78 ***	83.02 ***

注：*** 、** 和 * 分别表示回归系数在 1%、5% 和 10% 的显著性水平上显著。

根据表 5.33 可知，2010 年之前，南方、北方城市群的经济收敛系数均显著为负，并且南方收敛程度强于北方地区；2010 年之后，南方、北方城市群的经济收敛系数也均显著为负，并且南方收敛程度强于北方地区。以上检验了基准回归的稳健性。此外，我们还发现，2010 年以后，南北城市群经济收敛速度都出现了上升，且南方收敛程度增幅远超北方，这与 β 绝对收敛模型所得结论一致。

5.3.2　空间收敛检验

1. 空间自相关性分析

与前面一样，本部分采用 Moran's I 指数对南北城市群经济增长的空间相关性进行检验，同样构建三种空间权重矩阵以增加稳健性，南北城市群经济增长的全局 Moran's I 值如表 5.34 所示。

表 5.34　　　　　　南北城市群经济增长的全局 Moran's I 值

年份	W_1			W_2			W_3		
	（1） 全国	（2） 南方	（3） 北方	（4） 全国	（5） 南方	（6） 北方	（7） 全国	（8） 南方	（9） 北方
2001	0.076 ***	0.094 ***	0.084 ***	0.253 ***	0.203 ***	0.354 ***	0.098 ***	0.108 ***	0.110 ***
2002	0.107 ***	0.157 ***	0.089 ***	0.443 ***	0.453 ***	0.377 ***	0.147 ***	0.188 ***	0.118 ***
2003	0.136 ***	0.194 ***	0.115 ***	0.496 ***	0.458 ***	0.466 ***	0.180 ***	0.223 ***	0.152 ***

续表

年份	W_1			W_2			W_3		
	(1) 全国	(2) 南方	(3) 北方	(4) 全国	(5) 南方	(6) 北方	(7) 全国	(8) 南方	(9) 北方
2004	0.136***	0.196***	0.116***	0.507***	0.464***	0.474***	0.181***	0.225***	0.155***
2005	0.114***	0.182***	0.091***	0.508***	0.510***	0.491***	0.163***	0.216***	0.132***
2006	0.123***	0.192***	0.098***	0.528***	0.519***	0.516***	0.174***	0.226***	0.142***
2007	0.130***	0.197***	0.105***	0.545***	0.524***	0.542***	0.182***	0.233***	0.151***
2008	0.131***	0.192***	0.112***	0.556***	0.540***	0.559***	0.184***	0.229***	0.159***
2009	0.124***	0.182***	0.107***	0.558***	0.526***	0.569***	0.179***	0.219***	0.156***
2010	0.115***	0.187***	0.100***	0.571***	0.568***	0.565***	0.173***	0.232***	0.145***
2011	0.118***	0.179***	0.117***	0.573***	0.590***	0.567***	0.177***	0.226***	0.162***
2012	0.115***	0.174***	0.115***	0.575***	0.595***	0.565***	0.175***	0.222***	0.159***
2013	0.117***	0.175***	0.112***	0.576***	0.590***	0.553***	0.177***	0.223***	0.157***
2014	0.110***	0.170***	0.101***	0.583***	0.600***	0.574***	0.172***	0.219***	0.147***
2015	0.114***	0.171***	0.104***	0.595***	0.599***	0.575***	0.177***	0.221***	0.152***
2016	0.111***	0.173***	0.093***	0.589***	0.605***	0.554***	0.174***	0.224***	0.139***
2017	0.117***	0.171***	0.101***	0.598***	0.607***	0.557***	0.181***	0.223***	0.148***
2018	0.121***	0.179***	0.104***	0.599***	0.615***	0.555***	0.186***	0.230***	0.152***
2019	0.119***	0.181***	0.095***	0.587***	0.594***	0.551***	0.182***	0.230***	0.140***
均值	0.117	0.176	0.103	0.539	0.535	0.524	0.172	0.217	0.146

注：***、**和*分别表示回归系数在1%、5%和10%的显著性水平上显著。

根据表5.34，以地理距离权重矩阵 W_1 为例进行分析。2001年以来，南方和北方城市群经济增长全局 Moran's I 指数值都显著为正，意味着南方和北方地区内城市群经济增长都存在显著空间正相关性，即南方和北方地区内城市经济增长在空间上趋于集聚。分地区来看，南方地区大致经历了升（2001～2007年）-降（2007～2014年）-升（2014～2019年）的斜 N 型演变态势，总体来看，南方地区全局 Moran's I 指数由2001年的0.094上升至2019年的0.181，增幅超过92%，2001～2019年全局

Moran's I 指数均值为 0.176；北方地区大致经历了升（2001~2004 年）–降（2004~2005 年）–升（2005~2008 年）–降（2008~2010 年）–升（2010~2011 年）–降（2011~2019 年）的"波浪"形演变趋势，总体上北方地区全局 Moran's I 指数呈缓慢上升态势，由 2001 年的 0.084 增至 2019 年的 0.095，增幅仅为 13%，2001~2019 年全局 Moran's I 指数均值为 0.103。综上所述，不论是南方还是北方，各地区内城市群经济增长的空间集聚性都随着时间推移有所强化，但从全局 Moran's I 指数的增幅和均值来看，南方都远超北方。这意味着自 2001 年以来，南方地区城市群经济增长的空间集聚性强于北方地区城市群，南方城市群的城市之间的经济联系越来越强。由此看来，空间自相关性的影响是我国南北城市群经济收敛不可忽视的因素。三类距离权重矩阵的空间相关性结果基本一致，说明南北城市群经济增长全局 Moran's I 值的结论具有稳健性。

2. 绝对空间收敛检验

（1）模型选择检验。

与前面一样，需对三类空间计量模型作诊断性检验，以确定一个最佳空间计量模型，检验结果见表 5.35。

根据表 5.35 的结果得到如下判断：第一，LM 检验结果表明，在三种空间权重矩阵下，南方城市群的城市样本除了在权重矩阵 W_1 下的 Robust Lm-lag 统计量不显著外，其余统计量都在 1% 的水平上显著，故对南方城市群样本来说，暂时应选择显著性更优的 SEM 模型；北方城市群的城市样本除了在权重矩阵 W_2 下的 Robust Lm-lag 统计量不显著外，其余统计量都在 1% 的水平上显著，故从北方城市群来看，暂时应选择显著性更优的 SEM 模型；全国城市群的城市样本除了在权重矩阵 W_3 下的 Robust Lm-lag 统计量只在 10% 的水平上显著外，其他统计量都通过 1% 水平上的显著检验，故对全国城市群来说，暂时应选择显著性更优的 SEM 模型。第二，Hausman 检验结果显示，在三种空间权重矩阵下，全国、南方及北方城市群的城市样本的统计量都通过 1% 水平上的显著检

表5.35 空间计量模型诊断性检验结果

项目	W_1			W_2			W_3		
	(1)全国	(2)南方	(3)北方	(4)全国	(5)南方	(6)北方	(7)全国	(8)南方	(9)北方
Lm-lag	1328.16***	492.75***	887.79***	152.33***	63.12***	160.86***	671.03***	423.50***	542.77***
Robust Lm-lag	7.213***	0.60	23.98***	45.18***	58.17***	0.46	3.58*	1.77***	21.58***
Lm-error	1956.39***	645.52***	1000.01***	179.08***	80.37***	167.54***	748.62***	533.65***	538.52***
Robust Lm-error	635.45***	153.37***	136.19***	71.934***	75.41***	7.127***	81.16***	111.92***	17.34***
Hausman检验	363.75***	214.66***	146.22***	371.83***	177.08***	141.59***	364.54***	215.81***	149.48***
Wald-SDM-SAR	372.35***	235.68***	140.41***	296.77***	209.28***	92.33***	352.67***	237.00***	133.70***
Wald-SDM-SEM	19.89***	32.10***	17.10***	183.69***	130.30***	52.27***	50.03***	33.28***	25.59***
Lr-SDM-SAR	354.47***	223.17***	134.43***	284.62***	198.77***	89.52***	335.96***	224.26***	128.06***
Lr-SDM-SEM	28.61***	53.70***	22.92**	230.11***	171.59***	59.81***	147.04***	55.00***	43.16***
Lr-both-ind	31.64***	27.22***	21.08**	205.74***	114.18***	140.04***	60.48***	30.53***	38.58***
Lr-both-time	545.75***	298.33***	255.80***	341.92***	170.97***	159.95***	534.48***	297.52***	252.55***

注：***、**和*分别表示回归系数在1%、5%和10%的显著性水平上显著。

验，表明固定效应好于随机效应。第三，Wald 和 Lr 的退化检验结果均显示，全国、南方及北方城市群的城市样本的所有统计量都通过 1% 水平的显著检验，说明在三种空间权重矩阵下，SDM 模型不能退化成 SAR 和 SEM 模型，这意味着对于全国、南方及北方城市群的城市样本来说，SDM 模型是最优选择。第四，固定效应的 Lr 检验结果显示，除了在权重矩阵 W_1 下的北方城市样本的 Lr-both-ind 统计量通过了 5% 水平的显著检验，其余 Lr 统计量均在 1% 的水平上显著，说明地区和时点双向固定效应好于单一固定效应。综上所述，选取双固定效应空间杜宾模型作为检验南北城市群经济增长绝对收敛性的基准回归模型。

（2）基准回归。表5.36 报告了在三种加权方式下，借助双固定效应空间杜宾模型的回归结果。不难发现，无论使用哪一种空间权重矩阵，全国、南方和北方回归模型的空间自回归系数 ρ 在 1% 的水平上都显著为正，表明经济收敛模型的确存在空间自相关性。南方地区的 ρ 在三种空间权重下都大于北方地区，说明南方城市群对周边城市的辐射带动能力强于北方地区，空间溢出效应更为明显，从而带动了周边城市的发展，进一步缩小了城市差距。

表5.36 的列（1）~列（9）的结果表明，所有模型的收敛系数均显著为负，说明考虑了空间相关性后，无论是全国还是南北城市群样本，城市经济增长仍然具有绝对收敛现象。但是，SDM 模型的点估计系数并不能准确揭示解释变量间的关系，故接下来还需进行偏导数分解，以计算其直接影响效应、空间溢出效应和总效应。比较表5.36 的直接效应发现，系数的绝对值上，南方 > 全国 > 北方，这与 SDM 模型的估计系数一致，说明南方城市群收敛程度强于北方城市群的结论较为稳健，即，考虑了空间相关性后，南北城市群经济收敛的差异特征依然明显。从间接效应来看，在地理距离权重矩阵 W_1 和 W_3 下，南方和北方城市群的间接效应都显著为正，且南方大于北方；在地理距离权重矩阵 W_2 下，南方城市群的间接效应显著为正，但北方地区城市群的城市间的间接效应不

表 5.36　　　　基准回归结果

项目	W_1			W_2			W_3		
	(1)全国	(2)南方	(3)北方	(4)全国	(5)南方	(6)北方	(7)全国	(8)南方	(9)北方
$\ln y_{i,t-1}$	-0.1703*** (-20.90)	-0.1990*** (-16.38)	-0.1364*** (-13.10)	-0.1579*** (-20.77)	-0.1826*** (-16.49)	-0.1275*** (-12.57)	-0.1684*** (-20.98)	-0.1996*** (-16.55)	-0.1376*** (-13.19)
$W \times \ln y_{i,t-1}$	0.3603*** (7.01)	0.3142*** (5.92)	0.2359*** (3.65)	0.1122*** (5.53)	0.1264*** (4.66)	0.0497** (1.99)	0.2870*** (6.73)	0.3178*** (6.06)	0.2048*** (3.90)
直接效应	-0.1646*** (-20.38)	-0.1941*** (-16.12)	-0.1312*** (-12.61)	-0.1559*** (-20.16)	-0.1802*** (-16.03)	-0.1266*** (-12.16)	-0.1632*** (-20.53)	-0.1945*** (-16.26)	-0.1324*** (-12.70)
间接效应	1.0491*** (3.32)	0.4917*** (3.41)	0.4368** (2.15)	0.1019*** (4.63)	0.1145*** (3.95)	0.0374 (1.41)	0.4337*** (4.37)	0.4785*** (3.62)	0.2762** (2.52)
总效应	0.8845*** (2.81)	0.2976** (2.10)	0.3056 (1.50)	-0.0540** (-2.42)	-0.0657** (-2.28)	-0.0892*** (-3.12)	0.2705*** (2.76)	0.2840** (2.19)	0.1438 (1.31)
常数项	是	是	是	是	是	是	是	是	是
地区固定效应	是	是	是	是	是	是	是	是	是
时间固定效应	是	是	是	是	是	是	是	是	是
rho	0.7731*** (17.07)	0.6003*** (9.39)	0.6647*** (11.11)	0.1380*** (4.67)	0.1283*** (3.28)	0.1144*** (2.73)	0.5575*** (11.73)	0.5723*** (8.86)	0.5331*** (9.15)
sigma2_e	0.0048*** (44.90)	0.0055*** (33.20)	0.0037*** (30.17)	0.0050*** (45.03)	0.0057*** (33.29)	0.0039*** (30.32)	0.0048*** (44.81)	0.0055*** (33.18)	0.0037*** (30.10)
Log-likelihood	5070.1049	2623.4502	2527.6841	5007.6657	2595.6590	2489.2183	5052.0434	2622.5312	2521.5095

注：***、** 和 * 分别表示回归系数在1%、5%和10%的显著性水平上显著。

显著。以上说明南方城市群的经济增长会促进邻边城市经济收敛，而北方城市群的城市间溢出效应并不如南方。

（3）稳健性检验。进一步对南北城市群经济增长的绝对空间收敛性进行多种稳健性检验。

首先，替换变量。与前文一样，使用夜间灯光数据替代人均实际 GDP 来考察南北城市群经济增长绝对空间收敛的稳健性。回归结果如表 5.37 所示。

通过表 5.37 可知，使用 DMSP/OLS 夜间稳定灯光数据后，不论是模型中 $\ln y_{i,t-1}$ 的估计系数还是直接效应数值，都能够看出南方城市群经济收敛程度高于北方地区，说明南北城市群绝对空间收敛存在显著差异，与基准结果一致。

其次，改变回归模型。为保证估计结果的稳健性，仍借助 SLM 和 SEM 模型来检验基准回归结论的稳健性。回归结果见表 5.38 和表 5.39。

由表 5.38 可知，SLM 模型中所有类型样本的估计系数和直接效应值都显著为负，且数值上南方 > 北方，这与基准回归结果一致；由表 5.39 可知，SEM 模型中的收敛系数都显著为负，且数值上南方 > 北方，依然与基准回归结果一致。

3. 条件空间收敛检验

（1）模型选择检验。具体检验步骤和规则同前面一致，故不再赘述，最终选取双固定效应空间杜宾模型来检验南北城市群条件空间收敛性，诊断性检验结果见表 5.40。

（2）基准回归。在空间绝对收敛模型基础上引入一系列影响长期增长的因素后，表 5.41 的 $\ln y_{i,t-1}$ 系数和表 5.42 的直接效应系数仍都显著为负，这意味着不论是全国样本还是分南北样本，城市群经济增长均存在空间条件收敛特征。比较发现南方地区城市群收敛程度依然强于北方地区，这与前文的绝对空间收敛结论一致。

表5.37　　替换变量回归结果

项目	W_1			W_2			W_3		
	(1) 全国	(2) 南方	(3) 北方	(4) 全国	(5) 南方	(6) 北方	(7) 全国	(8) 南方	(9) 北方
$\ln y_{i,t-1}$	-0.2189*** (-20.04)	-0.2570*** (-17.92)	-0.1657*** (-10.27)	-0.2464*** (-23.04)	-0.2829*** (-19.51)	-0.1640*** (-10.33)	-0.2389*** (-21.83)	-0.2623*** (-17.31)	-0.1690*** (-10.51)
$W \times \ln y_{i,t-1}$	0.4200*** (6.35)	0.4523*** (6.51)	0.1308* (1.76)	-0.0173 (-0.57)	-0.0086 (-0.23)	0.0112 (0.25)	0.0103 (0.20)	0.0770 (1.06)	0.1476** (2.06)
直接效应	-0.2214*** (-19.79)	-0.2593*** (-17.55)	-0.1662*** (-10.28)	-0.2465*** (-22.45)	-0.2831*** (-19.01)	-0.1593*** (-12.07)	-0.2402*** (-21.61)	-0.2737*** (-18.10)	-0.1666*** (-10.31)
间接效应	0.0812** (2.01)	0.0701 (1.19)	-0.0988 (-0.20)	-0.0420 (-1.42)	-0.0477 (-1.25)	0.0258 (0.65)	-0.1667* (-2.07)	-1.1979* (-1.93)	0.0959 (0.48)
总效应	-0.1402** (-3.32)	-0.1892** (-3.12)	-0.2650 (-0.54)	-0.2885*** (-9.17)	-0.3308*** (-8.08)	-0.1335*** (-3.15)	-0.4069*** (-5.10)	-1.4716** (-2.36)	-0.0707 (-0.35)
常数项	是	是	是	是	是	是	是	是	是
地区固定效应	是	是	是	是	是	是	是	是	是
时间固定效应	是	是	是	是	是	是	是	是	是
rho	2.4071*** (58.79)	2.0120*** (59.77)	0.8469*** (21.66)	0.0802** (2.37)	0.1120** (2.52)	0.0791*** (3.62)	0.4277*** (8.05)	0.8607*** (24.04)	0.6559*** (11.80)
sigma2_e	0.0032*** (37.07)	0.0028*** (27.52)	0.0031*** (24.85)	0.0041*** (37.28)	0.0039*** (27.54)	0.0036*** (25.04)	0.0040*** (37.18)	0.0034*** (27.31)	0.0033*** (24.88)
Log-likelihood	4017.7929	2270.1994	1824.3477	3712.2895	2053.0448	1754.5472	3741.2515	2140.3919	793.2809

注：***、** 和 * 分别表示回归系数数在1%、5%和10%的显著性水平上显著。

表 5.38　SLM 模型回归结果

项目	W_1			W_2			W_3		
	(1) 全国	(2) 南方	(3) 北方	(4) 全国	(5) 南方	(6) 北方	(7) 全国	(8) 南方	(9) 北方
$\ln y_{i,t-1}$	-0.1448 *** (-19.73)	-0.1629 *** (-15.37)	-0.1239 *** (-12.55)	-0.1490 *** (-19.97)	-0.1684 *** (-15.73)	-0.1261 *** (-12.45)	-0.1462 *** (-19.85)	-0.1637 *** (-15.44)	-0.1244 *** (-12.55)
直接效应	-0.1467 *** (-19.12)	-0.1641 *** (-14.94)	-0.1262 *** (-12.13)	-0.1489 *** (-19.96)	-0.1683 *** (-15.27)	-0.1259 *** (-12.08)	-0.1476 *** (-19.27)	-0.1648 *** (-15.01)	-0.1264 *** (-12.15)
间接效应	-0.4340 *** (-3.55)	-0.1863 *** (-3.55)	-0.2377 *** (-3.38)	-0.0177 *** (-3.35)	-0.0165 ** (-2.18)	-0.0140 ** (-2.21)	-0.1554 *** (-4.98)	-0.1654 *** (-3.59)	-0.1337 *** (-3.97)
总效应	-0.5807 *** (-4.67)	-0.3504 *** (-6.23)	-0.3639 *** (-4.87)	-0.1666 *** (-16.28)	-0.1848 *** (-12.81)	-0.1399 *** (-10.46)	-0.3030 *** (-8.82)	-0.3302 *** (-6.59)	-0.2601 *** (-6.66)
常数项	是	是	是	是	是	是	是	是	是
地区固定效应	是	是	是	是	是	是	是	是	是
时间固定效应	是	是	是	是	是	是	是	是	是
rho	0.7437 *** (15.05)	0.5296 *** (7.75)	0.6522 *** (10.66)	0.1082 *** (3.70)	0.0907 ** (2.35)	0.1014 ** (2.44)	0.5158 *** (10.46)	0.4995 *** (7.32)	0.5183 *** (8.76)
sigma2_e	0.0048 *** (44.92)	0.0057 *** (33.22)	0.0037 *** (30.17)	0.0050 *** (45.05)	0.0057 *** (33.31)	0.0039 *** (30.33)	0.0049 *** (44.87)	0.0056 *** (33.22)	0.0037 *** (30.11)
Log-likelihood	5045.7549	2606.1581	2521.0559	4992.4314	2584.8533	2487.2521	5029.5474	2604.4095	2513.9451

注：***，** 和 * 分别表示回归系数在 1%，5% 和 10% 的显著性水平上显著。

表 5.39   SEM 模型回归结果

项目	W_1			W_2			W_3		
	(1)全国	(2)南方	(3)北方	(4)全国	(5)南方	(6)北方	(7)全国	(8)南方	(9)北方
$\ln y_{i,t-1}$	-0.1573*** (-20.45)	-0.1804*** (-15.97)	-0.1309*** (-12.89)	-0.1526*** (-20.18)	-0.1733*** (-15.87)	-0.1272*** (-12.53)	-0.1563*** (-20.42)	-0.1806*** (-16.03)	-0.1315*** (-12.91)
常数项	是	是	是	是	是	是	是	是	是
地区固定效应	是	是	是	是	是	是	是	是	是
时间固定效应	是	是	是	是	是	是	是	是	是
lambda	0.7849*** (18.07)	0.6133*** (9.73)	0.6724*** (11.44)	0.1434*** (4.85)	0.1350*** (3.45)	0.1172*** (2.81)	0.5675*** (12.09)	0.5870*** (9.19)	0.5445*** (9.52)
sigma2_e	0.0048*** (44.90)	0.0055*** (33.18)	0.0037*** (30.14)	0.0050*** (45.03)	0.0057*** (33.29)	0.0039*** (30.33)	0.0048*** (44.81)	0.0055*** (33.17)	0.0037*** (30.10)
Log-likelihood	5059.1923	2615.6474	2525.0408	4997.2201	2587.9589	2488.2022	5040.6773	2613.8757	2518.1612

注：***、** 和 * 分别表示回归系数在 1%、5% 和 10% 的显著性水平上显著。

表 5.40　空间计量模型诊断性检验结果

项目	W_1			W_2			W_3		
	(1)全国	(2)南方	(3)北方	(4)全国	(5)南方	(6)北方	(7)全国	(8)南方	(9)北方
Lm-lag	882.67***	450.84***	449.69***	93.25**	53.10***	79.07***	436.71***	381.51***	276.01***
Robust Lm-lag	35.30***	7.05***	29.85***	6.73***	0.21	13.74***	32.09***	6.39**	28.06***
Lm-error	1065.85***	486.58***	479.28***	86.52***	54.15***	66.11***	415.64***	399.70***	255.15***
Robust Lm-error	218.49***	42.79***	59.44***	0.012	1.26	0.78	11.02***	24.58***	7.120***
Hausman检验	453.53***	308.30***	224.79***	1018.33***	86.87***	478.93***	825.09***	319.31***	264.42***
Wald-SDM-SAR	366.10***	211.00***	163.50***	415.08***	243.34***	199.98***	370.81***	212.77***	173.91***
Wald-SDM-SEM	32.28***	38.39***	37.92***	293.64***	171.94***	149.59***	82.58***	42.32***	59.41***
Lr-SDM-SAR	349.35***	201.34***	156.37***	395.01***	230.95***	189.73***	354.37***	203.07***	166.02***
Lr-SDM-SEM	63.29***	76.42***	65.25***	386.71***	226.51***	183.88***	156.59***	82.82***	117.29***
Lr-both-ind	36.28***	30.17***	17.49***	73.35***	69.13***	56.60***	49.17***	37.75***	23.08*
Lr-both-time	607.81***	333.05***	288.66***	476.30***	292.09***	245.65***	621.00***	345.23***	296.19***

注：***、**和*分别表示回归系数在 1%、5% 和 10% 的显著性水平上显著。

表 5.41　　　　　　　　　　　　　　　　SDM 模型回归结果

项目	W_1			W_2			W_3		
	(1)全国	(2)南方	(3)北方	(4)全国	(5)南方	(6)北方	(7)全国	(8)南方	(9)北方
$\ln y_{i,t-1}$	-0.2040*** (-24.18)	-0.2448*** (-19.43)	-0.1657*** (-14.85)	-0.2084*** (-26.35)	-0.2434*** (-20.72)	-0.1801*** (-16.37)	-0.2072*** (-25.14)	-0.2463*** (-19.78)	-0.1750*** (-15.50)
$\ln phy$	0.0292*** (7.12)	0.0474*** (5.84)	0.0178*** (4.12)	0.0284*** (7.06)	0.0542*** (6.99)	0.0208*** (4.89)	0.0271*** (6.70)	0.0458*** (5.66)	0.0186*** (4.38)
$\ln hum$	0.0098 (1.04)	0.0109 (0.78)	0.0009 (0.07)	0.0120 (1.34)	0.0016 (0.12)	0.0052 (0.45)	0.0144* (1.59)	0.0078 (0.57)	0.0080 (0.67)
$\ln gov$	-0.0342*** (-3.73)	-0.0397*** (-2.84)	-0.0275** (-2.32)	-0.0394*** (-4.48)	-0.0467*** (-3.51)	-0.0488*** (-4.06)	-0.0345*** (-3.97)	-0.0425*** (-3.02)	-0.0398*** (-3.38)
$\ln ind$	0.1281*** (2.85)	0.4323*** (4.87)	-0.0193 (-0.41)	0.0671 (1.52)	0.2147** (2.40)	-0.0182 (-0.39)	0.1255** (2.86)	0.4391*** (4.84)	-0.0155 (-0.33)
$\ln open$	0.0032** (2.18)	0.0052** (2.04)	0.0005 (0.31)	0.0031** (2.21)	0.0084*** (3.46)	0.0006 (0.39)	0.0031** (2.19)	0.0057** (2.28)	0.0002 (0.17)
$\ln sav$	-0.0682*** (-10.25)	-0.0764*** (-7.04)	-0.0637*** (-8.17)	-0.0783*** (-12.23)	-0.0920*** (-8.07)	-0.0677*** (-8.67)	-0.0705*** (-11.12)	-0.0786*** (-7.01)	-0.0611*** (-7.85)
$W \times \ln y_{i,t-1}$	0.2205*** (3.22)	0.2030*** (2.68)	-0.0047 (-0.05)	0.1011*** (4.67)	0.0745** (2.32)	0.0842*** (3.15)	0.2055*** (4.31)	0.1645** (2.29)	0.1055* (1.81)
$W \times \ln phy$	0.1009*** (3.11)	0.1239*** (2.68)	0.0631** (2.48)	0.0458*** (4.33)	0.0806*** (3.84)	0.0261** (2.23)	0.1085*** (4.78)	0.1490*** (3.36)	0.0628*** (3.01)

续表

项目	W_1			W_2			W_3		
	(1) 全国	(2) 南方	(3) 北方	(4) 全国	(5) 南方	(6) 北方	(7) 全国	(8) 南方	(9) 北方
$W \times \mathrm{lnhum}$	0.1432 ** (2.07)	-0.0385 (-0.40)	0.1856 *** (2.94)	0.0720*** (3.03)	0.0826 *** (2.67)	0.1243 *** (4.26)	0.1564 *** (3.18)	0.0601 (0.73)	0.1536 *** (3.15)
$W \times \mathrm{lngov}$	0.1349 ** (2.03)	-0.0014 (-0.02)	0.0391 (0.50)	0.0362 * (1.80)	0.0198 (0.54)	0.0635 *** (2.61)	0.0577 * (1.75)	0.0379 (0.48)	0.0679 ** (2.04)
$W \times \mathrm{lnind}$	-0.5536 (-1.29)	-1.2130 ** (-2.27)	0.4007 (1.17)	-0.0169 (-0.18)	-0.0868 (-0.44)	0.1481 (1.13)	-0.1294 (-0.73)	-1.2122 ** (-2.47)	0.2095 (0.93)
$W \times \mathrm{lnopen}$	-0.0093 (-0.76)	0.0074 (0.44)	0.0098 (1.03)	0.0008 (0.19)	-0.0006 (-0.10)	0.0079 * (1.78)	-0.0106 (-1.38)	0.0053 (0.34)	0.0033 (0.41)
$W \times \mathrm{lnsav}$	0.0781 * (1.93)	0.0409 (0.82)	0.0461 (0.82)	0.0344 *** (2.76)	0.0398 * (1.90)	0.0134 (0.88)	0.0441 ** (2.05)	0.0626 (1.37)	0.0202 (0.89)
常数项	是	是	是	是	是	是	是	是	是
地区固定效应	是	是	是	是	是	是	是	是	是
时间固定效应	是	是	是	是	是	是	是	是	是
rho	0.6985 *** (12.26)	0.4933 *** (6.59)	0.5791 *** (8.20)	0.1157 *** (3.89)	0.0717 * (1.79)	0.1127 *** (2.68)	0.4741 *** (8.97)	0.4507 *** (6.03)	0.4756 *** (7.54)
sigma2_e	0.0045 *** (44.93)	0.0051 *** (33.23)	0.0034 *** (30.22)	0.0046 *** (45.04)	0.0052 *** (33.32)	0.0035 *** (30.32)	0.0045 *** (44.88)	0.0051 *** (33.23)	0.0034 *** (30.14)
Log-likelihood	5197.2701	2696.9699	2601.8016	5169.5654	2687.3190	2585.3809	5193.4733	2699.0397	2599.6524

注：***，** 和 * 分别表示回归系数在 1%，5% 和 10% 的显著性水平上显著。

133

表 5.42　SDM 模型的直接效应和间接效应

权重矩阵	变量	直接效应			间接效应			总效应		
		（1）全国	（2）南方	（3）北方	（4）全国	（5）南方	（6）北方	（7）全国	（8）南方	（9）北方
W_1	$\ln y_{i,t-1}$	-0.2024*** (-24.26)	-0.2430*** (-19.17)	-0.1678*** (-15.00)	0.2588 (1.17)	0.1614 (1.17)	-0.2454 (-1.26)	0.0564 (0.26)	-0.0816 (-0.60)	-0.4132** (-2.13)
	$\ln phy$	0.0310*** (7.89)	0.0494*** (6.37)	0.0194*** (4.63)	0.4177*** (3.33)	0.2979*** (3.35)	0.1794*** (2.89)	0.4487*** (3.57)	0.3473*** (3.92)	0.1988*** (3.17)
	$\ln hum$	0.0133 (1.51)	0.0118 (0.91)	0.0067 (0.58)	0.5035** (2.12)	-0.0658 (-0.35)	0.4440*** (2.89)	0.5168** (2.19)	-0.0540 (-0.29)	0.4507*** (2.96)
	$\ln gov$	-0.0324*** (-3.78)	-0.0401*** (-3.03)	-0.0269** (-2.38)	0.3645 (1.57)	-0.0485 (-0.32)	0.0460 (0.25)	0.3321 (1.44)	-0.0886 (-0.59)	0.0190 (0.10)
	$\ln ind$	0.1207*** (2.85)	0.4167*** (4.96)	-0.0094 (-0.21)	-1.4814 (-0.98)	-1.9251* (-1.79)	0.9743 (1.12)	-1.3607 (-0.90)	-1.5084 (-1.40)	0.9649 (1.11)
	$\ln open$	0.0032** (2.17)	0.0055** (2.18)	0.0008 (0.50)	-0.0274 (-0.65)	0.0165 (0.50)	0.0222 (0.98)	-0.0242 (-0.57)	0.0220 (0.66)	0.0230 (1.01)
	$\ln sav$	-0.0676*** (-9.88)	-0.0763*** (-6.80)	-0.0635*** (-7.61)	0.1111 (0.84)	0.0115 (0.12)	0.0262 (0.20)	0.0435 (0.33)	-0.0648 (-0.69)	-0.0373 (-0.28)

续表

权重矩阵	变量	直接效应			间接效应			总效应		
		(1)全国	(2)南方	(3)北方	(4)全国	(5)南方	(6)北方	(7)全国	(8)南方	(9)北方
W_2	$\ln y_{i,t-1}$	-0.2069*** (-25.58)	-0.2424*** (-20.21)	-0.1787*** (-15.89)	0.0852*** (3.77)	0.0599* (1.89)	0.0702** (2.50)	-0.1217*** (-5.27)	-0.1825*** (-5.70)	-0.1085*** (-3.67)
	$\ln phy$	0.0290*** (7.45)	0.0547*** (7.26)	0.0211*** (5.10)	0.0555*** (4.93)	0.1918*** (4.32)	0.0327*** (2.62)	0.0845*** (7.17)	0.1465*** (6.56)	0.0538*** (4.08)
	$\ln hum$	0.0141* (1.65)	0.0038 (0.30)	0.0084 (0.75)	0.0824*** (310)	0.0892*** (2.68)	0.1392*** (4.19)	0.0965*** (3.53)	0.0930*** (2.69)	0.1476*** (4.38)
	$\ln gov$	-0.0389*** (-4.57)	-0.0465*** (-3.61)	-0.0477*** (-4.11)	0.0336 (1.53)	0.0148 (0.38)	0.0625** (2.37)	-0.0053 (-0.23)	-0.0317 (-0.81)	0.0148 (0.53)
	$\ln ind$	0.0672 (1.58)	0.2146** (2.48)	-0.0157 (-0.35)	-0.0045 (-0.04)	-0.0691 (-0.32)	0.1718 (1.13)	0.0627 (0.53)	0.1455 (0.67)	0.1561** (0.97)
	$\ln open$	0.0032** (2.28)	0.0085*** (3.55)	0.0008 (0.52)	0.0009 (0.21)	-0.0005 (-0.08)	0.0084* (1.75)	0.0041 (0.86)	0.0080 (1.09)	0.0092* (1.74)
	$\ln sav$	-0.0779*** (-11.57)	-0.0917*** (-7.65)	-0.0676*** (-8.25)	0.0290** (2.12)	0.0364* (1.66)	0.0072 (0.43)	-0.0489*** (-3.47)	-0.0553* (-2.82)	-0.0604*** (-3.20)

续表

权重矩阵	变量	直接效应			间接效应			总效应		
		(1)全国	(2)南方	(3)北方	(4)全国	(5)南方	(6)北方	(7)全国	(8)南方	(9)北方
W_3	$\ln y_{i,t-1}$	-0.2048*** (-24.92)	-0.2450*** (-19.51)	-0.1740*** (-15.42)	0.1997** (2.36)	0.0953 (0.80)	0.0381 (0.37)	-0.0051 (-0.06)	-0.1497 (-1.28)	-0.1359 (-1.32)
	$\ln phy$	0.0294*** (7.57)	0.0481*** (6.22)	0.0206*** (4.97)	0.2324*** (5.39)	0.3144*** (3.95)	0.1384*** (3.50)	0.2618*** (6.07)	0.3625*** (4.57)	0.1590*** (3.96)
	$\ln hum$	0.0186** (2.16)	0.0102 (0.80)	0.0140 (1.24)	0.3102*** (3.31)	0.1174 (0.79)	0.2990*** (3.16)	0.3288*** (3.52)	0.1276 (0.86)	0.3130*** (3.31)
	$\ln gov$	-0.0337*** (-4.03)	-0.0423*** (-3.19)	-0.0382*** (-3.36)	0.0748 (1.25)	0.0277 (0.20)	0.0892 (1.49)	0.0411 (0.68)	-0.0144 (-0.10)	0.0510 (0.83)
	$\ln ind$	0.1244*** (2.95)	0.4239*** (4.96)	-0.0090 (-0.20)	-0.1069 (-0.31)	-1.8083** (-2.01)	0.4139 (0.93)	0.0175 (0.05)	-1.3844* (-1.56)	0.4049 (0.89)
	$\ln open$	0.0030** (2.12)	0.0059** (2.41)	0.0004 (0.28)	-0.0181 (-1.28)	0.0116 (0.41)	0.0053 (0.35)	-0.0151 (-1.05)	0.0175 (0.62)	0.0057 (0.37)
	$\ln sav$	-0.0702* (-10.57)	-0.0782*** (-6.74)	-0.0614*** (-7.14)	0.0227 (0.58)	0.0533 (0.66)	-0.0149 (-0.35)	-0.0475 (-1.21)	-0.0249 (-0.32)	-0.0763* (-1.67)

注：***、**和*分别表示回归系数在1%、5%和10%的显著性水平上显著。

（3）稳健性检验。对南北城市群经济增长的条件收敛性进行多种检验以保障结果的稳健性。

首先，替换变量。与前文一样，使用夜间灯光数据替代人均实际 GDP 来考察南北城市群经济条件空间收敛的稳健性，结果见表 5.43。

由表 5.43 可知，使用夜间稳定灯光数据后，不论是模型中 $\ln y_{i,t-1}$ 的估计系数还是直接效应数值，南方城市群经济收敛程度高于北方，与基准结果一致。

其次，改变回归模型。为保证估计结果的稳健性，继续使用 SLM 和 SEM 模型来检验基准结论的稳健性。回归结果见表 5.44 和表 5.45。

由表 5.44 可知，SLM 模型中所有类型样本的估计系数和直接效应值都显著为负，且数值上南方 > 北方；由表 5.45 可知，SEM 模型中的收敛系数都显著为负，且数值上南方 > 北方。以上验证了基准结果的稳健性。

5.4　本章小结

本章基于第 4 章缩小南北地区内部经济差距是实现我国南北经济协调的关键的结论，对南北城市经济增长收敛特征事实展开探讨。

首先，以 2001～2019 年中国 284 个地级及以上城市为研究对象，对南北城市经济收敛的情况进行分析与比较。第一，使用 σ 收敛、β 绝对收敛及 β 条件收敛模型对南北城市经济增长的一般收敛性进行实证检验，结果均发现南方城市经济收敛程度显著强于北方城市，并且自 2010 年以后南方城市经济收敛速度的增幅远超北方。自 2010 年以来我国实施的一系列国家级城市群规划在南北产生了不同的政策效果，这可能是导致以上结果的一个重要原因，对于这种猜测将在接下来的章节中进行严谨的实证检验。第二，考虑到城市之间的空间关联性，再利用空间杜宾模型

表5.43　替换变量回归结果

项目	W_1			W_2			W_3		
	(1)全国	(2)南方	(3)北方	(4)全国	(5)南方	(6)北方	(7)全国	(8)南方	(9)北方
$\ln y_{i,t-1}$	-0.2321*** (-20.79)	-0.2898*** (-19.51)	-0.1730*** (-10.62)	-0.2575*** (-23.72)	-0.3275*** (-21.77)	-0.1748*** (-10.93)	-0.2544*** (-22.82)	-0.3040*** (-19.43)	-0.1869*** (-11.43)
$W \times \ln y_{i,t-1}$	0.3623*** (4.86)	0.4613*** (6.01)	-0.2003** (-2.11)	-0.0362 (-1.15)	0.0194 (0.50)	0.0031 (0.07)	-0.0056 (-0.11)	0.0683 (0.88)	0.0063 (0.08)
直接效应	-0.2370*** (-20.58)	-0.2944*** (-19.07)	-0.1937*** (-10.99)	-0.2575*** (-23.08)	-0.3274*** (-21.22)	-0.1747*** (-10.61)	-0.2558*** (-22.58)	-0.3180*** (-19.80)	-0.1924*** (-11.55)
间接效应	0.1468*** (3.13)	0.1279* (1.91)	-1.8662*** (-2.58)	-0.0546* (-1.80)	-0.0258 (-0.65)	-0.0255 (-0.52)	-0.1812** (-2.26)	-1.4512** (-2.07)	-0.3220 (-1.54)
总效应	-0.0902* (-1.86)	-0.1655** (-2.45)	-2.0599** (-2.82)	-0.3121*** (-9.63)	-0.3532*** (-8.35)	-0.2002*** (-3.79)	-0.4370*** (-5.50)	-1.7692** (-2.51)	-0.5144** (-2.44)
控制变量	是	是	是	是	是	是	是	是	是
常数项	是	是	是	是	是	是	是	是	是
地区固定效应	是	是	是	是	是	是	是	是	是
时间固定效应	是	是	是	是	是	是	是	是	是
rho	2.4163*** (60.59)	2.0155*** (60.64)	0.8089*** (17.12)	0.0591* (1.74)	0.1272*** (2.88)	0.1411*** (2.82)	0.4030*** (7.50)	0.8590*** (23.70)	0.6404*** (11.15)
sigma2_e	0.0031*** (37.20)	0.0027*** (27.50)	0.0030*** (24.84)	0.0039*** (37.29)	0.0036*** (27.53)	0.0034*** (25.06)	0.0038*** (37.19)	0.0032*** (27.32)	0.0031*** (24.86)
Log-likelihood	4058.4909	2313.8503	1854.7517	3757.8935	2112.6338	1777.1209	3787.9788	2190.5147	820.7319

注：***、** 和 * 分别表示回归系数在1%、5%和10%的显著性水平上显著。

表 5.44　　　　SLM 回归结果

项目	W_1			W_2			W_3		
	(1)全国	(2)南方	(3)北方	(4)全国	(5)南方	(6)北方	(7)全国	(8)南方	(9)北方
$lny_{i,t-1}$	-0.1829*** (-23.88)	-0.2107*** (-18.82)	-0.1635*** (-15.18)	-0.1885*** (-24.30)	-0.2170*** (-19.26)	-0.1685*** (-15.32)	-0.1848*** (-24.06)	-0.2115*** (-18.88)	-0.1651*** (-15.29)
直接效应	-0.1849*** (-23.26)	-0.2118*** (-18.36)	-0.1661*** (-14.75)	-0.1885*** (-23.63)	-0.2167*** (-18.73)	-0.1684*** (-14.88)	-0.1863*** (-23.42)	-0.2125*** (-18.41)	-0.1674*** (-14.84)
间接效应	-0.4444*** (-3.73)	-0.1884*** (-3.53)	-0.2776*** (-3.63)	-0.0195*** (-3.10)	-0.0133 (-1.49)	-0.0182** (-2.26)	-0.1666*** (-5.03)	-0.1634*** (-3.53)	-0.1618*** (-4.16)
总效应	-0.6293*** (-5.20)	-0.4002*** (-7.11)	-0.4437*** (-5.51)	-0.2080*** (-18.95)	-0.2300*** (-15.16)	-0.1866*** (-12.35)	-0.3529*** (-9.86)	-0.3759*** (-7.60)	-0.3292*** (-7.50)
控制变量	是	是	是	是	是	是	是	是	是
常数项	是	是	是	是	是	是	是	是	是
地区固定效应	是	是	是	是	是	是	是	是	是
时间固定效应	是	是	是	是	是	是	是	是	是
rho	0.7018*** (12.86)	0.4676*** (6.54)	0.6245*** (9.82)	0.0952*** (3.30)	0.0583* (1.62)	0.0986** (2.41)	0.4740*** (9.35)	0.4324*** (6.10)	0.4952*** (8.22)
sigma2_e	0.0045*** (44.93)	0.0052*** (33.25)	0.0034*** (30.16)	0.0047*** (45.06)	0.0053*** (33.33)	0.0036*** (30.33)	0.0046*** (44.90)	0.0053*** (33.25)	0.0035*** (30.13)
Log-likelihood	5164.8779	2675.9765	2588.4607	5120.3657	2658.9637	2558.0594	5151.7222	2674.1835	2582.1510

注：***、** 和 * 分别表示回归系数在 1%、5% 和 10% 的显著性水平上显著。

表 5.45   SEM 模型回归结果

项目	W₁			W₂			W₃		
	(1) 全国	(2) 南方	(3) 北方	(4) 全国	(5) 南方	(6) 北方	(7) 全国	(8) 南方	(9) 北方
$\ln y_{i,t-1}$	-0.1934*** (-24.35)	-0.2228*** (-19.21)	-0.1664*** (-15.14)	-0.1923*** (-24.50)	-0.2192*** (-19.31)	0.1709*** (-15.44)	-0.1937*** (-24.50)	-0.2225*** (-19.24)	-0.1704*** (-15.39)
控制变量	是	是	是	是	是	是	是	是	是
常数项	是	是	是	是	是	是	是	是	是
地区固定效应	是	是	是	是	是	是	是	是	是
时间固定效应	是	是	是	是	是	是	是	是	是
lambda	0.7500*** (15.24)	0.5504*** (7.87)	0.6365*** (9.95)	0.1420*** (4.69)	0.0887** (2.18)	0.1312*** (3.07)	0.5363*** (10.86)	0.5151*** (7.28)	0.5140*** (8.47)
sigma2_e	0.0045*** (44.91)	0.0052*** (33.21)	0.0034*** (30.16)	0.0046*** (45.02)	0.0053*** (33.32)	0.0036*** (30.32)	0.0045*** (44.84)	0.0052*** (33.20)	0.0034*** (30.12)
Log-likelihood	5173.3215	2681.3133	2587.5368	5125.8028	2660.1572	2559.8366	5160.5734	2679.0946	2582.5868

注：***、** 和 * 分别表示回归系数在 1%、5% 和 10% 的显著性水平上显著。

对南北城市经济增长进行空间收敛性检验，空间相关性结果表明南方城市经济增长的空间相关性显著高于北方城市，并且利用地理距离、经济距离和地理与经济距离的嵌套权重三类空间权重矩阵验证了所得结论的稳健性。第三，借助双向固定效应空间杜宾模型实证估测南北城市经济增长绝对空间收敛水平和条件空间收敛水平，直接效应结果都显示南方城市经济增长的绝对空间收敛程度和条件空间收敛程度强于北方城市，间接效应结果都显示南方城市经济增长的空间溢出效应强于北方城市，以上结论经过稳健性检验后仍成立。

其次，基于城市群视角，以"十四五"规划中提及的19个城市群中的214个城市作为研究样本，对南北城市群经济收敛的情况做进一步探讨与比较，这是对南北整体城市经济收敛差异特征事实的进一步延伸。第一，通过 σ 收敛分析发现，南方城市群收敛水平高于北方，且2010年之后南方城市群经济收敛态势越来越强于北方地区；β 绝对收敛模型和 β 条件收敛模型的实证都表明，南方城市群经济收敛程度依然强于北方城市群，通过系列稳健性检验（替换被解释变量和解释变量、变化样本、分时段回归）该结论依然成立。第二，考虑到城市群内城市间的空间相关性，再借助空间杜宾模型对南北城市群经济增长进行空间收敛性检验。空间相关性分析表明南方城市群经济增长的空间集聚性远强于北方地区，并且三类距离权重矩阵的空间相关性结果相似，这证明了基准结果的稳健性。第三，使用双向固定效应下的空间杜宾模型实证估测南北城市群经济增长绝对空间收敛水平，直接效应结果表明南方城市群收敛程度强于北方城市群，间接效应结果表明南方城市群经济增长的空间溢出效应强于北方城市群，通过系列稳健性检验该结论依然成立。第四，继续使用双向固定效应下的空间杜宾模型实证估测南北城市群经济增长条件空间收敛水平，结果依然表明南方城市群收敛程度强于北方城市群，且前者的空间溢出效应仍强于后者。

最后，我们将城市群样本的收敛结果与整体城市样本的结果比较后发现，不论是一般收敛结果还是空间收敛结果，南方城市群的经济收敛程度都有所提升，而北方都出现降低，这可能与城市群规划在南北地区产生了不同效果有关，对于这种猜测将在下面章节中进行深入探究。

第6章 城市群政策实施对南北经济收敛的影响效应研究

第5章基于整体城市与城市群视角，研究得出南方城市经济增长的收敛性依然强于北方，并且将南北城市群的收敛结果与南北整体城市的收敛结果分析对比后发现，南方城市群样本的收敛水平明显高于南方整体城市样本的收敛水平，但是北方城市群样本的收敛水平低于北方整体城市样本的收敛水平。可见，城市群规划对南方地区内城市间经济差距可能起到了缩小作用，但对北方地区来说城市群规划的促进作用可能没有体现出来。那么引出一个极为自然的问题：难道城市群规划对南方城市经济收敛起到促进作用，但对北方城市经济收敛没有起到促进作用吗？本章接下来将采用双重差分模型实证估测城市群政策对南北城市经济收敛的净效应，尝试对以上疑问进行解答。

6.1 研究方法与数据

6.1.1 研究方法

1. 双重差分法

双重差分法（DID）是国内外学界常用的一种政策效应评估方法

（Gruber & Poterba，1994；刘瑞明和赵仁杰，2015；孙鲲鹏和石丽娜，2022），该方法的主要思想是把制度变迁或新政策看作外生于经济系统的"自然实验"或"准自然实验"（陈林和伍海军，2015；王锋和葛星，2022）。国家城市群规划的批复实施，一方面可能使得同一城市城市群中城市间的经济收敛在规划实施前后产生差异；另一方面，也可能致使在同时段城市经济收敛在国家城市群规划城市与非国家城市群规划城市之间产生差异。利用该双重差异所做的计量模型分析，能够有效把控其他政策的干扰及规划城市与非规划城市的事前差异，有助于辨别政策冲击对城市经济收敛产生的净效应。综上所述，我国的国家城市群规划可以看作一项"准自然实验"，城市群规划能否影响城市经济收敛则是典型的政策评估问题。为此，本章将沿用 DID 方法实证估测城市群规划对城市经济收敛的净效应，并比较城市群规划的这种效应在南北方之间的差异。

依据国家"十三五"规划和"十四五"规划中对我国城市群数量的明确，我国共有 19 个城市群地区，其中南方有 8 个城市群，北方有 11 个城市群。当前，经国务院正式批复的国家级城市群共 11 个，其中南方有 5 个城市群，北方有 6 个城市群。区域性城市群共 8 个，其中南方有 3 个城市群，北方有 5 个城市群。国家级城市群规划具体批复时间如表 6.1 所示。

表 6.1　　　　　　　　国家级城市群规划批复时间

地区	城市群	首次批复时间	相关文件
南方	长三角城市群	2010 年 5 月	《长江三角洲地区区域规划》
	成渝城市群	2011 年 5 月	《成渝经济区区域规划》
	长江中游城市群	2015 年 4 月	《长江中游城市群发展规划》
	北部湾城市群	2017 年 2 月	《北部湾城市群发展规划》
	粤港澳大湾区	2019 年 2 月	《粤港澳大湾区发展规划》

地区	城市群	首次批复时间	相关文件
北方	京津冀一体化	2010 年 8 月	《京津冀都市圈区域规划》
	中原城市群	2012 年 11 月	《中原经济区规划》
	哈长城市群	2016 年 3 月	《哈长城市群发展规划》
	关中平原城市群	2018 年 1 月	《关中平原城市群发展规划》
	呼包鄂榆城市群	2018 年 2 月	《呼包鄂榆城市群发展规划》
	兰州 – 西宁城市群	2018 年 2 月	《兰州 – 西宁城市群发展规划》

本书将国家级城市群发展规划的批复作为准自然实验，并把 11 个国家级城市群包含的城市作为处理组，把其余 8 个区域性城市群中的城市作为对照组，以规避对照组和处理组经济特征和其他条件差异过大导致估计结果失信。采用双重差分法考察城市群规划对城市经济收敛的带动效应。因国家级城市群规划为分批次批复，因此本书将采用多节点双重差分法模型，模型设定如下：

$$ecoc_{it} = \alpha_1 + \alpha_2 did_{it} + \alpha_3 X_{it} + \eta_i + \delta_t + \upsilon_{it} \qquad (6.1)$$

其中，$ecoc_{it}$ 表示 i 城市在 t 年的经济收敛水平；did_{it} 为核心解释变量，表示因不同政策批复时点差异所形成的政策虚拟变量，其系数 α_2 是模型估计的重点；X_{it} 为模型控制变量，主要包括物质资本 $\ln phy_{it}$、人力资本 $\ln hum_{it}$、政府干预 $\ln gov_{it}$、产业结构 $\ln ind_{it}$、对外开放 $\ln open_{it}$ 及储蓄率 $\ln sav_{it}$；η_i 和 δ_t 分别用于控制个体与时间固定效应；υ_{it} 为独立同分布的经典误差项。

2. 倾向匹配得分 – 双重差分法（PSM-DID）

DID 方法通过双重差分解决了内生性问题，但是并不能很好解决样本选择偏差问题。然而，倾向匹配得分方法（PSM）可以有效减小样本选择偏误，因此，本书参照赫克曼等（Heckman et al.，1997，1998）的做法，将 PSM 和 DID 结合起来进行稳健性估计，以用于更加准确地估测城市群政策对经济收敛的影响。基于 PSM-DID 方法的稳健性估计步骤如下：第一步，选取 11 个国家级城市群中的城市视为处理组，将其他 8 个区域性城市群中的城市视为控制组，将物质资本、人力资本、政府干预、产业结构、对外开放及储蓄率作为特征变量，选用 Logit 模型计算倾向得分，通过倾向得分匹配出与处理组样本特征最为相似的控制组，从而降低样本选择偏误。第二步，基于以上倾向匹配得分结果，通过 k 阶近邻匹配法（这里 k 为 4）做样本匹配，对匹配后得到的新处理组和新控制组再按照式（6.1）的 DID 方法估计。

6.1.2 变量选择

1. 被解释变量

本章的被解释变量为城市经济收敛水平（$ecoc$）。前文分析中，我们通过构建 β 收敛模型估测了收敛系数，以此来反映落后城市的经济发展相对于发达城市的"追赶"效应，但是并不能直观地反映城市之间实际的经济发展差距（刘生龙和郑世林，2021），更不能检验城市群政策对城市经济收敛的影响。为了能够直观地衡量城市经济收敛水平，参照李红锦等（2018）、张超等（2020）的做法，本书采用局部协调发展测度模型来计算城市经济收敛水平，具体如下：

$$ecoc_i = \frac{1}{n} \sum_{i \neq j}^{n} \frac{Min(I_i, I_j)}{Max(I_i, I_j)} \tag{6.2}$$

其中，$ecoc_i$ 为 i 城市的经济收敛水平，I_i 为 i 城市人均实际 GDP 值，I_j 为 j 城市人均实际 GDP 值，n 为城市单元数。$ecoc_i$ 值越大，说明 i 城市与同一城市群中的其他城市间的差距越小，即越趋于收敛其他城市；反之，则越趋于发散同一城市群中的其他城市。

2. 核心解释变量

本章的核心解释变量为城市群规划（did）。did 为城市群规划的政策虚拟变量，用于表示 i 城市在 t 年是否被纳入了城市群规划，考虑到政策效果存在时滞性，本书关于城市群政策虚拟变量的取值规则如下：若 i 城市首次被纳入城市群规划的时间处在 t 年的 $1\sim6$ 月份，则该城市的政策虚拟变量在 t 年及以后年份取值都为 1，t 年之前取值都为 0；若 i 城市首次被纳入城市群规划的时间处在 t 年的 $7\sim12$ 月份，则该城市的政策虚拟变量在 $t+1$ 年及以后年份的取值都为 1，t 年及之前年份取值都为 0。

3. 控制变量

本章在实证考察城市群政策对经济收敛的影响时，还控制了其他影响城市经济发展的各类经济因素，参照现有文献的做法并考虑地级及以上城市数据的可获得性，选用的控制变量见表6.2。

表6.2   控制变量及计算方法

变量名称	变量标识	计算方法
物质资本	Lnphy	固定资本投资占 GDP 的比重
人力资本	lnhum	普通小学专任教师数与普通小学在校学生数的比重（师生比）
政府干预	lngov	政府财政支出占 GDP 的比重
产业结构升级	lnind	$1\times$第一产业比重$+2\times$第二产业比重$+3\times$第三产业比重
对外开放度	lnopen	实际利用外资额占 GDP 的比重
储蓄率	lnsav	地区城乡居民储蓄总额占 GDP 的比重

6.1.3 数据来源

本章的研究对象是中国 19 个主要城市群中的 214 个城市，其中包括南方 8 个城市群中的 117 个城市以及北方 11 个城市群中的 97 个城市。数据主要来自《中国城市统计年鉴》、《中国统计年鉴》、中经网数据库、ESP 数据库等，对于缺失的部分数据还根据对应城市的统计年鉴、对应城市所在省份的统计年鉴以及对应城市的统计公报进行补充。为消除数据的量纲和异方差影响，对全部解释变量做对数化处理。变量的描述性统计指标见表6.3。

表 6.3　　　　　　　　　变量的描述性统计

变量	标识	空间尺度	样本量	均值	标准差	最小值	最大值
城市经济收敛	$ecoc$	全国	4066	0.6261	0.1115	0.1798	0.8395
		南方	2223	0.6313	0.1098	0.1950	0.8395
		北方	1843	0.6199	0.1133	0.1798	0.7854
城市群政策	did	全国	4066	0.1734	0.3786	0	1
		南方	2223	0.1993	0.3995	0	1
		北方	1843	0.1340	0.3408	0	1
物质资本	$lnphy$	全国	4066	−0.6114	0.5556	−3.6035	2.0471
		南方	2223	−0.6371	0.5302	−2.2382	1.1363
		北方	1843	−0.5804	0.5834	−3.6035	2.0471
人力资本	$lnhum$	全国	4066	−2.8866	0.2209	−3.8664	−0.7224
		南方	2223	−2.9576	0.1977	−3.8664	−0.7224
		北方	1843	−2.8008	0.2170	−3.6047	−1.6217
政府干预	$lngov$	全国	4066	−2.0678	0.4511	−4.1149	−0.3504
		南方	2223	−2.0761	0.4249	−3.2600	−0.3930
		北方	1843	−2.0577	0.4807	−4.1149	−0.3504
产业结构	$lnind$	全国	4066	0.8174	0.0702	0.5698	1.0301
		南方	2223	0.8117	0.0666	0.5877	1.0111
		北方	1843	0.8243	0.0737	0.5698	1.0301
对外开放	$lnopen$	全国	4066	−4.4439	1.3387	−11.5685	−0.7418
		南方	2223	−4.1917	1.2236	−9.6944	−0.7418
		北方	1843	−4.7481	1.4071	−11.5685	−1.5771
总储蓄率	$lnsav$	全国	4066	−0.3828	0.3482	−3.0884	2.0478
		南方	2223	−0.4064	0.2935	−1.4182	1.1782
		北方	1843	−0.3543	0.4027	−3.0884	2.0478

6.2　城市群政策实施对全国经济收敛的影响效应

本部分把 11 个国家级城市群发展规划视为准自然实验，把这 11 个城市群内的 157 个城市视为处理组，把其余 57 个城市视为对照组，基于全国整体层面使用多节点双重差分法实证检验城市群政策对经济收敛的净效应。

6.2.1　基准回归

表 6.4 给出了 DID 模型的回归结果，列（1）为只控制城市与时间固定效应的结果，列（2）~列（7）为在列（1）基础上逐步引入控制变量的结果。观察发现无控制变量时，did 的系数显著为正且为 0.0124；当逐步引入控制变量后，模型的 R^2 逐渐上升，说明引入这些控制变量是合适的，结果同样显示 did 的系数显著为正。以上表明我国城市群规划总体上显著促进了城市群内部城市间的经济收敛，这意味着从总体来看，城市群政策的实施提升了内部核心城市的经济辐射能力，拉动了城市群外围城市的共同发展，且进一步缩小了中心－外围城市的经济差距。控制变量方面，人力资本、产业结构、对外开放、储蓄率均显著促进城市经济收敛，而物质资本和政府干预显著抑制城市经济收敛。

表 6.4　　　　　　　　　　　　　　　基准回归结果

项目	（1）	（2）	（3）	（4）	（5）	（6）	（7）
did	0.0124 ***	0.0137 ***	0.0146 ***	0.0145 ***	0.0139 ***	0.0133 ***	0.0128 ***
	(4.48)	(4.99)	(5.34)	(5.32)	(5.09)	(4.87)	(4.66)
lnphy		− 0.0216 ***	− 0.0221 ***	− 0.0172 ***	− 0.0171 ***	− 0.0181 ***	− 0.0174 ***
		(− 9.65)	(− 9.91)	(− 7.37)	(− 7.36)	(− 7.69)	(− 7.33)
lnhum			0.0270 ***	0.0288 ***	0.0281 ***	0.0282 ***	0.0272 ***
			(4.89)	(5.23)	(5.11)	(5.12)	(4.94)
lngov				− 0.0330 ***	− 0.0328 ***	− 0.0336 ***	− 0.0394 **
				(− 6.94)	(− 6.90)	(− 7.06)	(− 7.51)
lnind					0.0632 **	0.0607 **	0.0525 *
					(2.35)	(2.26)	(1.94)

续表

项目	(1)	(2)	(3)	(4)	(5)	(6)	(7)
ln*open*						0.0024*** (2.75)	0.0025*** (2.85)
ln*sav*							0.0099** (2.61)
常数项	是	是	是	是	是	是	是
地区固定效应	是	是	是	是	是	是	是
时间固定效应	是	是	是	是	是	是	是
N	4066	4066	4066	4066	4066	4066	4066
R^2	0.1894	0.2086	0.2135	0.2233	0.2244	0.2260	0.2273

注：***、**和*分别表示回归系数在1%、5%和10%的显著性水平上显著。

6.2.2 稳健性检验

1. 平行趋势检验

多节点双重差分模型的重要条件是平行趋势假设，即在城市群规划实施前，处理组城市和对照组城市的经济收敛变化态势理应是平行的。倘若处理组和对照组在政策前存在异质的时间趋势，那么经济收敛产生变动可能并非规划所致，也可能是因事前时间趋势差异带来的。故而，为检验DID模型是否适用，有必要分析在规划实施前处理组城市与对照组城市经济收敛是否存在平行趋势。使用缩尾处理将政策节点前后各分为6期，此外，考虑到多重共线性问题，本章以城市群规划实施前的第1期为基期，将时间虚拟变量与实验组交乘后得到平行趋势检验结果（见图6.1）。

图6.1所示的平行趋势检验结果表明，城市群规划实施前各期均不

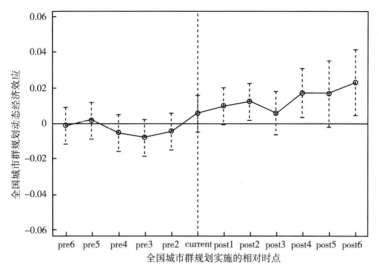

图 6.1　全国城市群平行趋势检验结果

显著，这意味着处理组的 157 个城市和对照组的 57 个城市在规划实施前不存在明显差异，即通过了平行趋势检验。而且，城市群规划实施后的各期基本上均显著为正，表明城市群规划一定程度上促进了城市群内部城市间的经济收敛，缩小了经济落后城市与先进城市之间的差距。

2. 安慰剂检验

为规避基准结果受到无法观测遗漏变量的干扰，参照已有文献的思路（Cai et al.，2016），采取替换处理组城市的方法做安慰剂检验。我们在样本中随机抽出 157 个城市当作虚假的处理组城市，剩余城市当作虚假的控制组城市，能够获得实施城市安慰剂的城市群规划对经济收敛影响的效应值。重复 500 次以上过程，获得 500 个估计系数以及相应的 p 值。图 6.2 呈现了 500 个估计值的核密度分布和 p 值，容易发现，估计系数位于 0 值周围并呈近似正态分布，其中大部分回归结果不显著。同时，基准回归系数处在虚假估计系数分布的高尾位置，说明其在安慰剂检验中为小概率事件。所以，能够排除基准回归系数受无法观测因素的影响。

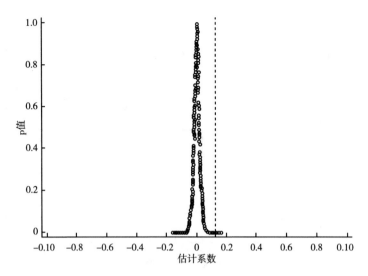

图 6.2　全国城市群安慰剂检验结果

3. PSM-DID

在实施城市群规划时，政府不仅关注于地理区位，还会考察城市发展特征，故规划实施存在一定人为主观选择导致的偏误，这可能并不满足随机分组假设。为了克服样本非随机性导致的估计结果偏误问题，参照赫克曼等（Heckman et al.，1998）的思路，借助倾向得分匹配双重差分方法（PSM-DID）进行更深层次的检验。检验结果如表 6.5 所示，匹配后的 t 统计量均不显著，即拒绝了处理组和控制组均值具有显著差异的原假设，而且除储蓄率变量外，其余控制变量在匹配后标准误和 t 值均呈下降趋势，这意味着匹配结果比较理想。

表6.5　　　　　　　　　　　　倾向得分匹配结果

变量	样本	均值		标准偏误（%）	标准偏误绝对值减少（%）	t 值	p 值
		实验组	控制组				
ln*phy*	匹配前	−0.5875	−0.6770	16.0	83.5	4.55	0.000
	匹配后	−0.5876	−0.6024	2.6		1.04	0.300
ln*hum*	匹配前	−2.9081	−2.8271	−38.1	94.7	−10.47	0.000
	匹配后	−2.9068	−2.9111	2.0		0.74	0.456

续表

变量	样本	均值		标准偏误（%）	标准偏误绝对值减少（%）	t 值	p 值
		实验组	控制组				
lngov	匹配前	-2.0462	-2.1272	17.9	53.2	5.07	0.000
	匹配后	-2.0483	-2.0104	-8.4		-3.10	0.002
lnind	匹配前	0.8137	0.8277	-21.2	58.6	-5.62	0.000
	匹配后	0.8143	0.8200	-8.8		-3.38	0.001
ln$open$	匹配前	-4.3902	-4.5919	15.1	86.3	4.26	0.000
	匹配后	-4.3896	-4.4171	2.1		0.83	0.408
lnsav	匹配前	-0.3757	-0.4024	-7.3	-35.8	2.16	0.031
	匹配后	-0.3765	-0.3404	-10.0		-3.99	0.000

验证了 PSM-DID 方法的合理性后，选取这些匹配样本，再次估计式（6.1），结果如表 6.6 所示。不难发现，通过逐步回归法得到的结果与基准回归保持一致，did 对城市经济收敛的影响仍显著为正，这巩固了基准回归结果的稳健性。

表 6.6 PSM-DID 回归结果

项目	（1）	（2）	（3）	（4）	（5）	（6）	（7）
did	0.0124*** (4.48)	0.0137*** (4.99)	0.0146*** (5.30)	0.0144*** (5.28)	0.0139*** (5.06)	0.0133*** (4.83)	0.0127*** (4.60)
lnphy		是	是	是	是	是	是
lnhum			是	是	是	是	是
lngov				是	是	是	是
lnind					是	是	是
ln$open$						是	是
lnsav							是
常数项	是	是	是	是	是	是	是
地区固定效应	是	是	是	是	是	是	是

续表

项目	（1）	（2）	（3）	（4）	（5）	（6）	（7）
时间固定效应	是	是	是	是	是	是	是
N	4047	4047	4047	4047	4047	4047	4047
R^2	0.1888	0.2084	0.2120	0.2217	0.2227	0.2243	0.2259

注：***、**和*分别表示回归系数在1%、5%和10%的显著性水平上显著。

4. 调整研究样本

为排除样本选择偏误对研究结论的干扰，对研究样本进行了如下调整：第一，调整规划干预时间。将城市群内部所有城市加入城市群的时间往后推迟一年，重新回归得到的估计结果如表6.7列（1）所示，*did* 的系数显著为正且为0.0143。第二，将离群样本作缩尾处理。将样本中分布在最前面和最后面的1%以内的替换为百分位数为1%和99%的样本，重新回归得到的估计结果如表6.7列（2）所示，*did* 的系数显著为正且为0.0146。第三，将离群样本作截尾处理。将样本中分布在最前面和最后面的1%以内的样本替换为缺失值，重新回归得到的估计结果如表6.7列（3）所示，*did* 的系数显著为正且为0.0153。以上三种调整样本的方法都增强了基准结果的稳健性。

表6.7   调整研究样本及控制变量的回归结果

项目	（1）	（2）	（3）	（4）
did	0.0143 ***	0.0146 ***	0.0153 ***	0.0133 ***
	（4.96）	（5.16）	（5.42）	（4.71）
控制变量	是	是	是	是
常数项	是	是	是	是
地区固定效应	是	是	是	是
时间固定效应	是	是	是	是
N	4066	4066	3986	3852
R^2	0.2279	0.2231	0.2088	0.2235

注：***、**和*分别表示回归系数在1%、5%和10%的显著性水平上显著。

5. 控制变量滞后一期

鉴于选择的变量与实施城市群规划之间可能会存在反向影响, 故将全部控制变量滞后一期再做回归, 这样可以减弱可能的内生性问题。回归结果见表 6.7 列 (4), did 的系数显著为正且为 0.0133, 说明基准回归结论是稳健的。

6.2.3　异质性分析

前文经过稳健的实证检验表明, 城市群规划能够有效促进城市经济收敛。那么, 该促进效应是否因城市特质以及城市群特质的不一样而存在差别呢? 接下来, 本部分将基于模型式 (6.1), 从空间结构、行政级别、资源禀赋、战略布局 4 种城市特质入手, 对城市群规划的政策效应进行异质性分析。

1. 空间结构

合理的城市群空间结构是资源有效配置和区域协调发展的重要前提, 城市群规划中也明确了 11 个城市群中的中心城市与外围城市 (见表 6.8), 并提出以中心城市为引擎带动外围城市均衡协调发展的一体化发展模式。鉴于此, 本部分将国家级城市群内部城市划为中心和外围两类, 以考察城市群规划是否促进了中心 – 外围共同发展。此外, 还将城市群划分为单中心和多中心城市群, 以考察城市群空间结构对政策效应的调节作用。

表 6.8　　　　　　　　　　国家级城市群空间结构

地区	城市群	中心城市	空间结构
南方	长三角	上海	单中心
	成渝	重庆、成都	多中心
	长江中游	武汉、长沙、南昌	多中心
	北部湾	南宁	单中心
	粤港澳	香港、澳门、广州、深圳	多中心

地区	城市群	中心城市	空间结构
北方	京津冀	北京	单中心
	中原	郑州	单中心
	哈长	哈尔滨、长春	多中心
	关中平原	西安	单中心
	呼包鄂榆	呼和浩特	单中心
	兰州－西宁	兰州、西宁	多中心

回归结果如表6.9所示。列（1）为中心城市的 DID 模型回归结果，显示出城市群规划对中心城市经济收敛的影响并不显著；列（3）为外围城市的 DID 模型回归结果，显示出城市群规划对外围城市经济收敛具有显著的促进作用。以上说明我国的城市群规划对外围城市的经济效应强于中心城市，这意味着城市群规划确实起到了中心城市带动外围城市经济发展的良好作用。当考虑城市群的空间结构后，列（5）为全部城市的回归结果，交叉项的系数显著为负，并且列（2）的中心城市结果和列（4）的外围城市结果也都显示交叉项的系数显著为负，以上意味着城市群的多中心特质降低了城市群规划的经济收敛效应。多中心城市群存在多个核心城市，核心城市的行政壁垒造成了城市群内协调发展机制无法形成，进而阻碍了城市群政策的功能发挥；此外，核心城市之间还存在产业过度竞争、双向虹吸效应，一定程度上也妨碍了城市经济的协调发展。

表6.9   **空间结构异质性检验结果**

项目	中心城市		外围城市		全部城市
	（1）	（2）	（3）	（4）	（5）
did	− 0. 0018	0. 0396 ***	0. 0130 ***	0. 0204 ***	0. 0225 ***
	（− 0. 26）	（3. 73）	（4. 59）	（6. 38）	（7. 22）
多中心 × did		− 0. 0669 ***		− 0. 0203 ***	− 0. 0254 ***
		（− 5. 18）		（− 4. 91）	（− 6. 44）

续表

项目	中心城市		外围城市		全部城市
	（1）	（2）	（3）	（4）	（5）
控制变量	是	是	是	是	是
常数项	是	是	是	是	是
地区固定效应	是	是	是	是	是
时间固定效应	是	是	是	是	是
N	1406	1406	3743	3743	4066
R^2	0.2734	0.2881	0.2355	0.2407	0.2356

注：***、** 和 * 分别表示回归系数在 1%、5% 和 10% 的显著性水平上显著。

2. 行政级别

在中国现有行政体系下，城市的行政级别通常划为直辖市、副省级城市、省会（首府）以及一般地级市（纪祥裕和顾乃华，2019）。因此，本部分将国家级城市群内部的城市样本划为高级别城市（直辖市、副省级城市、省会或首府，如表 6.10 所示）和低级别城市（一般地级市），以考察城市群规划对不同级别城市经济收敛的影响。

表 6.10　　　　　　　　　国家级城市群高级别城市

地区	城市群	高级别城市
南方	长三角	上海、南京、杭州、宁波、合肥
	成渝	重庆、成都
	长江中游	武汉、长沙、南昌
	北部湾	南宁、海口
	粤港澳	香港、澳门、广州、深圳
北方	京津冀	北京、天津、石家庄
	中原	郑州
	哈长	哈尔滨、长春
	关中平原	西安
	呼包鄂榆	呼和浩特
	兰州－西宁	兰州、西宁

回归结果如表 6.11 所示。列（1）为高级别城市的 DID 结果，*did*

的系数显著为正且为 0.0096；列（2）为低级别城市的 DID 结果，*did* 的系数显著为正且为 0.0119。以上结果表明，城市群规划对高级别城市和一般级别城市的经济收敛都起到了显著促进作用，并且对低级别城市的促进作用相较于高级别城市更为明显，可能是由于低级别城市经济发展水平通常不高，更需国家城市群政策的引导与支持，以此带动低级别城市的经济增长，逐渐减小与高级别城市之间的经济差距，城市群政策对这些低级别城市算得上是"雪中送炭"，进而存在更高一些的边际效应。

表 6.11　　　　　　　　城市行政级别异质性检验结果

项目	（1）高级别城市	（2）低级别城市
did	0.0096 * （1.64）	0.0119 *** （4.16）
控制变量	是	是
常数项	是	是
地区固定效应	是	是
时间固定效应	是	是
N	1539	3610
R^2	0.2857	0.2230

注：***、** 和 * 分别表示回归系数在 1%、5% 和 10% 的显著性水平上显著。

3. 资源型城市

我国地域辽阔，城市之间的资源禀赋各不相同，约 40% 的城市的经济发展依赖于本地自然资源。[①] 在碳达峰、碳中和目标下，这些资源型城市经济转型发展压力较大。因此，推进资源型城市健康发展，是加速发展方式转变、驱动区域协调发展的重要任务。因此，本部分依据《全国资源型城市可持续发展规划（2013—2020 年）》的划分标准，将国家级城市群内部的城市样本划为资源型城市（见表 6.12）与非资源型城

---

① 国务院关于印发全国资源型城市可持续发展规划（2013 - 2020 年）的通知［EB/OL］.（2013 - 12 - 03）［2024 - 04 - 30］. https：//www. gov. cn/zwgk/2013 - 12/03/content_2540070. htm.

市。以考察城市群规划对资源型城市经济收敛的影响。

表 6.12　　　　　　　　　　国家级城市群内资源型城市

地区	城市群	资源型城市
南方	长三角	湖州、滁州、马鞍山、铜陵、池州、宣城
	成渝	南充、广安、自贡、泸州、达州、雅安
	长江中游	鄂州、黄石、衡阳、娄底、景德镇、新余、萍乡、宜春
	北部湾	/
	粤港澳	/
北方	京津冀	张家口、承德、唐山、邢台、邯郸
	中原	三门峡、洛阳、焦作、鹤壁、濮阳、平顶山、南阳、宿州、淮北、亳州、长治、晋城、运城
	哈长	大庆、牡丹江、松原、辽源、吉林
	关中平原	庆阳、平凉、临汾、铜川、渭南、咸阳、宝鸡
	呼包鄂榆	包头、鄂尔多斯、榆林
	兰州 – 西宁	白银

回归结果如表 6.13 所示。列（1）为资源型城市的 DID 结果，*did* 的系数为 0.0024 但未通过显著性检验；列（2）为非资源型城市的 DID 结果，*did* 的系数显著为正且为 0.0142。以上结果表明，城市群规划促进了非资源型城市的经济收敛，但是对资源型城市的经济收敛作用并未显现。可能是由于绝大部分资源型城市存在对资源路径依赖的发展方式，导致这些城市经济转型跟不上城市群规划的进程，进而导致借助城市群规划提升转型发展质量无法实现。

表 6.13　　　　　　　　　城市资源禀赋异质性检验结果

项目	（1） 资源型城市	（2） 非资源型城市
did	0.0024 (0.54)	0.0142 *** (4.55)
控制变量	是	是
常数项	是	是

项目	（1） 资源型城市	（2） 非资源型城市
地区固定效应	是	是
时间固定效应	是	是
N	2109	3040
R²	0.1955	0.2643

注：***、**和*分别表示回归系数在1%、5%和10%的显著性水平上显著。

4. 战略布局

国家"十四五"规划纲要强调，要优化提升京津冀、长三角、珠三角、成渝、长江中游等城市群，发展壮大中原、关中平原、北部湾等城市群，培育发展哈长、呼包鄂榆、兰州-西宁等城市群。鉴于此，本部分依据"十四五"规划纲要的战略布局，将11个国家级城市群样本划分为优化提升型和发展培育型（见表6.14）。以考察不同战略布局城市群规划对经济收敛的影响。

表6.14　　　　　国家级城市群战略布局类型

地区	城市群	城市群类型
南方	长三角	优化提升型
	成渝	优化提升型
	长江中游	优化提升型
	北部湾	发展培育型
	粤港澳	优化提升型
北方	京津冀	优化提升型
	中原	发展培育型
	哈长	发展培育型
	关中平原	发展培育型
	呼包鄂榆	发展培育型
	兰州-西宁	发展培育型

　　回归结果如表 6.15 所示。列（1）为优化提升型的 DID 结果，*did*
的系数显著为正且为 0.0113；列（2）为发展培育型城市群的 DID 结果，
did 的系数显著为正且为 0.0135。以上结果表明，不论是优化提升型的
城市群还是培育发展型的城市群，均对经济收敛起到显著促进作用，并
且培育发展型城市群规划的提升作用更大一些，可能的原因是优化提
升型城市群目前发展相对成熟，但由此带来的"大城市病"凸显，一
方面减弱了核心城市的经济竞争力，同时也可能降低核心城市的经济
辐射力。

表 6.15　　　　　　　　　　城市群战略布局异质性检验结果

项目	（1） 优化提升型城市群	（2） 发展培育型城市群
did	0.0113 *** （3.86）	0.0135 *** （2.63）
控制变量	是	是
常数项	是	是
地区固定效应	是	是
时间固定效应	是	是
N	2831	2318
R^2	0.2712	0.2040

　　注：*** 、** 和 * 分别表示回归系数在 1%、5% 和 10% 的显著性水平上显著。

6.3　城市群政策实施对南方经济收敛的影响效应

　　本部分把南方地区的 5 个国家级城市群发展规划视为准自然实验，
把这 5 个城市群内的 89 个城市视为处理组，把其余 125 个城市视为对照
组，基于南方层面使用多节点双重差分法实证检验城市群政策对经济收
敛的净效应。

6.3.1 基准回归

表 6.16 给出了 DID 模型的回归结果。列 (1) 为只控制城市与时间固定效应的结果，列 (2) ~ 列 (7) 为逐步引入控制变量的结果。未引入控制变量时，*did* 的系数显著为正且为 0.0207；逐步引入控制变量后，模型的 R^2 逐渐上升，说明引入这些控制变量是合适的，结果同样显示 *did* 的系数显著为正。以上表明南方地区的城市群规划显著促进了内部城市间的经济收敛，对比全国层面基准结果，不论是未引入还是逐步引入控制变量，城市群政策在南方的正净效应均高于全国整体，这说明城市群政策的实施较好地增加了南方城市群建设的正外部性、强化了南方城市群经济的离心力，对南方城市群经济收敛的促进作用较对全国更为显著。综上所述，假设 1 得到验证。控制变量方面，人力资本、产业结构、对外开放、储蓄率均有效推动了城市经济收敛，而物质资本和政府干预对城市经济收敛产生了明显的负向效应。

表 6.16 　　　　　　　　　　**基准回归结果 （南方城市群）**

项目	(1)	(2)	(3)	(4)	(5)	(6)	(7)
did	0.0207 ***	0.0210 ***	0.0208 ***	0.0183 ***	0.0178 ***	0.0181 ***	0.0180 ***
	(6.95)	(7.15)	(7.09)	(6.22)	(6.03)	(6.14)	(6.11)
ln*phy*		− 0.0213 ***	− 0.0217 ***	− 0.0173 ***	− 0.0173 ***	− 0.0185 ***	− 0.0177 ***
		(− 9.54)	(− 9.75)	(− 7.44)	(− 7.43)	(− 7.86)	(− 7.47)
ln*hum*			0.0243 ***	0.0259 ***	0.0254 ***	0.0255 ***	0.0245 ***
			(4.41)	(4.72)	(4.63)	(4.66)	(4.47)
ln*gov*				− 0.0291 ***	− 0.0290 ***	− 0.0299 ***	− 0.0364 ***
				(− 6.07)	(− 6.05)	(− 6.24)	(− 6.90)
ln*ind*					0.0636 **	0.0598 **	0.0502 *
					(2.37)	(2.23)	(1.86)

项目	(1)	(2)	(3)	(4)	(5)	(6)	(7)
lnopen						0.0029 *** (3.32)	0.0030 *** (3.41)
lnsav							0.0110 *** (2.93)
常数项	是	是	是	是	是	是	是
地区固定 效应	是	是	是	是	是	是	是
时间固定 效应	是	是	是	是	是	是	是
N	4066	4066	4066	4066	4066	4066	4066
R^2	0.1953	0.2140	0.2179	0.2254	0.2265	0.2287	0.2305

注：***、**和*分别表示回归系数在1%、5%和10%的显著性水平上显著。

6.3.2　稳健性检验

1. 平行趋势检验

同前，需验证在规划实施之前处理组城市与对照组城市经济收敛是否存在平行趋势。本章使用缩尾处理将政策节点前后各分为6期，此外，考虑到多重共线性问题，以城市群规划实施前的第1期为基期，将时间虚拟变量与实验组交乘后得到平行趋势检验结果（见图6.3）。

图6.3所示的平行趋势检验结果表明，南方城市群规划实施前各期均不显著，这意味着处理组城市与对照组城市在规划实施前不存在异质性，即通过了平行趋势检验。而且，南方城市群规划实施当年及以后的各期均显著为正，表明南方城市群规划一定程度上推动了城市群内部城市间的经济收敛，缩小了经济落后城市与先进城市之间的差距。

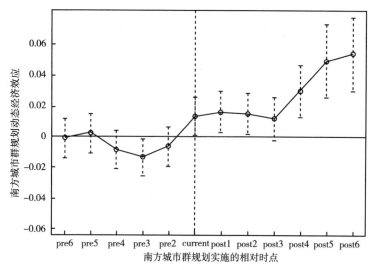

图 6.3　南方城市群平行趋势检验结果

2. 安慰剂检验

我们在样本中随机抽出 89 个城市当作虚假的处理组城市，剩余城市当作虚假的控制组城市，能够获得实施城市安慰剂的城市群规划对经济收敛影响的效应值。重复 500 次以上过程，获得 500 个估计系数以及相应的 p 值。图 6.4 呈现了 500 个估计值的核密度分布和 p 值，容易发现，

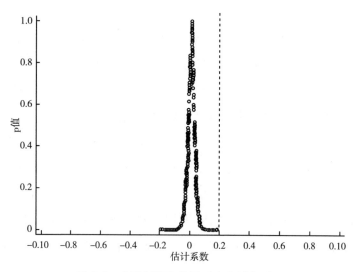

图 6.4　安慰剂检验结果（南方城市群）

估计系数位于 0 值周围并呈近似正态分布，其中大部分回归结果不显著。同时，基准回归系数处在虚假估计系数分布的高尾位置，说明其在安慰剂检验中为小概率事件。所以，能够排除基准回归系数受无法观测因素的影响。

3. PSM-DID

同前文，借助 PSM-DID 方法进行更深层次的检验。结果如表 6.17 所示，匹配后的 t 统计量要么不显著要么显著性不高，即拒绝了处理组和控制组均值具有显著差异的原假设，而且所有控制变量在匹配后标准误和 t 值均出现下降，意味着匹配结果较为理想。

表 6.17　　　　　　　　　　倾向得分匹配结果（南方城市群）

变量	样本	均值		标准偏误（%）	标准偏误绝对值减少（%）	t 值	p 值
		实验组	控制组				
ln*phy*	匹配前	−0.6337	−0.5955	−6.9	87.5	−2.16	0.031
	匹配后	−0.6322	−0.6274	−0.9		−0.25	0.802
ln*hum*	匹配前	−2.9597	−2.8345	−59.8	96.3	−18.56	0.000
	匹配后	−2.9595	−2.9641	2.2		0.71	0.477
ln*gov*	匹配前	−2.0927	−2.0500	−9.6	39.7	−2.97	0.003
	匹配后	−2.0919	−2.0662	−5.8		−1.74	0.082
ln*ind*	匹配前	0.8127	0.8208	−11.7	72.4	−3.66	0.000
	匹配后	0.8126	0.8104	3.2		0.91	0.361
ln*open*	匹配前	−4.0921	−4.6944	46.7	87.9	14.50	0.000
	匹配后	−4.0953	−4.1684	5.7		1.86	0.062
ln*sav*	匹配前	−0.4071	−0.3655	12.3	94.5	−3.76	0.000
	匹配后	−0.4076	−0.4098	0.7		0.21	0.833

验证了 PSM-DID 方法的合理性后，利用这些匹配样本，再次估计式 (6.1)，结果如表 6.18 所示。不难发现，通过逐步回归法得到的结果与基准回归保持一致，*did* 对城市经济收敛的影响依旧显著为正，较好地巩固了基准回归结果的稳健性。

表 6.18　　　　　　　　　PSM-DID 回归结果（南方城市群）

项目	（1）	（2）	（3）	（4）	（5）	（6）	（7）
did	0.0207***	0.0210***	0.0208***	0.0183***	0.0178***	0.0181***	0.0180***
	(6.97)	(7.16)	(7.10)	(6.21)	(6.03)	(6.14)	(6.11)
ln*phy*		是	是	是	是	是	是
ln*hum*			是	是	是	是	是
ln*gov*				是	是	是	是
ln*ind*					是	是	是
ln*open*						是	是
ln*sav*							是
常数项	是	是	是	是	是	是	是
地区固定效应	是	是	是	是	是	是	是
时间固定效应	是	是	是	是	是	是	是
N	4061	4061	4061	4061	4061	4061	4061
R^2	0.1949	0.2140	0.2171	0.2247	0.2258	0.2281	0.2298

注：***、**和*分别表示回归系数在1%、5%和10%的显著性水平上显著。

4. 调整研究样本

同前文，对研究样本进行如下调整：第一，调整规划干预时间。将南方城市群内部所有城市加入城市群的时间往后推迟一年，重新回归得到的估计结果如表6.19列（1）所示，*did* 的系数显著为正且为0.0191。第二，将离群样本作缩尾处理。将样本中分布在最前面和最后面的1%以内的替换为百分位数为1%和99%的样本，重新回归得到的估计结果如表6.19列（2）所示，*did* 的系数显著为正且为0.0202。第三，将离群样本作截尾处理。将样本中分布在最前面和最后面的1%以内的样本替换为缺失值，重新回归得到的估计结果如表6.19列（3）所示，*did* 的系数依然显著为正且为0.0221。以上三种调整样本的方法增强了基准结果的稳健性。

表 6.19　　　　　调整研究样本及控制变量的回归结果（南方城市群）

项目	（1）	（2）	（3）	（4）
did	0.0191 *** （6.02）	0.0202 *** （6.48）	0.0221 *** （7.09）	0.0188 *** （6.05）
控制变量	是	是	是	是
常数项	是	是	是	是
地区固定效应	是	是	是	是
时间固定效应	是	是	是	是
N	4066	4066	3986	3852
R^2	0.2303	0.2262	0.2131	0.2266

注：***、** 和 * 分别表示回归系数在 1%、5% 和 10% 的显著性水平上显著。

5. 控制变量滞后一期

同前文，将所有控制变量滞后一期进行回归，回归结果见表 6.19 列（4），*did* 的系数显著为正且为 0.0188，再次说明基准回归结论是稳健的。

6.3.3　异质性分析

本部分将基于模型式（6.1），从空间结构、行政级别、资源禀赋、战略布局 4 种城市特质入手，对南方城市群样本分别进行政策效应的异质性考察。

1. 空间结构

关于南方城市群中心城市以及空间结构的分类在表 6.8 已给出，这里不再赘述。接下来将考察南方城市群规划是否促进了中心 – 外围共同发展以及城市群空间结构对政策效应的调节作用，检验结果如表 6.20 所示。

表 6.20　　　　　　　城市空间结构异质性检验结果（南方城市群）

项目	中心城市		外围城市		全部城市
	（1）	（2）	（3）	（4）	（5）
did	0.0079 (0.90)	0.0740 *** (4.56)	0.0177 *** (5.85)	0.0414 *** (10.36)	0.0443 *** (11.29)
多中心 × did		-0.0915 *** (-4.83)		-0.0463 *** (-8.97)	-0.0497 *** (-9.98)
控制变量	是	是	是	是	是
常数项	是	是	是	是	是
地区固定效应	是	是	是	是	是
时间固定效应	是	是	是	是	是
N	2546	2546	3895	3895	4066
R^2	0.1761	0.1841	0.2366	0.2407	0.2500

注：*** 、** 和 * 分别表示回归系数在1%、5%和10%的显著性水平上显著。

　　表 6.20 中，列（1）为中心城市的 DID 模型回归结果，显示出南方城市群规划对中心城市经济收敛的影响为正但不显著；列（3）为外围城市的 DID 模型回归结果，显示出南方城市群规划对外围城市经济收敛带来显著的促进效应。意味着我国南方城市群规划不论是对中心城市还是外围城市的经济收敛，所产生的促进作用都强于全国，这可能是由于南方城市群的发展促使内部城市间的经济联系日益频繁，极大地提升了中心城市对外围城市的经济溢出效应，说明南方城市群规划在中心带动外围经济增长方面起到了较好效果。考虑城市群的空间结构后，列（5）为全部城市的回归结果，交叉项的系数显著为负，并且列（2）的中心城市结果和列（4）的外围城市结果也都显示交叉项的系数显著为负，以上结论与全国层面一致，意味着南方城市群的多中心特质同样会减弱城市群规划的政策效应。

　　2. 行政级别

　　关于南方城市群城市等级的分类在表 6.10 已给出，这里不再赘述。

接下来考察南方城市群规划对不同级别城市经济收敛的影响，检验结果如表 6.21 所示。

表 6.21　　　城市行政级别异质性检验结果（南方城市群）

项目	（1） 高级别城市	（2） 低级别城市
did	0.0323*** (4.67)	0.0141*** (4.62)
控制变量	是	是
常数项	是	是
地区固定效应	是	是
时间固定效应	是	是
N	2641	3800
R^2	0.2053	0.2180

注：***、** 和 * 分别表示回归系数在 1%、5% 和 10% 的显著性水平上显著。

表 6.21 中，列（1）为高级别城市的 DID 估计结果，*did* 的系数显著为正且为 0.0323；列（2）为低级别城市的 DID 回归结果，*did* 的系数显著为正且为 0.0141。以上结果表明，南方城市群规划对高级别城市和一般级别城市的经济收敛都起到了显著促进作用，这与全国样本结论一致。但是南方城市群规划对高级别城市的促进作用相较于低级别城市更为明显，这与全国样本结论相反，这可能是由于南方地区的高级别城市基础设施水平相对较高并且对政策的响应速度相对较快，能与城市群内其他低级别城市实现更为充分的交流与融合，进而让这些高级别城市最大限度地发挥经济辐射作用，最终使得高级别城市与低级别城市间的经济差距缩小得更快一些。

3. 资源型城市

南方城市群中的资源型城市在表 6.12 已给出，这里不再赘述。接下来考察南方城市群规划对资源型城市经济收敛的影响，检验结果见表 6.22。

表6.22 　　　　　　　　城市资源禀赋异质性检验结果（南方城市群）

项目	（1） 资源型城市	（2） 非资源型城市
did	0.0021 (0.39)	0.0218 *** (6.60)
控制变量	是	是
常数项	是	是
地区固定效应	是	是
时间固定效应	是	是
N	2755	3686
R^2	0.1856	0.2310

注：*** 、** 和 * 分别表示回归系数在1%、5%和10%的显著性水平上显著。

　　表6.22中，列（1）为资源型城市的DID回归结果，*did* 的系数为0.0021但未通过显著性检验；列（2）为非资源型城市的DID回归结果，*did* 的系数显著为正且为0.0218。以上与全国样本结论一致，表明南方城市群规划促进了非资源型城市的经济收敛，但是对资源型城市的经济收敛作用并未显现出来。

　　4. 战略布局

　　南方城市群中各城市群所属的战略布局类型在表6.14已给出，这里不再赘述。接下来考察南方不同战略布局城市群规划对城市经济收敛的影响。检验结果如表6.23所示。

表6.23 　　　　　　　　城市群战略布局异质性检验结果（南方城市群）

项目	（1） 优化提升型城市群	（2） 发展培育型城市群
did	0.0194 *** (6.59)	0.0074 (0.80)
控制变量	是	是
常数项	是	是
地区固定效应	是	是

项目	（1） 优化提升型城市群	（2） 发展培育型城市群
时间固定效应	是	是
N	3876	2565
R^2	0.2327	0.1845

注：***、**和*分别表示回归系数在1%、5%和10%的显著性水平上显著。

表6.23 中，列（1）为优化提升型城市群的 DID 结果，*did* 的系数显著为正且为0.0194；列（2）为发展培育型城市群的 DID 结果，*did* 的系数为0.0074 但并不显著。以上表明，南方城市群规划对优化提升型城市群内部的推动作用强于发展培育型城市群，这与全国层面的结论并不一致，这可能是由于南方地区优化提升型的城市群数量较多（共包括长三角、成渝、长江中游、粤港澳大湾区 4 个城市群），发展培育型的城市群只有北部湾城市群一个，因此，对于南方来说，优化提升型城市群的经济辐射能力更强一些，城市群规划对这些城市群内部城市经济收敛的促进作用更为明显。

6.4　城市群政策实施对北方经济收敛的影响效应

本部分将北方地区的 6 个城市群发展规划视为准自然实验，把这 6 个城市群内的 68 个城市视为处理组，把其他 146 个城市视为对照组，基于北方层面使用多节点双重差分法实证检验城市群政策对经济收敛的净效应。

6.4.1　基准回归

表6.24 给出了多期 DID 模型的估计结果，列（1）为只控制城市与时间固定效应的结果，列（2）~列（7）为在列（1）基础上逐步引入控制变量的结果。未引入控制变量时，*did* 的系数显著为负且为 − 0.0089；

逐步引入控制变量后，模型的 R^2 逐渐上升，说明引入这些控制变量是合适的，结果显示，当陆续加入物质资本和人力资本变量后，*did* 的系数显著为负，但是当陆续加入政府干预、产业结构、对外开放、储蓄率变量后，*did* 的系数为负但并不显著。以上结果表明，北方城市群规划并未显著促进城市群内部城市间的经济收敛，对比南方基准回归结果，不论是未引入控制变量还是逐步引入控制变量的结果，城市群政策在北方的净效应均弱于南方，并且在北方产生的还是负净效应，这说明城市群政策的实施增加了北方城市群建设的负外部性、强化了北方城市群经济的向心力，进而对北方经济收敛不仅未产生促进作用还引致了抑制作用。综上，假设2得到验证。控制变量方面，人力资本、产业结构、对外开放、储蓄率均显著促进了城市经济收敛，而物质资本和政府干预显著抑制了城市经济收敛。

表 6.24　　　　　　　　　　　　基准回归结果（北方城市群）

项目	（1）	（2）	（3）	（4）	（5）	（6）	（7）
did	− 0.0089 ** （− 2.49）	− 0.0073 ** （− 2.09）	− 0.0056 * （− 1.68）	− 0.0019 （− 0.54）	− 0.0022 （− 0.62）	− 0.0037 （− 1.04）	− 0.0047 （− 1.32）
ln*phy*		− 0.0209 *** （− 9.29）	− 0.0214 *** （− 9.52）	− 0.0166 *** （− 7.09）	− 0.0165 *** （− 7.08）	− 0.0177 *** （− 7.50）	− 0.0169 *** （− 7.10）
ln*hum*			0.0239 *** （4.29）	0.0263 *** （4.74）	0.0256 *** （4.62）	0.0254 *** （4.59）	0.0242 *** （4.36）
ln*gov*				− 0.0328 *** （− 6.80）	− 0.0325 *** （− 6.73）	− 0.0331 *** （− 6.87）	− 0.0398 *** （− 7.54）
ln*ind*					0.0758 *** （2.82）	0.0726 *** （2.70）	0.0625 ** （2.31）
ln*open*						0.0028 *** （3.23）	0.0030 *** （3.36）
ln*sav*							0.0117 ** （3.09）
常数项	是	是	是	是	是	是	是

续表

项目	(1)	(2)	(3)	(4)	(5)	(6)	(7)
地区固定效应	是	是	是	是	是	是	是
时间固定效应	是	是	是	是	是	是	是
N	4066	4066	4066	4066	4066	4066	4066
R^2	0.1865	0.2044	0.2082	0.2176	0.2193	0.2214	0.2233

注：***、** 和 * 分别表示回归系数在1%、5%和10%的显著性水平上显著。

6.4.2　稳健性检验

1. 平行趋势检验

同前文一样，需验证在规划实施之前处理组的68个城市与对照组的146个城市经济收敛是否存在平行趋势。本部分使用缩尾处理将政策节点前后各分为6期，此外，考虑到多重共线性问题，以北方城市群规划实施前的第1期为基期，将时间虚拟变量与实验组交乘后得到平行趋势检验结果（见图6.5）。

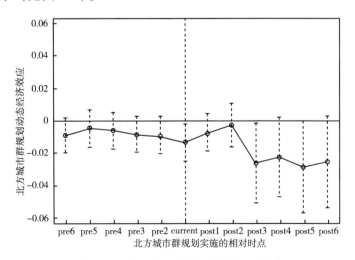

图6.5　北方城市群平行趋势检验结果

图6.5所示的平行趋势检验结果表明，北方城市群规划实施前各期均不显著，意味处理组的68个城市与对照组的146个城市在政策实施前不存在异质性，即通过了平行趋势检验。而且，北方城市群规划实施当年及以后的各期均为负，表明北方城市群规划并未有效促进城市群内部城市间的经济收敛。

2. 安慰剂检验

我们在样本中随机抽出68个城市当作虚假的处理组城市，剩余城市当作虚假的控制组城市，能够获得实施城市安慰剂的城市群规划对经济收敛影响的效应值。重复500次以上过程，获得500个估计系数以及相应的p值。图6.6呈现了500个估计值的核密度分布和p值，容易发现，估计系数位于0值周围并呈近似正态分布，其中大部分回归结果不显著。同时，基准回归系数处在虚假估计系数分布的高尾位置，说明其在安慰剂检验中为小概率事件。所以，能够排除基准回归系数受无法观测因素的影响。

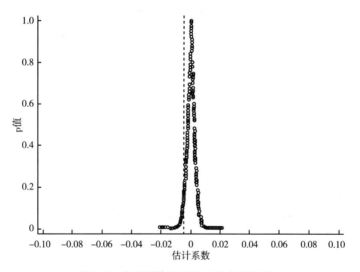

图6.6　安慰剂检验结果（北方城市群）

3. PSM-DID

同前文，借助PSM-DID方法进行更深层次的检验，结果见表6.25。匹配后的t统计量均不显著，即拒绝了处理组和控制组均值具有显著差异的原假设，且所有控制变量在匹配后标准误和 t 值均减小，表明匹配结果较为理想。

表 6. 25　　　　　　　　倾向得分匹配结果（北方城市群）

变量	样本	均值		标准偏误（%）	标准偏误绝对值减少（%）	t 值	p 值
		实验组	控制组				
ln*phy*	匹配前	− 0. 5271	− 0. 6506	22. 3	83. 8	6. 63	0. 000
	匹配后	− 0. 5267	− 0. 5067	− 3. 6		− 0. 94	0. 345
ln*hum*	匹配前	− 2. 8406	− 2. 9080	29. 9	99. 0	9. 15	0. 000
	匹配后	− 2. 8415	− 2. 8422	0. 3		0. 07	0. 940
ln*gov*	匹配前	− 1. 9854	− 2. 1061	26. 4	97. 4	8. 01	0. 000
	匹配后	− 1. 9857	− 1. 9826	− 0. 7		− 0. 17	0. 864
ln*ind*	匹配前	0. 8151	0. 8185	− 4. 7	9. 2	− 1. 45	0. 146
	匹配后	0. 8151	0. 8182	− 4. 2		− 1. 09	0. 275
ln*open*	匹配前	− 4. 7803	− 4. 2872	− 36. 8	94. 5	− 11. 10	0. 000
	匹配后	− 4. 7756	− 4. 7486	− 2. 0		− 0. 49	0. 625
ln*sav*	匹配前	− 0. 3346	− 0. 4052	19. 8	88. 9	6. 05	0. 000
	匹配后	− 0. 3347	− 0. 3269	− 2. 2		− 0. 52	0. 602

验证了 PSM-DID 方法的合理性后，利用这些匹配样本，再次估计式（6.1），结果如表 6.26 所示。不难发现，通过逐步回归法得到的结果与基准回归保持一致，*did* 对城市经济收敛的影响依旧为负，进一步巩固了基准回归结果的稳健性。

表 6. 26　　　　　　　　PSM-DID 回归结果（北方城市群）

项目	（1）	（2）	（3）	（4）	（5）	（6）	（7）
did	− 0. 0089 **	− 0. 0073 **	− 0. 0057 *	− 0. 0018	− 0. 0021	− 0. 0036	− 0. 0046
	（− 2. 51）	（− 2. 09）	（− 1. 67）	（− 0. 50）	（− 0. 58）	（− 1. 00）	（− 1. 28）
ln*phy*		是	是	是	是	是	是
ln*hum*			是	是	是	是	是
ln*gov*				是	是	是	是
ln*ind*					是	是	是

续表

项目	（1）	（2）	（3）	（4）	（5）	（6）	（7）
ln*open*						是	是
ln*sav*							是
常数项	是	是	是	是	是	是	是
地区固定效应	是	是	是	是	是	是	是
时间固定效应	是	是	是	是	是	是	是
N	4052	4052	4052	4052	4052	4052	4052
R^2	0.1865	0.2052	0.2089	0.2189	0.2206	0.2226	0.2245

注： *** 、 ** 和 * 分别表示回归系数在1%、5%和10%的显著性水平上显著。

4. 调整研究样本

同前文，对研究样本进行如下调整：第一，调整规划干预时间。将北方城市群内部所有城市加入城市群的时间往后推迟一年，重新回归得到的估计结果如表6.27列（1）所示，*did* 的系数为 - 0.0027 且不显著。第二，将离群样本作缩尾处理。把样本中分布在最前面和最后面的1%以内的替换为百分位数为1%和99%的样本，重新回归得到的估计结果如表6.27列（2）所示，*did* 的系数为 - 0.0038 且不显著。第三，将离群样本作截尾处理。将样本中分布在最前面和最后面的1%以内的样本替换为缺失值，重新回归得到的估计结果如表6.27列（3）所示，*did* 的系数为 - 0.0052 且不显著。以上结果与基准结果保持一致。

表6.27　　　　调整研究样本及控制变量的回归结果（北方城市群）

项目	（1）	（2）	（3）	（4）
did	- 0.0027 （ - 0.68）	- 0.0038 （ - 0.97）	- 0.0052 （ - 1.33）	- 0.0044 （ - 1.12）
控制变量	是	是	是	是
常数项	是	是	是	是
地区固定效应	是	是	是	是

项目	（1）	（2）	（3）	（4）
时间固定效应	是	是	是	是
N	4066	4066	3986	3852
R^2	0.2231	0.2179	0.2029	0.2190

5. 控制变量滞后一期

同前文，将所有控制变量滞后一期进行回归，结果如表6.27列（4）所示，*did* 的系数为 -0.0044 且不显著。说明基准回归得到的结论是稳健的。

6.4.3 异质性分析

本部分将基于模型式（6.1），从空间结构、行政级别、资源禀赋、战略布局4种城市特质入手，对北方城市群样本分别进行政策效应的异质性考察。

1. 空间结构

关于北方城市群中心城市以及空间结构的分类在表6.8已给出，这里不再赘述。接下来考察北方城市群规划是否促进了中心 - 外围共同发展以及城市群空间结构对政策效应的调节作用，检验结果见表6.28。

表6.28　　　　　城市空间结构异质性检验结果（北方城市群）

项目	中心城市		外围城市		全部城市
	（1）	（2）	（3）	（4）	（5）
did	-0.0198 **	0.0104	-0.0029	-0.0055	-0.0043
	（-2.11）	（0.80）	（-0.76）	（-1.35）	（-1.11）
多中心 × *did*		-0.0624 ***		0.0159 *	-0.0021
		（-3.40）		（1.82）	（-0.27）
控制变量	是	是	是	是	是
常数项	是	是	是	是	是

续表

项目	中心城市		外围城市		全部城市
	(1)	(2)	(3)	(4)	(5)
地区固定效应	是	是	是	是	是
时间固定效应	是	是	是	是	是
N	2926	2926	3914	3914	4066
R^2	0.2856	0.2886	0.2237	0.2244	0.2233

注：*** 、** 和 * 分别表示回归系数在1%、5%和10%的显著性水平上显著。

表6.28中，列（1）为中心城市的 DID 模型回归结果，显示出北方城市群规划对中心城市经济收敛的影响显著为负；列（3）为外围城市的 DID 模型回归结果，显示出北方城市群规划对外围城市经济收敛的影响也为负但不显著。以上结果与南方城市群样本并不一致，表明我国北方城市群规划对中心城市与外围城市的经济收敛都未能产生正向作用，这可能是由于北方城市群中心城市的虹吸效应强于辐射效应，导致北方城市群规划在促进中心城市拉动外围城市发展上未能发挥积极效应。考虑城市群的空间结构后，列（5）为全部城市的回归结果，显示交叉项的系数为负但不显著，列（2）的中心城市回归结果显示交叉项的系数显著为负，列（4）的外围城市回归表明交叉项系数显著为正，这可能是由于北方大多数城市群都是单中心，如京津冀、中原、关中平原以及呼包鄂榆，单中心城市群内部经济差距大，中心城市凭借自身优势虹吸了周边城市更多的资源，因此，对于北方来说，要重视副中心城市的发展，培育多中心城市，利用多中心共同带动区域经济协调发展。

2. 行政级别

关于北方城市群中城市等级的分类在表6.10已给出，这里不再赘述。接下来将考察北方城市群规划对不同级别城市经济收敛的影响，结果如表6.29所示。

表 6.29　　　　　　城市行政级别异质性检验结果（北方城市群）

项目	(1) 高级别城市	(2) 低级别城市
did	−0.0307 (−3.93)	0.0005 (0.13)
控制变量	是	是
常数项	是	是
地区固定效应	是	是
时间固定效应	是	是
N	2964	3876
R²	0.2823	0.2276

表 6.29 中，列（1）为高级别城市的 DID 回归结果，*did* 的系数为 −0.0307 且不显著；列（2）为低级别城市的 DID 回归结果，*did* 的系数为 0.0005 且也不显著。以上与南方样本结论不一致，这可能是由于：一方面，北方城市群高级别城市存在强虹吸效应，使得与低级别城市的经济差距不断扩大；另一方面，北方地区的高级别城市对政策的响应速度相对较慢，与城市群内其他低级别城市的经济联系未显著增强。

3. 资源型城市

北方城市群中的资源型城市在表 6.12 已给出，这里不再赘述。接下来考察北方城市群规划对资源型城市经济收敛的影响，检验结果如表 6.30 所示。

表 6.30　　　　　城市资源禀赋异质性检验结果（北方城市群）

项目	(1) 资源型城市	(2) 非资源型城市
did	−0.0055 (−1.11)	−0.0054 (−1.17)
控制变量	是	是
常数项	是	是
地区固定效应	是	是

项目	(1) 资源型城市	(2) 非资源型城市
时间固定效应	是	是
N	3420	3420
R^2	0.2355	0.2579

表 6.30 中, 列 (1) 为资源型城市的 DID 回归结果, did 的系数为 -0.0055 但未通过显著性检验; 列 (2) 为非资源型城市的 DID 回归结果, did 的系数为 -0.0054 且同样未通过显著性检验。以上结果与南方样本结果不同, 这可能是由于: 一方面, 北方资源型城市存在对资源路径依赖的发展方式, 导致这些城市的经济转型跟不上城市群规划的进程; 另一方面, 北方非资源型城市中的高级别城市存在较强虹吸效应, 使得城市群规划对非资源型城市经济收敛的作用并不显著。

4. 战略布局

北方城市群中各城市群所属的战略布局类型在表 6.14 已给出, 这里不再赘述。接下来考察北方不同战略布局城市群规划对城市经济收敛的影响。结果如表 6.31 所示。

表 6.31　　　城市群战略布局异质性检验结果 (北方城市群)

项目	(1) 优化提升型城市群	(2) 发展培育型城市群
did	-0.0276 *** (-4.67)	0.0048 (1.10)
控制变量	是	是
常数项	是	是
地区固定效应	是	是
时间固定效应	是	是
N	3021	3819
R^2	0.2692	0.2366

注: ***、** 和 * 分别表示回归系数在 1%、5% 和 10% 的显著性水平上显著。

表 6.31 中，列（1）为优化提升型城市群的 DID 回归结果，*did* 的系数显著为负且为 -0.0276；列（2）为发展培育型城市群的 DID 回归结果，*did* 的系数为 0.0048 但并不显著。以上结果与南方样本的结论并不一致，这可能是因为：一方面，北方地区优化提升型城市群只有京津冀一个，北京强大的虹吸效应导致城市群规划对内部的经济收敛起到负向作用；另一方面，北方发展培育型城市群数量较多，包括中原、哈长、关中平原、呼包鄂榆以及兰州 - 西宁 5 个城市群，这些城市群发展不够成熟，所以在发挥中心城市辐射功能、改善地区产业分工等方面成效并未显现。

6.5 南北城市群政策实施影响效应的比较分析

通过城市群政策对南北经济收敛影响效应的双重差分估计结果发现：城市群政策对南方区域经济收敛具有显著的正净效应；而城市群政策对北方区域经济收敛未带来显著的促进作用，甚至还产生了负净效应。以上结论经过稳健性检验依旧可靠。这说明，城市群政策的实施更好地增加了南方城市群建设的正外部性、强化了南方城市群经济的离心力，从而使得城市群政策对南方区域经济收敛的促进作用更为显著。同时，也表明城市群政策的实施增加了北方城市群建设的负外部性、强化了北方城市群经济的向心力，进而对北方经济收敛不仅未带来促进作用还引致了抑制作用。

异质性效应方面，南方城市群政策对外围城市以及低级别城市的经济收敛都具有显著的促进作用，而北方城市群政策对外围城市以及低级别城市的经济收敛均未产生正向作用，这可能是由于南方城市群政策的实施促使内部城市间的经济联系日益频繁，极大地增强了中心城市对外围城市以及高级别城市对低级别城市的经济溢出效应，提升了南方城市群中心城市以及高级别城市的扩散效应，最终使得南方城市群政策在中心带动外围城市经济增长、高级别城市拉动低级别城市经济增长方面起到了较好效果。但是，北方城市群政策的实施进一步强化了中心城市和高级别城市的虹吸效应，使得中心与外围城市、高级别与低级别城市的经济差距不断扩大，最终导致北方城市群政策在中心带动外围城市经济增长、高级别拉动低级别城市经济增长方面未能发挥积极效应。

6.6　本章小结

本章主要围绕城市群政策对南北城市经济收敛的影响是否存在差异展开研究，是对第 5 章关于南北城市经济收敛差异的特征事实的进一步延伸，是对第 3 章城市群政策影响经济收敛理论假设的实证检验。

首先，本章基于 2001～2019 年 19 个城市群中的 214 个城市样本，从全国整体层面实证估测城市群政策的经济收敛效应。把 11 个国家级城市群发展规划视为准自然实验，把这个 11 个城市群内的 157 个城市视为处理组，把剩余 57 个城市视为对照组，借助多节点双重差分法实证得出我国的国家级城市群规划总体上显著促进了内部城市经济收敛，通过一系列稳健性检验，结论依旧成立。

其次，本章从南方城市群层面实证检验城市群政策的经济收敛效应，把南方地区的 5 个国家级城市群发展规划视为准自然实验，把这 5 个城市群内的 89 个城市视为处理组，把剩余 125 个城市视为对照组，借助多节点双重差分法实证表明，南方城市群规划对其内部的城市经济收敛起到积极作用，通过稳健性检验结论仍成立。异质性分析得出南方城市群规划对外围城市经济收敛具有显著的促进作用；城市群规划对高级别城市和低级别城市的经济收敛都起到显著促进作用；城市群规划推动了非资源型城市的经济收敛；城市群规划对优化提升型城市群内部的促进作用强于发展培育型城市群。

再其次，本章从北方城市群层面实证检验城市群政策的经济收敛效应，把北方地区的 6 个国家级城市群发展规划视为准自然实验，把这 6 个城市群内的 68 个城市视为处理组，把剩余 146 个城市视为对照组，借助多节点双重差分法实证表明，北方城市群规划对其内部的城市经济收敛尚未起到促进作用，通过稳健性检验结论依旧成立。异质性分析得出北方城市群规划对中心城市和外围城市的经济收敛都未能产生正向作用；北方城市群规划对高级别城市和低级别城市、资源型城市和非资源型城市、优化提升型城市群和发展培育型城市群的经济收敛也都未能产生正向作用。

最后，本章比较分析了南方城市群政策与北方城市群政策影响效应的回归结果，并给出了可能的解释。

第7章　城市群政策实施对南北经济收敛的影响机制研究

根据前文研究结果，可以发现：城市群规划显著促进了南方城市经济收敛，但对北方城市经济收敛未能产生明显作用；并且，异质性检验得出，南方城市群中心城市和高级别城市对周围城市及低级别城市的经济辐射效应强于经济虹吸效应，而北方城市群则产生了相反的作用。那么，城市群规划到底如何影响城市经济收敛？其内在的作用机制是什么？南北方的作用机制又有何差异呢？为此，本章首先基于既有文献、理论推演，归纳出城市群政策促进经济收敛的内在机理；然后分别以长三角城市群和京津冀城市群作为南北城市群的代表，利用两个城市群样本数据对不同机制进行验证与比较。

7.1　城市群政策实施对经济收敛的影响机制解析

国家级城市群政策的实施是城市群一体化发展的重要体现（柯蕴颖等，2022），其对区域间交易成本和创新成本的影响主要是通过经济一体化、产业协作一体化、市场一体化三个渠道来实现（刘乃全和吴友，2017；于斌斌和郭东，2022）。因此，本章将主要围绕经济联系、产业分工及市场统一三个层面来梳理城市群政策促进经济收敛的内在机制。

7.1.1　经济联系机制

经济联系机制意为城市群规划有利于强化城市群内各个城市之间的经济往来频率和经济联系程度，发挥出发达城市对落后城市的经济拉动作用，进而推动城市经济协调发展。具体而言，城市群规划的经济联系机制主要体现在以下三方面。第一，劳动力要素流动的畅通。城市群规划的实施有利于弱化城市之间的边界效应、强化城市之间的就业信息抓取（Braakmann & Vogel，2010），进而促进劳动力跨城市流动就业及边界城市地区的人口集聚（Elsner，2013；Ivlevs，2013）。例如，人才专题都是每年长三角地区主要领导座谈会常讨论的议题，并且还组建了长三角人才一体化发展城市联盟，旨在促进人才跨区域流动；京津冀地区颁布了《京津冀人才一体化发展规划（2017—2030 年）》，旨在引导人才资源依据市场需求优化配置，促进区域内人才合理有序流动。第二，经济资源的互补。以城市群规划为主的区域一体化政策能够实现不同区域间资源的互补与利用，实施城市群规划是区域经济资源合作和互补的需要（刘乃全和吴友，2017；张军扩，2022）。例如，长期以来我国发达城市建设用地指标尤为匮乏，很大程度上制约了经济进一步发展。相反，土地资源丰富的城市因经济发展水平较低，致使它们的土地价值无法充分体现。为解决以上两难问题，推动发达城市与落后城市的协调发展，城市群规划的实施将有助于构建跨区域统筹用地指标、激活土地资源的管理体制机制。第三，交通设施的联通。不少研究表明，高铁建设有助于城市群内资源配置、结构优化以及经济联系强化（齐昕和王立军，2021；王慧和张梅青，2021；兰秀娟，2022）。城市群规划能够实现在城市群范围内搭建交通网络，推动内部城市基础设施互联互通，最终会促进城市群内部城市的共同发展。完备的交通基础设施是城市群建设的必要条件，城际公共交通设施越完善，其辐射的经济圈范围也将越广，城市群区域内的要素流动就会越自由，从而有效提升城市群的综合竞争力和一体化发展。

7.1.2 产业分工机制

产业分工机制指的是城市群规划的实施有助于协调城市群内部各城市的产业分工与布局，实现内部各城市定位明确、经济互补、共赢共利。具体而言，城市群规划的产业分工机制主要体现在两方面：第一，依托城市比较优势的产业布局。克鲁格曼等（Krugman，1999）提出新经济地理学理论，认为区域的中心与边缘地区呈现不同的产业集聚特征。城市群规划实质上就是各城市根据自身资源禀赋优势、区位优势进行产业空间布局的过程。城市群规划一方面引导各城市基于自身比较优势，快速发展特色产业，科学布局产业空间、弱化产业同构性；另一方面助力深化城市群内产业分工，强化各城市的专业化程度。例如，2016年的《长江三角洲城市群发展规划》指出：以南京、镇江、扬州三市为主体的南京都市圈，建设成为区域性创新创业高地和金融商务服务集聚区；以杭州、嘉兴、湖州、绍兴四市为核心的杭州都市圈，着重发展信息经济、电子商务等；以苏州、无锡、常州三市为核心的苏锡常都市圈，着重发展先进制造业和现代服务业等。《京津冀协同发展规划纲要》指出，京津冀的区域整体功能定位为：北京市要打造"全国政治中心、文化中心、国际交往中心、科技创新中心"，天津市要打造"全国先进制造研发基地、北方国际航运核心区、金融创新运营示范区、改革开放先行区"，河北省要打造"全国现代商贸物流重要基地、产业转型升级试验区、新型城镇化与城乡统筹示范区、京津冀生态环境支撑区"。城市群规划打破"富人俱乐部"的观点，吸入更多欠发达城市，有助于形成中心－次中心－外围的空间格局，催生产业分工协调效应，促进城市经济协同发展。第二，顺应产业生命周期的梯度转移。加快城市群建设有利于提高中小城市的集聚力，促进城市群内部的产业转移、扩散和下沉，有效疏解大城市规模不经济，提高大中小城市的规模经济效应，为欠发达城市带来发展机会。城市群规划不仅为发达城市产业转移创造更宽的地域空间，还有助于驱动城市间的产业协同合作，构建上下游产业联动机制，进而推动发达城市与欠发达城市的共同发展。例如，2016年的《长江三角洲城市群发展规划》提出，以合肥、芜湖、马鞍山三市为主体的合肥都市圈，要加速打造承接产业转移示范区，驱动创新链和产业链融合发展。《京津冀协同发展规划纲要》指出，要不断推动产业转型升级，促进产业转移承接，加速津冀承接平台搭建步伐，强化地区产业协作等。

7.1.3　市场统一机制

市场统一机制指的是城市群规划的实施有助于城市群内部统一市场、有序竞争，助力区域经济协调发展。城市群规划的市场统一机制主要包括两点。第一，统一大市场的形成。以西托夫斯基（Scitovsky）和德纽（Deniau）为代表的大市场理论提出区域发展要打破市场分割、刺激竞争、推动贸易自由，达到规模经济。① 我国城市群规划的实施促进了区域大市场的构建，所有城市需要遵从城市群规划的统一部署，共同签署城市合作发展协议。城市群内部亟须消除"行政区经济"藩篱，规避地方保护主义。例如，2016年的《长江三角洲城市群发展规划》指出，创新联动发展机制，遵从市场发展规律，将建设统一大市场作为关键，加快推进简政放权、完善服务改革，驱动市场体系一开放、基础设施共建共享、公共服务统筹协调、生态环境联防共治，创建城市群一体化发展的"长三角模式"。《京津冀协同发展规划纲要》也指出，促进京津冀

---

① 刘乃全，吴友. 长三角扩容能促进区域经济共同增长吗？［J］. 中国工业经济，2017（6）：79 – 97.

协同发展，一是要推动要素市场一体化改革，包括推进金融市场一体化、土地要素市场一体化、技术和信息市场一体化等；二是建立协同发展的体制机制，包含行政管理协同机制等；三是加快公共服务一体化改革。第二，竞争的有序。城市群规划有利于城市群内部城市间经济的协同发展与共同治理（Dahlman，2004；Xheneti et al.，2012）。城市群规划的实施有助于破除原有城市的竞争格局，塑造城市之间的竞争新形态，并构建一个统一、开放、竞争、有序的市场体系。这样一方面有助于市场机制的有效发挥、要素的有效配置、经济效率的稳定，另一方面助力城市群内部不同城市在新竞争形势下追求共同发展，最终为提升城市群整体竞争力贡献扎实的体制基础。

综上，本章提出本书的假设3~假设5。

假设3：城市群规划通过加强经济联系促进城市经济收敛。

假设4：城市群规划通过优化产业分工促进城市经济收敛。

假设5：城市群规划通过推动市场统一促进城市经济收敛。

7.2 研究对象、方法与数据

7.2.1 研究对象

考虑到机制变量数据的可获性，本部分的研究对象聚焦于南方的长三角城市群以及北方的京津冀城市群，希望通过对这两个城市群的研究能够在一定程度上揭示南北城市群政策影响机制的差异性。

以长三角城市群作为南方城市群代表，研究城市群规划对经济收敛的影响机制，主要原因如下：第一，长三角城市群是我国创新能力和经济活力最强的地区之一，驱动长三角城市群一体化发展，强化长三角地区连接性，对引领南方乃至全国高质量发展意义非凡。第二，长三角区域一体化发展已提升至国家战略，可以为国家高质量发展打造创新平台和新增长极，为新发展格局探索新道路，为其他城市群发挥带动作用提供经验参考。第三，长三角城市群包括上海、浙江、江苏以及安徽的 26 个城市，空间范围广、发展时间维度长，为城市群的经济收敛效应研究提供了数据支撑。综上所述，以长三角城市群为研究对象来揭示城市群规划对南方经济收敛的影响机制具有较好的代表性。

以京津冀城市群作为北方城市群代表，研究城市群规划对经济收敛的影响机制，主要原因如下：第一，推动京津冀城市群发展，是解决地区发展不均衡问题、加速转变发展方式、培育新增长极、重塑经济发展格局的实际需要。第二，京津冀协同发展作为重大国家战略，其核心是有序疏解北京非首都功能，京津冀城市群的发展有助于加速构建环渤海经济带，促进东中西互动以及推进北方经济发展，能够为改善城市群格局、实现区域高质量发展提供借鉴。第三，京津冀城市群包括北京、天津以及河北的 13 个城市，空间范围广、发展时间维度长，为城市群规划的经济收敛效应研究提供了数据支撑。鉴于此，以京津冀城市群为研究对象来揭示城市群规划对北方经济收敛的影响机制具有较好的代表性。

7.2.2　研究方法

为实证估测城市群政策影响经济收敛可能的经济联系、产业分工以及市场统一三类机制，本书借助交叉效应模型（刘乃全和吴友，2017；Bernard et al.，2018；胡尧和严太华，2021；毛其淋和陈乐远，2021；邵秀燕和陈思华，2022）进行检验，具体模型设定如下：

$$ecoc_{it} = \alpha_1 + \alpha_2 did_{it} + \alpha_3 doec_{it} + \alpha_4 did_{it} \times doec_{it} + \alpha_5 X_{it} + \eta_i + \delta_t + \upsilon_{it}$$

$$(7.1)$$

$$ecoc_{it} = \alpha_1 + \alpha_2 did_{it} + \alpha_3 indi_{it} + \alpha_4 did_{it} \times indi_{it} + \alpha_5 X_{it} + \eta_i + \delta_t + \upsilon_{it}$$

$$(7.2)$$

$$ecoc_{it} = \alpha_1 + \alpha_2 did_{it} + \alpha_3 maun_{it} + \alpha_4 did_{it} \times maun_{it} + \alpha_5 X_{it} + \eta_i + \delta_t + \upsilon_{it}$$

$$(7.3)$$

式（7.1）~式（7.3）中，$ecoc_{it}$ 为 i 城市在 t 年的经济收敛水平；did_{it} 为 i 城市在 t 年是否实施城市群规划的政策虚拟变量；$doec_{it}$、$indi_{it}$、$maun_{it}$ 是城市群规划的三条作用机制变量；X_{it} 表示其他控制变量；η_i 和 δ_t 为个体固定效应和时间固定效应；υ_{it} 为独立同分布的经典误差项。

7.2.3 变量选择

关于经济收敛变量、政策虚拟变量以及控制变量的指标选取以及测度方法在第 6 章已介绍，因此，这里不再赘述，本部分只对三个机制变量的选取与计算进行阐述。

1. 经济联系机制

经济联系强度变量（$doec_{it}$）表示某一城市群内部城市 i 在时间 t 与其他城市的经济联系程度，计算式为：

$$doec_{it} = \sum_{j=1}^{n-1} doec_{ij,t}$$

$$(7.4)$$

式中，$doec_{ij,t}$ 为 t 时间城市 i 与城市 j 间的经济联系度，$n-1$ 为城市群中其他城市的数量（本章中，南方城市群以长三角城市群为代表，因此 $n-1$ 取 25；北方城市群以京津冀城市群为代表，因此 $n-1$ 取 12）。

自 20 世纪 90 年代以来，国内学界诸多学者往往采用反映空间相互作用的经典引力模型来计算区域经济联系程度（王德忠和庄仁兴，1996；李国平和王立明等，2002；陈彦光等，2002）。随着学者们的不断探索与深入，为了更好反映区域之间的联系程度，他们对引力模型进行了优化，即在经典引力模型中引入了表示经济结构层面的因子，因此，本章将借助修正后的引力模型（侯赟慧和刘志彪，2009；刘华军等，2015；吴志才等，2020）来衡量 $doec_{ij,t}$，具体计算公式如下：

$$doec_{ij,t} = W_{ij,t} \cdot \frac{\sqrt{P_{i,t} \cdot GDP_{i,t}} \cdot \sqrt{P_{j,t} \cdot GDP_{j,t}}}{D_{i,j}^2} \qquad (7.5)$$

式中，$W_{ij,t} = GDP_{i,t}/(GDP_{i,t} + GDP_{j,t})$，$P_{i,t}$、$P_{j,t}$ 分别表示城市 i 和 j 的人口，$GDP_{i,t}$、$GDP_{j,t}$ 分别为城市 i 和 j 的经济总量，$D_{i,j}$ 为城市 i 与城市 j 之间的地理距离，此距离通过两城市经纬度计算得到。

2. 产业分工机制

产业分工程度（$indi_{it}$）表示某一城市群内部城市 i 在时间 t 与其他城市的产业分工程度，计算式为：

$$indi_{it} = \sum_{j=1}^{n-1} indi_{ij,t} \qquad (7.6)$$

式中，$indi_{ij,t}$ 表示 t 时间城市 i 与 j 之间的产业分工度，$n-1$ 表示城市群中其他城市的数量。

借鉴相关文献（Bade et al.，2004；Duranton & Puga，2005；苏红键和赵坚，2011；赵勇和白永秀，2012）的思路，选取城市群内部城市间产业结构差异水平来测度 $indi_{ij,t}$。并借鉴陈国亮和唐根年（2016）、刘乃全和吴友（2017）的思路，选取 19 个国民经济行业①的从业人数测算城市间产业结构的差异水平，利用两两配对方法加总得到某个城市在整个城市群中的产业分工程度，计算公式如下：

$$indi_{ij,t} = \sum_{k=1}^{19} abs(e_{i,t}^k/e_{i,t} - e_{j,t}^k/e_{j,t}) \qquad (7.7)$$

式中，$e_{i,t}^k$、$e_{j,t}^k$ 分别表示城市 i 和 j 在 t 时间的第 k 产业的从业人员数，$e_{i,t}$、$e_{j,t}$ 分别表示城市 i 和 j 在 t 时间的总从业人员数。

---

① 这里所涉及的 19 个国民经济行业包括：农林牧渔业；采掘业；制造业；电力煤气及水生产供应业；建筑业；交通仓储邮电业；信息传输、计算机服务和软件业；批发零售贸易业；住宿餐饮业；金融业；房地产业；租赁和商业服务业；科研、技术服务和地质勘查业；水利、环境和公共设施管理业；居民服务和其他服务业；教育业；卫生、社会保险和社会福利业；文化、体育和娱乐业；公共管理和社会组织。

3. 市场统一机制

市场统一程度（$maun_{it}$）表示城市 i 在时间 t 与城市群其他城市的市场统一情况。为考察各城市市场统一的特征事实，借鉴陆铭和陈钊（2009）、盛斌和毛其淋（2011）的做法，采用源于冰山成本[①]的价格法来测度市场一体化，某城市市场一体化水平越高，意味它对本地区商品、要素流入流出壁垒越小，市场统一情况越好。因 2003 年以前我国的统计年鉴关于商品类别的划分标准不一，为保证数据的可得性以及连续性，本书选取 2001~2019 年 8 类商品[②]的相对价格信息来反映城市群内部的市场一体化。

首先，考虑到原始数据为商品零售价格的环比数据，这里通过价格比的对数一阶差分的方法来测算相对价格，计算公式为：

$$\Delta Q_{ijt}^{k} = \ln(p_{it}^{k}/p_{jt}^{k}) - \ln(p_{it-1}^{k}/p_{jt-1}^{k})$$
$$= \ln(p_{it}^{k}/p_{it-1}^{k}) - \ln(p_{jt}^{k}/p_{jt-1}^{k}) \qquad (7.8)$$

为避免因两个城市的前后顺序不一样而干扰到相对价格方差 var（ΔQ_{ijt}^{k}），将相对价格进行绝对值化，计算可得：

$$|\Delta Q_{ijt}^{k}| = |\ln(p_{it}^{k}/p_{it-1}^{k}) - \ln(p_{jt}^{k}/p_{jt-1}^{k})| \qquad (7.9)$$

考虑到商品本身会带来价格的波动，故对式（7.9）进行去均值处理，假定 $|\Delta Q_{ijt}^{k}| = a^{k} + \varepsilon_{ijt}^{k}$，可得：

$$q_{ijt}^{k} = |\Delta Q_{ijt}^{k}| - |\overline{\Delta Q_{ijt}^{k}}| = (a^{k} - \bar{a}^{k}) + (\varepsilon_{ijt}^{k} - \bar{\varepsilon}_{ijt}^{k}) \qquad (7.10)$$

接着，测算每两个城市间 8 类商品的相对价格波动 q_{ijt}^{k} 的方差 var（q_{ijt}^{k}），最终得到城市群内部各城市之间的市场分割指数 var（$q_{ij,t}$）。

---

① 冰山成本，亦称"冰山运输成本"，喻指产品在区域间运输采用"冰山"形式的运输成本，即产品从产地运到消费地，其中有一部分"融化"在途中。"融化"部分就是运输成本。

② 这里所涉及的 8 类商品包括：食品类、饮料烟酒类、服装鞋帽类、医疗保健用品类、交通和通信类、家具类、家用电器类、文化体育用品类。

最后，因市场分割指数与国内市场一体化为负向关系，故基于市场分割指数，构建国内市场一体化指数 $maun_{it}$：

$$maun_{it} = 1 \bigg/ \sqrt{\sum_{j=1}^{n-1} \overline{\mathrm{var}(q_{ij,t})}} \qquad (7.11)$$

式中，$maun_{it}$ 表示 t 时间城市 i 与城市群其他城市的市场统一程度，$n-1$ 表示城市群中其余城市的数量。

7.2.4　数据来源

长三角的机制变量数据来源如下：经济联系机制方面，人口和 GDP 数据均来自《中国城市统计年鉴》；产业分工机制方面，19 个国民经济行业从业人员数据来自《上海统计年鉴》《浙江统计年鉴》《江苏统计年鉴》《安徽统计年鉴》；市场统一机制方面，上海市和浙江省各地级城市的 8 类商品零售价格指数数据来自《上海统计年鉴》《浙江统计年鉴》，安徽省除了池州市的数据来自每年的统计公报外，其余数据均来自《安徽统计年鉴》，江苏省除了泰州市的数据来自每年的统计公报外，其余数据均来自各地级城市统计年鉴。

京津冀的机制变量数据来源如下：经济联系机制方面，人口和 GDP 数据都来自《中国城市统计年鉴》；产业分工机制方面，19 个国民经济行业从业人员数据来自《北京统计年鉴》《天津统计年鉴》《河北统计年鉴》；市场统一机制方面，北京市和天津市的 8 类商品零售价格指数数据分别来自《北京统计年鉴》和《天津统计年鉴》，河北省各地级城市数据除 2011年来自各地级城市的统计公报，其余年份数据均来自《河北统计年鉴》。

依据前文影响机制的测度方法分别计算得到长三角和京津冀城市群经济联系、产业分工以及市场统一机制的三个变量值，考虑到规避实证检验中的异方差问题，对这些机制变量值进行对数化处理，具体描述性统计指标见表 7.1。

表7.1   机制变量测度结果的描述性统计

变量	标识	空间尺度	样本量	均值	标准差	最小值	最大值
经济联系	doec	长三角	494	5.9050	1.5424	1.5614	9.0752
		京津冀	297	5.5815	1.3588	2.5078	8.2931
产业分工	indi	长三角	494	2.5667	0.2161	2.0495	3.3434
		京津冀	297	1.6996	0.2136	1.3749	2.3780
市场统一	maun	长三角	494	3.7794	0.3833	2.7436	4.5524
		京津冀	297	3.9454	0.2843	3.0603	4.5077

    根据比较描述性统计指标发现：经济联系强度方面，长三角城市群（5.9050）整体上稍高于京津冀城市群（5.5815）；长三角城市群最大值为9.0752，大于京津冀城市群的8.2931，长三角城市群最小值为1.5614，小于京津冀城市群的2.5078，可见，长三角城市群经济联系强度的内部差异大于京津冀城市群，同时从标准差也可以得到这一结论。产业分工程度方面，长三角城市群（2.5667）整体上高于京津冀城市群（1.6996）；长三角城市群最大值为3.3434，大于京津冀城市群的2.3780，长三角城市群最小值为2.0495，同样大于京津冀城市群的1.3749，可见，长三角城市群的产业分工程度明显优于京津冀城市群，此外，从标准差可以发现长三角和京津冀城市群产业分工的内部差异大致一样。市场统一水平方面，长三角城市群（3.7794）整体上略低于京津冀城市群（3.9454）；长三角城市群最大值为4.5524，稍大于京津冀城市群的4.5077，长三角城市群最小值为2.7436，低于京津冀城市群的3.0603，说明长三角城市群市场统一水平的内部差异大于京津冀城市群，同时从标准差也可以得到这一结论。综上，并结合前文有关影响机制的3个假说，作出以下初步判断：长三角城市群经济联系和产业分工的机制效应强于京津冀城市群，京津冀城市群市场统一的机制效应好于长三角城市群。不过还需依赖下文的实证研究来获取客观有效的定论。

7.3　长三角城市群政策实施对经济收敛的影响机制研究

本部分安排如下：首先，利用 DID 模型实证估测长三角城市群政策对经济收敛的影响效应；然后，利用交叉效应模型实证检验影响机制。

7.3.1　影响效应测度

1. 基准回归

2010 年 5 月出台的《长江三角洲地区区域规划》指出，长三角地区包括上海和江苏的南京、苏州、无锡、常州、镇江、扬州、泰州、南通，浙江的杭州、宁波、湖州、嘉兴、绍兴、舟山、台州 16 个城市。2016 年 6 月出台的《长江三角洲城市群发展规划》在 2010 年规划基础上，吸纳了浙江的金华市、江苏的盐城市以及安徽的合肥、芜湖、马鞍山、铜陵、安庆、滁州、池州、宣城。因此，本部分把长三角城市群规划视为准自然实验，把规划内的 26 个城市视为处理组，把其余 18 个城市群的 188 个城市视为对照组，由于长三角城市群规划为多次批复的过程，故采用式（6.1）多节点双重差分法模型考察长三角城市群规划对经济收敛的影响效应，表 7.2 给出了多期 DID 模型的估计结果。

表 7.2　　　　　　　　　　基准回归结果（长三角）

项目	（1）	（2）	（3）	（4）	（5）	（6）	（7）
did	0.0611 ***	0.0569 ***	0.0563 ***	0.0541 ***	0.0538 ***	0.0539 ***	0.0534 ***
	（14.32）	（13.35）	（13.23）	（12.72）	（12.64）	（12.70）	（12.56）
ln*phy*		− 0.0174 ***	− 0.0179 ***	− 0.0138 ***	− 0.0138 ***	− 0.0150 ***	− 0.0144 ***
		（− 7.89）	（− 8.10）	（− 6.02）	（− 6.02）	（− 6.46）	（− 6.16）

续表

项目	（1）	（2）	（3）	（4）	（5）	（6）	（7）
ln*hum*			0.0225 *** (4.15)	0.0241 *** (4.46)	0.0235 *** (4.36)	0.0237 *** (4.39)	0.0229 *** (4.24)
ln*gov*				−0.0280 *** (−5.97)	−0.0278 *** (−5.92)	−0.0288 *** (−6.13)	−0.0340 *** (−6.55)
ln*ind*					0.0650 ** (2.47)	0.0614 ** (2.33)	0.0538 ** (2.03)
ln*open*						0.0028 *** (3.33)	0.0029 *** (3.39)
ln*sav*							0.0088 ** (2.37)
常数项	是	是	是	是	是	是	是
地区固定效应	是	是	是	是	是	是	是
时间固定效应	是	是	是	是	是	是	是
N	4066	4066	4066	4066	4066	4066	4066
R^2	0.2265	0.2389	0.2423	0.2493	0.2505	0.2526	0.2537

注：*** 、** 和 * 分别表示回归系数在1%、5%和10%的显著性水平上显著。

表7.2中，列（1）为只控制城市固定效应与时间固定效应的结果，列（2）~列（7）为在列（1）基础上逐个添加控制变量的回归结果。未添加控制变量时，*did* 的系数显著为正且为0.0611；逐步引入控制变量后，模型的 R^2 逐渐上升，意味引入这些控制变量是合适的，结果同样显示 *did* 的系数显著为正。以上结果表明，长三角城市群规划显著促进了城市群经济协调发展，这与南方整体城市群的影响效应一致。控制变量方面，人力资本、产业结构、对外开放、储蓄率均显著促进了城市经济协调发展，而物质资本和政府干预显著抑制了城市经济协调发展。

2. 稳健性检验

（1）平行趋势检验。同前文一样，需验证在规划实施之前规划城市

与非规划城市经济收敛是否存在平行趋势。本部分使用缩尾处理将政策
节点前后各分为 6 期，此外，考虑到多重共线性问题，以长三角城市群
规划实施前的第 1 期为基期，将时间虚拟变量与实验组交乘后得到平行
趋势检验结果（见图 7.1）。

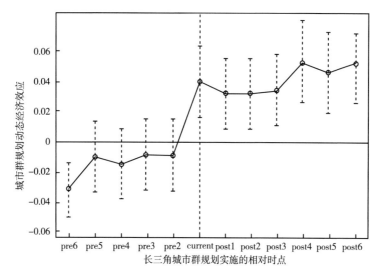

图 7.1　长三角平行趋势检验结果

图 7.1 所示的平行趋势检验结果表明，长三角城市群规划实施前除
了第 6 期显著为负外，其余各期均不显著，意味长三角城市群 26 个城市
和对照组 188 个城市在规划实施前不存在显著差异，即通过了平行趋势
检验。而且，长三角城市群规划实施当年及以后的各期均显著为正，表
明长三角城市群规划一定程度上推动了城市群经济协调发展，推动了经
济落后城市向先进城市收敛。

（2）安慰剂检验。我们在样本中随机抽出 26 个城市当作虚假的处
理组城市，其余城市当作虚假的控制组城市，能够获得实施城市安慰剂
的城市群规划对经济收敛影响的效应值。重复 500 次以上过程，获得 500
个估计系数以及相应的 p 值。图 7.2 呈现了 500 个估计值的核密度分布
和 p 值，容易发现，估计系数位于 0 值周围并呈近似正态分布，其中大

部分回归结果不显著。同时，基准回归系数处在虚假估计系数分布的高尾位置，说明其在安慰剂检验中为小概率事件。所以，能够排除基准回归系数受无法观测因素的影响。

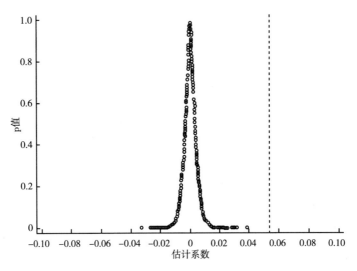

图 7.2 长三角安慰剂检验结果

（3）PSM-DID。同前文，借助 PSM-DID 方法进行更深层次的检验，检验结果见表 7.3，匹配后的 t 统计量都不显著，而且除了人力资本变量，其余控制变量在匹配后标准误和 t 值均得到降低，表明匹配结果较为理想。

表 7.3　　　　　　　　　　　倾向得分匹配结果（长三角）

变量	样本	均值		标准偏误（%）	标准偏误绝对值减少（%）	t 值	p 值
		实验组	控制组				
ln*phy*	匹配前	−0.5969	−0.6134	3.2	66.9	0.62	0.538
	匹配后	−0.5968	−0.5913	−1.0		−0.17	0.862
ln*hum*	匹配前	−2.8854	−2.8867	0.7	−289.5	0.13	0.899
	匹配后	−2.8853	−2.8906	2.7		0.44	0.657
ln*gov*	匹配前	−2.2213	−2.0465	−40.9	93	−8.14	0.000
	匹配后	−2.2203	−2.2081	−2.9		−0.49	0.625

变量	样本	均值		标准偏误（%）	标准偏误绝对值减少（%）	t 值	p 值
		实验组	控制组				
ln*ind*	匹配前	0.8466	0.8134	52.9	85.9	9.97	0.000
	匹配后	0.8466	0.8513	−7.4		−1.23	0.218
ln*open*	匹配前	−3.5111	−4.5729	96.6	99.1	17.10	0.000
	匹配后	−3.5150	−3.5248	0.9		0.849	0.19
ln*sav*	匹配前	−0.4415	−0.3747	−21.4	66.8	−4.00	0.000
	匹配后	−0.4411	−0.4189	−7.1		−1.15	0.250

验证了 PSM-DID 方法的合理性后，利用这些匹配样本，再次估计式（6.1），结果如表 7.4 所示。不难发现，通过逐步回归法得到的结果与基准回归保持一致，*did* 对城市经济协调发展的影响依旧显著为正，较好巩固了基准结果的稳健性。

表 7.4　　　　　　　　　PSM-DID 回归结果（长三角）

项目	（1）	（2）	（3）	（4）	（5）	（6）	（7）
did	0.0618 *** （15.02）	0.0578 *** （14.05）	0.0563 *** （13.70）	0.0554 *** （13.45）	0.0548 *** （13.31）	0.0550 *** （13.38）	0.0544 *** （13.20）
ln*phy*		是	是	是	是	是	是
ln*hum*			是	是	是	是	是
ln*gov*				是	是	是	是
ln*ind*					是	是	是
ln*open*						是	是
ln*sav*							是
常数项	是	是	是	是	是	是	是
地区固定效应	是	是	是	是	是	是	是
时间固定效应	是	是	是	是	是	是	是
N	3601	3601	3601	3601	3601	3601	3601
R²	0.2424	0.2554	0.2612	0.2623	0.2658	0.2673	0.2684

注：***、** 和 * 分别表示回归系数在 1%、5% 和 10% 的显著性水平上显著。

（4）调整研究样本。同前文，对研究样本进行如下调整：第一，调整规划干预时间。将长三角城市群内部所有城市加入城市群的时间往后推迟一年，重新回归得到的估计结果如表7.5列（1）所示，*did* 的系数显著为正且为0.0486。第二，将离群样本作缩尾处理。将样本中分布在最前面和最后面的1%以内的替换为百分位数为1%和99%的样本，重新回归得到的结果见表7.5列（2），*did* 的系数显著为正且为0.0548。第二，将离群样本作截尾处理。将样本中分布在最前面和最后面的1%以内的样本替换为缺失值，重新回归得到的估计结果如表7.5列（3）所示，*did* 的系数显著为正且为0.0576。以上结果与基准结果保持一致。

表7.5　　　　　调整研究样本及控制变量的回归结果（长三角）

项目	（1）	（2）	（3）	（4）
did	0.0486 *** (11.06)	0.0548 *** (13.11)	0.0576 *** (13.97)	0.0540 *** (12.78)
控制变量	是	是	是	是
常数项	是	是	是	是
地区固定效应	是	是	是	是
时间固定效应	是	是	是	是
N	4066	4066	3986	3852
R^2	0.2470	0.2513	0.2420	0.2525

注：***、** 和 * 分别表示回归系数在1%、5%和10%的显著性水平上显著。

（5）控制变量滞后一期。同前文，将所有控制变量滞后一期进行回归，结果见表7.5列（4），*did* 的系数显著为正且为0.0540，这验证了基准结论是稳健的。

3. 异质性分析

本部分基于模型式（6.1），从中心外围、行政级别、资源禀赋、原位与新进城市4种城市特质入手，对长三角城市群样本分别进行政策效应的异质性考察。

（1）中心外围。长三角城市群中心城市的分类在表 6.8 已给出，这里不再赘述。接下来将考察长三角城市群规划是否促进了中心 – 外围共同发展，检验结果如表 7.6 所示。

表 7.6　　　　　　　城市中心外围异质性检验结果（长三角）

项目	（1） 中心	（2） 外围
did	0. 1253 *** （6. 34）	0. 0505 *** （11. 69）
控制变量	是	是
常数项	是	是
地区固定效应	是	是
时间固定效应	是	是
N	3591	4047
R²	0. 1769	0. 2432

注：*** 、** 和 * 分别表示回归系数在 1%、5% 和 10% 的显著性水平上显著。

表 7.6 中，列（1）为中心城市的 DID 模型回归结果，显示长三角城市群规划对中心城市经济收敛的影响显著为正，列（2）为外围城市的 DID 模型回归结果，显示长三角城市群规划对外围城市经济收敛同样具有显著的促进作用。以上结果表明，长三角城市群规划在推进中心城市带动外围城市经济增长方面发挥了正向作用。同时，我们还发现长三角城市群规划对中心城市经济收敛的促进作用明显大于外围城市，这可能是由于上海作为城市群的中心城市，在交通运输、商贸流通、智力支持等方面具有较强的辐射带动作用，进而使其与周边外围城市的经济差距较城市群规划之前有了较大程度的缩小，因此，对于上海来说，经济收敛态势更为显著。

（2）城市等级。关于长三角城市群中城市等级的分类在表 6.10 已给出，这里不再赘述。接下来考察长三角城市群规划对不同级别城市经济收敛的影响，检验结果见表 7.7。

表7.7 **城市行政级别异质性检验结果（长三角）**

项目	（1） 高级别城市	（2） 低级别城市
did	0.0757 *** （8.18）	0.0486 *** （10.32）
控制变量	是	是
常数项	是	是
地区固定效应	是	是
时间固定效应	是	是
N	3667	3971
R^2	0.1982	0.2243

注：***、** 和 * 分别表示回归系数在1%、5%和10%的显著性水平上显著。

表7.7 中，列（1）为高级别城市的 DID 回归结果，*did* 的系数显著为正且为0.0757；列（2）为低级别城市的 DID 回归结果，*did* 的系数显著为正且为0.0486。以上结果表明：长三角城市群规划对高级别和一般级别城市的经济收敛都起到了显著促进作用，对高级别城市的促进作用较低级别城市更为明显，这与南方城市群样本结论一致。

（3）资源型城市。长三角城市群中的资源型城市在表6.12 已给出，这里不再赘述。接下来考察长三角城市群规划对资源型城市经济收敛的影响，检验结果见表7.8。

表7.8 **城市资源禀赋异质性检验结果（长三角）**

项目	（1） 资源型城市	（2） 非资源型城市
did	0.0217 ** （2.29）	0.0616 *** （13.07）
控制变量	是	是
常数项	是	是
地区固定效应	是	是

项目	（1） 资源型城市	（2） 非资源型城市
时间固定效应	是	是
N	3686	3952
R^2	0.1711	0.2487

注：*** 、** 和 * 分别表示回归系数在1% 、5%和10%的显著性水平上显著。

　　表7.8中，列（1）为资源型城市的DID回归结果，*did* 的系数显著为正且为0.0217；列（2）为非资源型城市的DID回归结果，*did* 的系数显著为正且为0.0616。以上结果表明：长三角城市群规划对资源型城市和非资源型城市的经济收敛都起到显著正向作用，并且对资源型城市的促进效应弱于非资源型城市，这可能还是由于资源型城市路径依赖的发展方式所致。

　　（4）原位城市与新进城市。上海、南京、苏州、无锡、常州、镇江、扬州、泰州、南通、杭州、宁波、湖州、嘉兴、绍兴、舟山、台州16个城市在2010年加入长三角城市群，金华、盐城、合肥、芜湖、马鞍山、铜陵、安庆、滁州、池州、宣城10个城市在2016年加入长三角城市群。因此，接下来将先加入的城市作为原位城市组，后加入的城市作为新进城市组，进一步考察加入长三角城市群先后顺序导致的影响异质性。检验结果如表7.9所示。

表7.9　　　　　　　　城市原位新进异质性检验结果（长三角）

项目	（1） 原位城市	（2） 新进城市
did	0.0654 *** （12.92）	0.0294 *** （3.78）
控制变量	是	是
常数项	是	是
地区固定效应	是	是

项目	(1) 原位城市	(2) 新进城市
时间固定效应	是	是
N	3876	3762
R^2	0.2428	0.1801

注：***、**和*分别表示回归系数在1%、5%和10%的显著性水平上显著。

表7.9中，列（1）为原位城市的DID回归结果，*did*的系数显著为正且为0.0654；列（2）为新进城市的DID回归结果，*did*的系数显著为正且为0.0294。以上结果表明：长三角城市群规划对原位和新进城市的经济收敛均产生了正向作用，并且对原位城市的效应强于新进城市，这可能是由于加入城市群时间较长，原位城市与城市之间经济协同发展程度会更好一些。

7.3.2 影响机制检验

理论分析表明，城市群政策对经济收敛的影响效应可能会通过经济联系、产业分工以及市场统一三个机制实现。前文通过DID方法得出了长三角城市群政策对经济收敛具有稳健的正向作用，为了验证其中的内在机制，本部分采用交叉效应模型逐一进行辨别。

1. 经济联系机制

表7.10列出了长三角城市群规划对城市经济收敛的经济联系机制的检验结果。交叉效应模型不加入控制变量时，城市群规划与经济联系的交叉项系数显著为正且为0.0176；交叉效应模型加入控制变量后，城市群规划与经济联系的交叉项系数为0.0133且仍显著为正。综上所述，假设3在长三角城市群样本中得到验证，即长三角城市群规划能够推进城市群内部的经济联系，进而驱动城市经济呈收敛态势发展。

表 7.10　　　　　　　　　　经济联系机制回归结果（长三角）

项目	（1）	（2）	（3）	（4）
did	0.0273 *** （4.46）	− 0.0842 *** （− 5.73）	0.0081 * （1.88）	− 0.0743 *** （− 4.70）
经济联系	0.0116 （1.29）	0.0231 *** （2.71）	0.0100 （0.99）	0.0217 *** （2.17）
did × 经济联系		0.0176 *** （8.24）		0.0133 *** （5.65）
控制变量	否	否	是	是
常数项	是	是	是	是
地区固定效应	是	是	是	是
时间固定效应	是	是	是	是
N	494	494	494	494
R^2	0.7330	0.7682	0.2114	0.8010

注：*** 、** 和 * 分别表示回归系数在 1% 、5% 和 10% 的显著性水平上显著。

城市群规划促进区域经济协调发展主要体现在中心城市对外围城市以及高级别城市对地级城市的带动辐射作用，最终形成大中小城市协调发展格局。因此，此处将研究对象聚焦于长三角城市群外围城市和低级别城市（具体分类见表 6.8 和表 6.10），以此来揭示经济联系机制是否对外围城市和低级别城市真正起到促进作用，同时也对经济联系机制结果的稳健性进行验证。表 7.11 的列（1）为外围城市回归结果，列（2）为低级别城市回归结果。

表 7.11　　外围城市及低级别城市经济联系机制回归结果（长三角）

项目	（1）	（2）
did	− 0.0713 *** （− 4.44）	− 0.0721 *** （− 4.70）
经济联系	0.0227 ** （2.28）	0.0112 *** （4.02）
did × 经济联系	0.0129 *** （5.34）	0.0131 *** （5.31）

项目	(1)	(2)
控制变量	是	是
常数项	是	是
地区固定效应	是	是
时间固定效应	是	是
N	475	399
R^2	0.7897	0.7916

注：***、**和*分别表示回归系数在1%、5%和10%的显著性水平上显著。

由表7.11可知，经济联系在外围城市和低级别城市中的正向机制作用依然显著，说明长三角城市群规划有效加强了中心与外围城市、低级别与高级别城市间的经济往来，推动了城市间共同发展。同时，以上结果巩固了结果的稳健性。

2. 产业分工机制

表7.12列出了长三角城市群规划对城市经济收敛的产业分工作用机制的检验结果。交叉效应模型不加入控制变量时，城市群规划与产业分工的交叉项系数显著为正且为0.0675；交叉效应模型加入控制变量后，城市群规划与产业分工的交叉项系数显著为正且为0.0291。综上所述，假设4在长三角城市群样本中得到验证，即长三角城市群规划能够优化城市群内部城市间的产业分工，进而促进城市经济呈收敛态势发展。

表7.12　　　　　　产业分工机制的回归结果（长三角）

项目	(1)	(2)	(3)	(4)
did	0.0243 ***	− 0.1482 ***	0.0066	− 0.0670
	(4.08)	(− 3.18)	(1.05)	(− 1.53)
产业分工	0.0351 ***	0.0082	0.0262 **	0.0146
	(3.10)	(0.61)	(2.40)	(1.14)
did × 产业分工		0.0675 ***		0.0291 *
		(3.73)		(1.70)
控制变量	否	否	是	是

续表

项目	（1）	（2）	（3）	（4）
常数项	是	是	是	是
地区固定效应	是	是	是	是
时间固定效应	是	是	是	是
N	494	494	494	494
R^2	0.7376	0.7456	0.7889	0.7903

注：***、**和*分别表示回归系数在1%、5%和10%的显著性水平上显著。

将研究对象聚焦于长三角城市群外围城市和低级别城市，以此来揭示产业分工机制是否对外围城市和低级别城市真正起到促进作用，同时也对产业分工机制结果的稳健性进行验证，回归结果见表7.13。

表 7.13　　外围城市及低级别城市产业分工机制回归结果（长三角）

项目	（1）	（2）
did	− 0.0465 （− 1.04）	− 0.0780* （− 1.72）
产业分工	0.0127*** （3.06）	0.0031 （0.26）
did × 产业分工	0.0209* （1.76）	0.0333* （1.90）
控制变量	是	是
常数项	是	是
地区固定效应	是	是
时间固定效应	是	是
N	475	399
R^2	0.7773	0.7783

注：***、**和*分别表示回归系数在1%、5%和10%的显著性水平上显著。

由表7.13可知，产业分工在外围城市和低级别城市中的正向机制作用依然显著，说明长三角城市群规划较好地优化了中心城市与外围城市、低级别城市与高级别城市间的产业分工，促进了区域协调发展。同时，以上结果巩固了结果的稳健性。

3. 市场统一机制

表7.14列出了长三角城市群规划对城市经济收敛的市场统一作用机制的检验结果。交叉效应模型不加入控制变量时，城市群规划与产业分工的交叉项系数显著为负且为 − 0.0268；交叉效应模型加入控制变量后，城市群规划与产业分工的交叉项系数显著为负且为 − 0.0272。综上所述，假设5在长三角城市群样本中未得到验证，即长三角城市群规划并不能通过实现城市间的市场统一来促进城市经济收敛，并且市场统一还起到了一定抑制作用。可能的原因是城市群内部市场分割现象依然存在，且抑制了长三角区域一体化发展。

表7.14　　　　　　　　统一市场机制的回归结果（长三角）

项目	(1)	(2)	(3)	(4)
did	0.0255 *** (4.24)	0.1334 ** (2.40)	0.0072 (1.14)	0.1167 ** (2.32)
市场统一	− 0.0128 ** (− 2.03)	− 0.0011 (− 0.11)	− 0.0157 ** (− 2.08)	− 0.0038 (− 0.41)
did × 市场统一		− 0.0268 ** (− 1.95)		− 0.0272 ** (− 2.20)
控制变量	否	否	是	是
常数项	是	是	是	是
地区固定效应	是	是	是	是
时间固定效应	是	是	是	是
N	494	494	494	494
R^2	0.7334	0.7357	0.7882	0.7905

注：*** 、** 和 * 分别表示回归系数在1%、5%和10%的显著性水平上显著。

将研究对象聚焦于长三角城市群外围城市和低级别城市，以此来揭示市场统一机制是否对外围城市和低级别城市真正起到促进作用，同时也对市场统一机制结果的稳健性进行验证，回归结果见表7.15。

表7.15　　　外围城市及低级别城市市场统一机制回归结果（长三角）

项目	（1）	（2）
did	0.1251 **	0.1615 ***
	(2.51)	(3.10)
市场统一	− 0.0022	0.0005
	(− 0.24)	(0.06)
did × 市场统一	− 0.0293 **	− 0.0385 ***
	(− 2.38)	(− 2.99)
控制变量	是	是
常数项	是	是
地区固定效应	是	是
时间固定效应	是	是
N	475	399
R^2	0.7797	0.7834

注：***、** 和 * 分别表示回归系数在1%、5%和10%的显著性水平上显著。

通过表7.15可知，市场统一在外围城市和低级别城市中的负向机制作用依然显著，这说明长三角城市群规划未能有效通过中心与外围城市、低级别与高级别城市间的统一市场来促进共同发展。同时，以上结果也巩固了市场统一机制结果的稳健性。

7.4　京津冀城市群政策实施对经济收敛的影响机制研究

本部分安排如下：首先，利用DID模型实证估测京津冀城市群政策对经济收敛的影响效应；然后，利用交叉效应模型实证检验其中的影响机制。

7.4.1 影响效应测度

1. 基准回归

2010 年 8 月出台的《京津冀都市圈区域规划》将北京、天津两个直辖市和河北的石家庄、秦皇岛、唐山、廊坊、保定、沧州、张家口、承德 8 地市划入规划中。2015 年 4 月出台的《京津冀协同发展规划纲要》将北京、天津以及河北省的所有地市（在 2010 年基础上，又吸纳了河北省的衡水、邯郸、邢台）都包括在京津冀城市群中。所以，本部分把京津冀城市群发展规划视为准自然实验，把规划内的 13 个城市视为处理组，把其余 18 个城市群的 201 个城市视为对照组，因城市群规划为多次批复的过程，这里使用多节点双重差分法模型考察京津冀城市群规划对经济收敛的影响效应，表 7.16 给出了多期 DID 模型的估计结果。

表 7.16　　　　　　　　基准回归结果（京津冀）

项目	（1）	（2）	（3）	（4）	（5）	（6）	（7）
did	-0.0323 *** (-5.59)	-0.0321 *** (-5.61)	-0.0287 *** (-4.97)	-0.0242 *** (-4.17)	-0.0219 *** (-3.71)	-0.0229 *** (-3.88)	-0.0246 *** (-4.15)
$lnphy$		-0.0210 *** (-9.41)	-0.0214 *** (-9.58)	-0.0168 *** (-7.21)	-0.0167 *** (-7.20)	-0.0180 *** (-7.63)	-0.0171 *** (-7.20)
$lnhum$			0.0205 *** (3.67)	0.0228 *** (4.10)	0.0227 *** (4.08)	0.0227 *** (4.08)	0.0213 *** (3.83)
$lngov$				-0.0308 *** (-6.42)	-0.0308 *** (-6.42)	-0.0317 *** (-6.61)	-0.0390 *** (-7.40)
$lnind$					0.0563 ** (2.06)	0.0519 * (1.90)	0.0392 (1.43)
$lnopen$						0.0029 *** (3.31)	0.0030 *** (3.42)

续表

项目	（1）	（2）	（3）	（4）	（5）	（6）	（7）
ln*sav*							0.0127**
							(3.33)
常数项	是	是	是	是	是	是	是
地区固定效应	是	是	是	是	是	是	是
时间固定效应	是	是	是	是	是	是	是
N	4066	4066	4066	4066	4066	4066	4066
R^2	0.1917	0.2100	0.2127	0.2211	0.2220	0.2242	0.2264

注：***、** 和 * 分别表示回归系数在 1%、5% 和 10% 的显著性水平上显著。

表 7.16 中，列（1）为只控制城市与时间固定效应的结果，列（2）~列（7）为在列（1）基础上逐步添加控制变量的结果。未添加控制变量时，*did* 的系数显著为负且为 − 0.0323；逐步添加控制变量后，模型的 R^2 逐步上升，意味着添加这些控制变量是合适的，结果同样显示 *did* 的系数显著为负。以上结果表明：京津冀城市群规划并未显著促进城市群内部城市间的经济协调发展，反而显著降低了城市群内部城市间的协调程度。控制变量方面，人力资本、对外开放、储蓄率均显著促进了城市经济协调发展，而物质资本和政府干预显著抑制了城市经济协调发展。

2. 稳健性检验

（1）平行趋势检验。同前文一样，需验证在规划实施之前处理组与对照组城市经济收敛是否存在平行趋势。使用缩尾处理将政策节点前后各分为 6 期，考虑到多重共线性问题，还以京津冀城市群规划实施前的第 1 期为基期，平行趋势检验结果见图 7.3。

图 7.3 所示的平行趋势检验结果表明，京津冀城市群规划实施前除了第 2 期显著为负外，其余各期均不显著，表明京津冀城市群内 13 个规

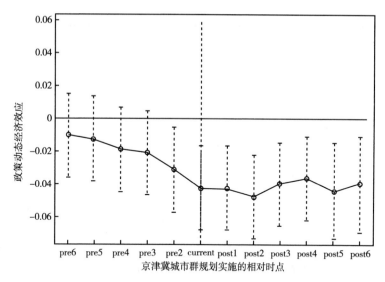

图 7.3 京津冀平行趋势检验结果

划城市与对照组的 201 个城市在政策实施前不存在显著差异，即通过平行趋势检验。而且，京津冀城市群规划实施当年及以后的各期均显著为负，表明京津冀城市群规划显著地阻碍了城市群内部的经济协调发展。

（2）安慰剂检验。我们在样本中随机抽出 13 个城市当作虚假的处理组城市，其余城市当作虚假的控制组城市，能够获得实施城市安慰剂的城市群规划对经济收敛影响的效应值。重复 500 次以上过程，获得 500 个估计系数以及相应的 p 值。图 7.4 呈现了 500 个估计值的核密度分布和 p 值，容易发现，估计系数位于 0 值周围并呈近似正态分布，其中大部分回归结果不显著。同时，基准回归系数处在虚假估计系数分布的高尾位置，说明其在安慰剂检验中为小概率事件。所以，能够排除基准回归系数受无法观测因素的影响。

（3）PSM-DID。同前文，借助 PSM-DID 方法进行更深层次的检验，检验结果如表 7.17 所示，匹配后的 t 统计量都不显著，即拒绝了处理组和对照组均值存在显著差异的原假设，而且除政府干预变量，其余控制变量在匹配后标准误和 t 值均得到降低，意味着匹配结果较为理想。

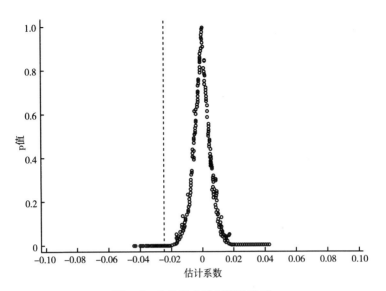

图 7.4　京津冀安慰剂检验结果

表 7.17　　　　　　　　　　　倾向得分匹配结果（京津冀）

变量	样本	均值		标准偏误（%）	标准偏误绝对值减少（%）	t 值	p 值
		实验组	控制组				
lnphy	匹配前	− 0.5562	− 0.6149	11.3	54.5	1.61	0.107
	匹配后	− 0.5562	− 0.5294	− 5.2		− 0.60	0.551
lnhum	匹配前	− 2.7794	− 2.8935	57.9	91.6	7.92	0.000
	匹配后	− 2.7794	− 2.7890	4.9		0.56	0.579
lngov	匹配前	− 2.0710	− 2.0676	− 0.7	− 433.4	− 0.12	0.908
	匹配后	− 2.0710	− 2.0528	− 4.0		− 0.47	0.636
lnind	匹配前	0.9019	0.8120	143.8	98.9	20.50	0.000
	匹配后	0.9019	0.9010	1.6		0.20	0.845
lnopen	匹配前	− 4.1147	− 4.4652	31.1	54.3	3.99	0.000
	匹配后	− 4.1147	− 4.2748	14.2		1.60	0.111
lnsav	匹配前	− 0.1519	− 0.3977	76.1	82.4	10.91	0.000
	匹配后	− 0.1519	− 0.1086	− 13.4		− 1.35	0.178

　　最后，验证了 PSM-DID 方法的合理性后，利用这些匹配样本，再次估计式（6.1），结果如表 7.18 所示。不难发现，通过逐步回归法得到的

结果与基准回归保持一致，*did* 对城市经济协调发展的影响依旧显著为负，较好地巩固了基准回归结果的稳健性。

表 7.18　　　　　　　　　　　**PSM-DID 回归结果（京津冀）**

项目	(1)	(2)	(3)	(4)	(5)	(6)	(7)
did	-0.0314 *** (-5.52)	-0.0308 *** (-5.48)	-0.0282 *** (-4.96)	-0.0241 *** (-4.22)	-0.0235 *** (-4.03)	-0.0246 *** (-4.22)	-0.0266 *** (-4.55)
lnphy		是	是	是	是	是	是
lnhum			是	是	是	是	是
lngov				是	是	是	是
lnind					是	是	是
lnopen						是	是
lnsav							是
常数项	是	是	是	是	是	是	是
地区固定效应	是	是	是	是	是	是	是
时间固定效应	是	是	是	是	是	是	是
N	3894	3894	3894	3894	3894	3894	3894
R^2	0.1839	0.2030	0.2047	0.2114	0.2115	0.2141	0.2168

注：***、** 和 * 分别表示回归系数在1%、5%和10%的显著性水平上显著。

（4）调整研究样本。同前文，对研究样本进行如下调整：第一，调整规划干预时间。将京津冀城市群内部所有城市加入城市群的时间往后推迟一年，重新回归得到的估计结果如表 7.19 列（1）所示，*did* 的系数显著为负且为 -0.0214。第二，将离群样本作缩尾处理。将样本中分布在最前面和最后面的 1% 以内的替换为百分位数为 1% 和 99% 的样本，重新回归得到的估计结果如表 7.19 列（2）所示，*did* 的系数显著为负且为 -0.0243。第三，将离群样本作截尾处理。将样本中分布在最前面和最后面的 1% 以内的样本替换为缺失值，重新回归得到的估计结果如表 7.19 列（3）所示，*did* 的系数显著为负且为 -0.0227。以上结论确保了基准结果的稳健性。

表 7.19　　　　　　调整研究样本及控制变量的回归结果（京津冀）

项目	（1）	（2）	（3）	（4）
did	-0.0214*** (-3.53)	-0.0243*** (-4.17)	-0.0227*** (-3.94)	-0.0256*** (-4.39)
控制变量	是	是	是	是
常数项	是	是	是	是
地区固定效应	是	是	是	是
时间固定效应	是	是	是	是
N	4066	4066	3986	3852
R²	0.2255	0.2212	0.2058	0.2229

注：*** 、** 和 * 分别表示回归系数在 1%、5% 和 10% 的显著性水平上显著。

（5）控制变量滞后一期。同前文，将所有控制变量滞后一期进行回归，结果如表 7.19 列（4）所示，*did* 的系数显著为负且为 -0.0256，说明基准回归结论是稳健的。

3. 异质性分析

本部分基于模型式（6.1），从中心外围、行政级别、资源禀赋、原位与新进城市 4 种城市特质入手，对京津冀城市群样本分别进行政策效应的异质性考察。

（1）中心外围。关于京津冀城市群中心城市的分类在表 6.8 已给出，这里不再赘述。下面考察京津冀城市群规划是否促进了中心 - 外围共同发展，检验结果如表 7.20 所示。

表 7.20　　　　　　城市中心外围异质性检验结果（京津冀）

项目	（1） 中心城市	（2） 外围城市
did	0.0177 (0.89)	-0.0283*** (-4.60)
控制变量	是	是
常数项	是	是
地区固定效应	是	是

项目	(1) 中心城市	(2) 外围城市
时间固定效应	是	是
N	3838	4047
R²	0.2378	0.2260

注：*** 、** 和 * 分别表示回归系数在 1%、5% 和 10% 的显著性水平上显著。

表 7.20 中，列（1）为中心城市的 DID 模型回归结果，显示出京津冀城市群规划对中心城市经济收敛的影响不显著；列（2）为外围城市的 DID 模型回归结果，显示出京津冀城市群规划对外围城市经济收敛具有显著的负向作用。以上结论与第 6 章北方城市群样本的一致，这说明京津冀城市群规划并没有带来中心和外围城市的共同收敛，这可能是由于中心城市北京更多的是产生虹吸效应，在经济辐射能力方面有待加强。

（2）城市等级。关于京津冀城市群中城市等级的分类在表 6.10 已给出，这里不再赘述。接下来考察京津冀城市群规划对不同级别城市经济收敛的影响，检验结果见表 7.21。

表 7.21 城市行政级别异质性检验结果（京津冀）

项目	(1) 高级别城市	(2) 低级别城市
did	− 0.0276 ** （− 2.40）	− 0.0230 *** （− 3.40）
控制变量	是	是
常数项	是	是
地区固定效应	是	是
时间固定效应	是	是
N	3876	4009
R²	0.2347	0.2279

注：*** 、** 和 * 分别表示回归系数在 1%、5% 和 10% 的显著性水平上显著。

表 7.21 中，列（1）为高级别城市的 DID 回归结果，*did* 的系数显著为负且为 -0.0276；列（2）为低级别城市的 DID 回归结果，*did* 的系数显著为负且为 -0.0230。以上结论与北方城市群样本的结论一致，这说明京津冀城市群规划强化了高级别城市的虹吸效应，进而拉大了高级别城市与低级别城市之间的经济差距。

（3）资源型城市。京津冀城市群中的资源型城市在表 6.12 已给出，这里不再赘述。接下来考察京津冀城市群规划对资源型城市经济收敛的影响，检验结果见表 7.22。

表 7.22　　　　　　城市资源禀赋异质性检验结果（京津冀）

项目	（1） 资源型城市	（2） 非资源型城市
did	-0.0203 ** （-2.14）	-0.0271 *** （-3.70）
控制变量	是	是
常数项	是	是
地区固定效应	是	是
时间固定效应	是	是
N	3914	3971
R²	0.2321	0.2304

注：*** 、** 和 * 分别表示回归系数在 1%、5% 和 10% 的显著性水平上显著。

表 7.22 中，列（1）为资源型城市的 DID 回归结果，*did* 的系数显著为负且为 -0.0203；列（2）为非资源型城市的 DID 回归结果，*did* 的系数显著为负且为 -0.0271。以上结论与北方城市群样本的结论一致，说明京津冀城市群规划不论是对资源型城市还是非资源型城市的经济收敛都产生了负向作用。

（4）原位城市与新进城市。北京、天津、石家庄、秦皇岛、唐山、廊坊、保定、沧州、张家口、承德 10 个城市在 2010 年加入京津冀城市群，衡水、邯郸、邢台在 2015 年加入京津冀城市群。因此，接下来将先加入的城市作为原位城市组，将后加入的城市作为新进城市组，进一步考察加入京津冀城市群先后顺序导致的影响异质性。检验结果如表 7.23 所示。

表 7.23 城市原位新进异质性检验结果（京津冀）

项目	（1） 原位城市	（2） 新进城市
did	−0.0256*** （−3.96）	−0.0222* （−1.68）
控制变量	是	是
常数项	是	是
地区固定效应	是	是
时间固定效应	是	是
N	4009	3876
R^2	0.2320	0.2305

注：***、**和*分别表示回归系数在1%、5%和10%的显著性水平上显著。

表 7.23 中，列（1）为原位城市的 DID 回归结果，*did* 的系数显著为负且为 −0.0256；列（2）为新进城市的 DID 回归结果，*did* 的系数显著为负且为 −0.0222。以上结果表明：京津冀城市群不论是对原位城市还是新进城市的经济收敛都产生了显著负向作用，并且对原位城市的效应强于新进城市，这可能是由于新进城市加入城市群时间不长，内部的大城市对这些小城市的虹吸效应还未充分发挥出来。

7.4.2 影响机制检验

前文通过 DID 方法得出了京津冀城市群政策对经济收敛具有稳健的负向效应，为了检验其中的内在机制，本部分采用交叉效应模型逐一进行辨别。

1. 经济联系机制

表 7.24 列出了京津冀城市群规划对城市经济收敛的经济联系作用机制的检验结果。交叉效应模型不加入控制变量时，城市群规划与经济联系的交叉项系数显著为负且为 - 0.0115；交叉效应模型加入控制变量后，城市群规划与经济联系的交叉项系数仍显著为负且为 - 0.0145。综上所述，假设 3 在京津冀城市群样本中未得到验证，这意味着未能发挥经济联系机制的作用是京津冀城市群规划不能促进经济收敛的重要因素。

表 7.24　　　　　　　　**经济联系机制的回归结果（京津冀）**

项目	（1）	（2）	（3）	（4）
did	0.0290 ** (2.55)	0.0946 *** (4.50)	0.0275 ** (2.40)	0.1114 *** (4.93)
经济联系	0.0442 ** (2.49)	0.0640 *** (3.53)	0.0063 (0.25)	0.0147 (0.60)
did × 经济联系		- 0.0115 *** (- 3.67)		- 0.0145 *** (- 4.26)
控制变量	否	否	是	是
常数项	是	是	是	是
地区固定效应	是	是	是	是
时间固定效应	是	是	是	是
N	247	247	247	247
R^2	0.1053	0.1584	0.1476	0.2162

注：*** 、** 和 * 分别表示回归系数在 1%、5% 和 10% 的显著性水平上显著。

将研究对象聚焦于京津冀城市群外围城市和低级别城市，以此来揭示经济联系机制是否对外围城市和低级别城市真正起到促进作用，同时也对经济联系机制结果的稳健性进行验证，回归结果见表 7.25。

表 7.25　　　　外围城市及低级别城市经济联系机制回归结果（京津冀）

项目	（1）	（2）
did	0. 1419 *** （6. 74）	0. 1574 *** （6. 48）
经济联系	0. 0619 ** （2. 53）	0. 0965 *** （3. 62）
did × 经济联系	－ 0. 0203 *** （ － 6. 23）	－ 0. 0235 *** （ － 5. 86）
控制变量	是	是
常数项	是	是
地区固定效应	是	是
时间固定效应	是	是
N	228	190
R²	0. 3303	0. 4404

注：*** 、** 和 * 分别表示回归系数在 1% 、5% 和 10% 的显著性水平上显著。

通过表 7.25 可知，经济联系在京津冀外围城市和低级别城市中的负向机制作用依然显著，这说明京津冀城市群规划尚未充分强化中心城市与外围城市、低级别城市与高级别城市间的经济联系，因此对促进经济协调发展的作用还未发挥。同时，以上结果也巩固了结果的稳健性。

2. 产业分工机制

表 7.26 列出了京津冀城市群规划对城市经济收敛的产业分工作用机制的检验结果。交叉效应模型不加入控制变量时，城市群规划与经济联系的交叉项系数为 0. 0405 且未通过显著性检验；交叉效应模型加入控制变量后，城市群规划与经济联系的交叉项系数为 0. 0128 且仍未通过显著性检验。综上所述，假设 4 在京津冀城市群样本中未得到验证，即京津冀城市群产业分工机制的结果不及长三角城市群的理想，这意味着京津冀城市群规划未能较好优化城市之间的产业分工，也是京津冀城市群规划不能促进经济收敛的关键原因。

表7.26 产业分工机制的回归结果（京津冀）

项目	（1）	（2）	（3）	（4）
did	0.0263** （2.33）	−0.0452 （−1.27）	0.0213* （1.89）	−0.0010 （−0.02）
产业分工	−0.1005*** （−3.39）	−0.1221*** （−3.92）	−0.0934*** （−3.12）	−0.1022*** （−2.91）
did×产业分工		0.0405 （1.12）		0.0128 （0.48）
控制变量	否	否	是	是
常数项	是	是	是	是
地区固定效应	是	是	是	是
时间固定效应	是	是	是	是
N	247	247	247	247
R²	0.1264	0.1445	0.1853	0.1863

注：***、**和*分别表示回归系数在1%、5%和10%的显著性水平上显著。

将研究对象聚焦于京津冀城市群外围城市和低级别城市，以此来揭示产业分工机制是否对外围城市和低级别城市真正起到促进作用，同时也是对产业分工机制结果的稳健性检验，回归结果见表7.27。

表7.27 外围城市及低级别城市产业分工机制回归结果（京津冀）

项目	（1）	（2）
did	0.2687*** （4.41）	0.2244** （2.34）
产业分工	−0.0045 （−0.12）	0.0140 （−0.32）
did×产业分工	−0.1435*** （−4.11）	−0.1164** （−2.08）
控制变量	是	是
常数项	是	是

续表

项目	(1)	(2)
地区固定效应	是	是
时间固定效应	是	是
N	228	190
R^2	0.2950	0.2877

注：***、**和*分别表示回归系数在1%、5%和10%的显著性水平上显著。

由表7.27可知，产业分工在京津冀外围城市和低级别城市中的负向机制作用依然显著，说明京津冀城市群规划尚未激发出中心城市与外围城市、低级别城市与高级别城市间产业分工推动经济收敛的动力。同时，以上结果巩固了结果的稳健性。

3. 统一市场机制

表7.28列出了京津冀城市群规划对城市经济收敛的市场统一作用机制的检验结果。交叉效应模型不加入控制变量时，城市群规划与市场统一的交叉项系数为−0.0344且未通过显著性检验；交叉效应模型加入控制变量后，城市群规划与经济联系的交叉项系数为−0.0331且仍未通过显著性检验。综上所述，假设5在京津冀城市群样本中未得到验证，即京津冀城市群统一市场机制的结果与长三角城市群类似，这意味着市场分割现象的存在、市场一体化水平不高等因素同样也是京津冀城市群规划不能促进经济收敛的重要考虑。

表7.28 统一市场机制的回归结果（京津冀）

项目	(1)	(2)	(3)	(4)
did	0.0335 *** (2.98)	0.1764 * (1.67)	0.0279 ** (2.47)	0.1654 (1.59)
市场统一	0.0267 ** (1.99)	0.0415 ** (2.41)	0.0184 (1.36)	0.0329 * (1.90)
did × 市场统一		−0.0344 (−1.36)		−0.0331 (−1.33)

续表

项目	(1)	(2)	(3)	(4)
控制变量	否	否	是	是
常数项	是	是	是	是
地区固定效应	是	是	是	是
时间固定效应	是	是	是	是
N	247	247	247	247
R^2	0.0962	0.1040	0.1549	0.1620

注：*** 、** 和 * 分别表示回归系数在 1% 、5% 和 10% 的显著性水平上显著。

将研究对象聚焦于京津冀城市群外围城市和低级别城市，以此来揭示市场统一机制是否对外围城市和低级别城市真正起到促进作用，同时也是对市场统一机制结果的稳健性检验，回归结果见表 7.29。

表 7.29　　　外围城市及低级别城市市场统一机制回归结果（京津冀）

项目	(1)	(2)
did	0.1882 * (1.82)	0.3157 *** (2.89)
市场统一	0.0363 ** (2.11)	0.0628 *** (3.35)
did × 市场统一	- 0.0382 (- 1.55)	- 0.0681 * (- 2.61)
控制变量	是	是
常数项	是	是
地区固定效应	是	是
时间固定效应	是	是
N	228	190
R^2	0.2025	0.2931

注：*** 、** 和 * 分别表示回归系数在 1% 、5% 和 10% 的显著性水平上显著。

由表 7.29 可知，市场统一在京津冀外围城市和低级别城市中的负向机制作用仍然存在，说明京津冀城市群规划也未能有效通过中心城市与外围城市、低级别城市与高级别城市间的统一市场来推动经济收敛。同时，这也巩固了结果的稳健性。

7.5 长三角城市群与京津冀城市群影响机制比较分析

对长三角城市群政策与京津冀城市群政策影响机制的回归结果进行比较后，结合现实情况，笔者给出若干可能的解释。

7.5.1 经济联系机制的比较分析

通过经济联系机制的计量结果发现，长三角城市群规划能有效增强内部城市间的经济联系，进而促进城市群经济收敛，但京津冀城市群规划未能通过强化城市之间的经济联系，增加城市之间溢出效应来推动经济收敛，反而产生了显著负向作用。以上结论通过稳健性检验依然成立，可能的解释如下：

自长三角城市群规划出台以来，城市群内部的要素自由流动程度持续提升、经济联系不断加强，主要体现在：第一，城市群内部劳动力要素流动不断加快。例如，城市群规划将安徽境内的地级城市纳入进来，不仅有利于安徽剩余劳动力转至上海、浙江、江苏三地的大城市，还有利于舒缓这三地劳动力匮乏的压力。上海市统计局数据显示，2020 年末，上海市外来常住人口 1048 万人，其中安徽人占比 24.8%，达到 260.2 万人，占比第一；浙江省统计局数据显示，2020 年末，浙江省外来常住人口 1618.6 万人，其中安徽人占比 19.4%，达到 313.9 万人，占比第一；江苏省统计局数据显示，2020 年末，江苏省外来常住人口 1030.86 万人，其中安徽人占比 25.0%，达到 258 万人，占比第一。第二，城市群内部实现了不同区域间资源的互补与利用。例如，与以往上海单一输出、以农业为主的飞地模式不同，在长三角城市群规划逐步推进的背景下，"反向飞地"和"双向飞地"的趋势越来越明显。此外，飞地的类型也变得更为丰富，不再是单一的农业、产业飞地，还涌现出了人才、科技、产业孵化等多样的飞地形式。特别是近年来，浙江、江苏和安徽的各地级市甚至县（市、区）纷纷到上海建飞地，通过"飞地经济"，长三角城市群破除了原有区域限制，鼓励城市跨空间开发，推动了资源互补与经济协调发展。第三，长三角城市群交通一体化发展取得明显成效。例如，长三角城市群内部已搭建起以高速铁路、高速公路和长江黄金水道为主的综合交通网络。此外，城市群内部的客运一体化服务和货运保障能力持续提升，上海与周边城市间通达时间已缩短至 1～1.5 小时，江海、铁水等联运方式深度联动。

京津冀城市群规划实施以来，城市群内部城市间经济联系日益紧密，不过经济联系较强的核心城市（北京、天津）对经济联系较弱的河北省外围城市的经济带动能力尚且不足，最终导致中心城市的扩散效应难以在城市群中有效发挥。主要体现在：第一，疏解成效明显但创新型人才差距悬殊，京津冀城市群规划以来，北京非首都功能得到疏解，常住人口增长减速，截至 2020 年末，北京市常住人口约 2189.3 万人，连续四年呈下降态势。[①] 但是，京津冀三地创新人才发展不平衡特征显著，京津冀三地顶尖的院士人才比例为 88.5∶7.6∶3.9，研发人员北京占比为58.7%，研究生人口北京占比为 80.7%，北京与津冀两地高层次人才呈现断崖式落差。[②] 北京和天津通过虹吸效应使得本应在京津冀均匀分布的资源要素转变为向京津地区聚集的失衡发展态势。第二，交通综合体系基本建立但连接不够，京津冀城市群规划以来，交通基础设施加速建设，交通一体化水平逐步提升，基本建成"四纵四横一环"网络化综合

[①] 邢玉冠，杨道玲. 基于大数据的京津冀协同发展战略进展与成效分析 [J]. 经济师，2022 (3)：8-10.

[②] 叶堂林等. 京津冀蓝皮书：京津冀发展报告（2021）[M]. 北京：社会科学文献出版社，2021.

交通运输新格局。但冀北、冀中南作为京津冀协同发展的两翼地区，它们之间的轨道交通联系程度相对较低，例如，截至2022年底，保定与衡水、沧州之间没有轨道交通连接，廊坊与邢台之间也没有直达火车，承德也没有与北京、张家口和唐山交通组团。

7.5.2　产业分工机制的比较分析

通过产业分工机制的计量结果发现，长三角城市群规划能有效优化内部城市间的产业分工，进而促进城市群经济收敛，但京津冀城市群规划通过优化城市之间的产业分工促进经济收敛的作用不显著。下面分别分析其可能的原因。

长三角城市群规划出台以来，其城市群内部产业分工持续强化，主要体现在：第一，长三角的产业集群加速形成，2021年的《长三角产业创新发展报告》的数据显示，2013～2020年，制造业高新技术企业每年以49%的增长率在长三角迅速扩张，且集聚特征显著：以上海为核心，向西沿长江构建"沪宁合产业带"，向南沿东海岸线构建"沪杭甬瓯产业带"。第二，长三角城市群内部产业转移不断加快，例如，2010～2020年，皖江城市带承接产业转移示范区累计承接亿元以上投资项目到位资金6.2万亿元，年均增长16.6%。皖江示范区积极参与驱动长三角产业链供应链补链固链强链行动，领头组建G60科创走廊机器人、新能源、通航、环境等产业联盟，加速推动沪宁合产业创新带建设。[1]

京津冀城市群规划实施以来，城市群内部产业转移与承接效果初显，构建了相对完善的产业协调统筹机制，城市群内部产业定位与分工逐渐明确，产业协同发展获得一些成效。但是，京津冀三地处在工业化发展的不同时期，产业层次不一样而且都存在自家"一亩三分地"的思维定

---

[1]　皖江示范区规划获批11年成效显著 [EB/OL]. (2021-06-02) [2024-04-11]. https://www.cnr.cn/ah/news/20210602/t20210602_525502277.shtml.

式，使得京津冀城市群上下产业链关联度较低，全产业链融合发展面临较大困难。例如，北京着重于科技研发和现代服务业，天津着重于生物医药和先进制造业，河北则着重于钢铁、煤炭及电力产业，这反映出京津冀三地之间的产业链接不足，尤其是河北与京津的产业尚未形成良性互动，导致创新链存在"断链"现象，也致使河北对北京的技术承接严重不足，最终使得北京产生的科技成果很难在津冀地区落地转化。

7.5.3　市场统一机制的比较分析

通过市场统一机制的计量结果发现，长三角城市群规划不能通过实现城市间的市场统一来促进城市经济收敛，并且还产生了显著抑制作用，同时，京津冀城市群也不能借助市场统一机制来促进城市经济收敛，同样产生了负效应，尽管估计系数不显著。可能的解释如下：

自长三角城市群规划出台以来，城市群内部各城市相继展开区域市场一体化建设工作，建立了一套可复制、易推广的跨区域经济一体化建设方案，能够为其他城市群建设提供有益参照。尽管长三角城市群在一体化建设中积累了很多成绩与经验，但仍面临着诸多限制，最主要就是行政壁垒的存在，其中包括全国区域内存在的普遍问题，也包括长三角自身存在的问题。全国性的普遍问题主要为：户籍制度依然是限制劳动力要素自由流动的重要阻碍，土地资源受限于国家层面分配的建设用地指标，社会保障方面尚未形成全国统一体系。长三角自身面临的问题主要为：江苏和浙江省内城市以及上海市都具有较强的经济实力，这导致它们之间不能真正根据市场经济配置资源的要求形成相互分工的格局，使得在产业结构上呈现出"你要我要大家要"的状况。①

京津冀城市群规划实施以来，三地各自为战的局面得到缓解。伴随

---

① 刘颂辉．中国发展研究院执行院长陆铭：长三角引领区域市场一体化责无旁贷［N］．中国经营报，2022 - 04 - 25（18）.

交通一体化、产业转移升级等领域的不断突破，城市间的协同合作取得实质性成效，但是京津冀城市群市场一体化发展仍存在不少阻碍。第一，因在经济、教育、医疗等层面的绝对优势，京津两市不能释放中心城市的扩散效应，更多的是虹吸效应。此外，京津冀地区始终缺乏次中心城市的调节作用，进而导致要素资源无法从中心城市回流到周边城市，呈现要素市场单向流动的现象，严重阻碍了市场一体化发展。第二，京津冀地区以国企为主，资源配置的行政色彩较重、市场机制得不到充分释放，较多行政干预会造成各种隐性壁垒。在利益分配方面，区域内各行政主体都从自身地方利益出发，三地发展缺乏利益共享机制，京津冀区域利益协调机制尚未健全。最终致使京津冀统一市场特别要素市场进程较慢。第三，民营经济往往是打破"经济边界"、推动统一市场形成的一股重要力量，尽管京津冀城市群民营经济发展迅速，但占比远低于长三角城市群，京津冀城市群仍然倾向于发展比重过高的国有经济，进而限制了区域民营经济在传统产业的发展空间，因此，京津冀的民营经济很难承担打破"经济边界"的重任。

7.6 本章小结

本章是基于第6章城市群政策促进了南方城市经济收敛而对北方城市未产生正向作用的结论，对城市群政策影响经济收敛机制进行的探讨。

首先，本章结合既往相关研究进行理论分析，提出了城市群政策影响城市经济收敛的三类可能的影响机制——经济联系、产业分工与市场统一。经济联系机制指的是城市群规划有利于促进城市间劳动力要素的流动、经济资源的合作互补、交通设施的联通，进而增强城市群内各个城市间的经济往来频率和经济联系水平，推动城市经济共同增长、缩小城市经济发展差距。产业分工机制指的是城市群规划的实施有益于构建依托城市比较优势的产业布局，以及顺应产业生命周期的梯度转移，进而实现内部各城市定位明确、经济互补、共赢共利。市场统一机制指的是城市群规划的实施有助于城市群内部各城市之间统一市场以及有序竞争，进而推动城市经济协调发展。

其次，本章鉴于数据的可得性以及南北城市群的代表性，以长三角城市群和京津冀城市群分别作为南方和北方城市群的代表性案例，并参考既有研究借助交叉效应模型对所提出的三类作用机制进行实证检验。影响效应结果表明，长三角城市群规划对内部经济收敛起到了显著促进作用，这与第 6 章南方整体城市群的检验结果一致；影响机制检验结果显示，长三角城市群规划通过加强城市间经济联系、优化城市间产业分工推动了城市经济收敛，但是长三角城市群规划并不能通过实现城市群内部的市场统一来推动城市经济收敛，并且市场统一还起到了一定抑制作用。京津冀城市群方面，影响效应检验结果显示，京津冀城市群规划对内部经济收敛未起到显著促进作用，这与第 6 章北方整体城市群的检验结果一致；影响机制检验结果显示，京津冀城市群规划的经济联系、产业分工以及市场统一机制均未对内部城市经济收敛起到显著正向作用，甚至还产生了显著抑制作用。

最后，本章比较分析了长三角城市群政策与京津冀城市群政策影响机制的回归结果，并结合现实情况给出了若干可能的解释。

第8章 结论与展望

8.1 研究结论

本书基于南北经济差距的现实背景、南北城市经济收敛以及南北城市群经济收敛的特征事实，将 2010 年以来实施的国家级城市群规划作为南北经济差距扩大的一个重要政策冲击，以期通过实证比较城市群政策对南北区域经济收敛的效应差异，来揭示南北经济差距扩大的可能性原因及其影响机制。本书的分析和研究主要得出以下结论。

（1）南北内部城市发展不均衡是造成南北经济差距的主要原因。本书将 2001~2019 年中国 284 个地级及以上城市作为研究对象，利用 Dagum 基尼系数分析发现，南北地区内城市经济差距对南北经济总体差距的贡献率最高，其次是超变密度的贡献率，最后是地区间差距。通过传统马尔可夫链以及空间马尔可夫链对南北内部城市经济差距的动态演进分析发现，南方和北方状态转移概率矩阵中所有对角线上的元素值均大于非对角线上的元素值，这说明南北内部城市间经济增长都存在马太效应；此外，我们还发现南方城市经济增长状态向上转移概率高于向下转移概率，而北方城市经济增长向下转移概率高于向上转移概率，这意味着南方城市经济增长的跃迁效应强于北方城市。

（2）整体城市视角下南方城市经济收敛程度强于北方城市，城市群视角下南方城市经济收敛程度得到强化而北方城市出现减弱。首先，本书利用 2001～2019 年城市面板数据，借助 σ 收敛、β 绝对收敛、β 条件收敛以及空间收敛模型实证估测南北城市经济收敛性发现，南方城市经济收敛程度显著强于北方城市，且 2010 年以后南方城市经济收敛速度的增幅远超北方城市。考虑到城市之间的空间相关性，借助地理距离、经济距离以及地理与经济距离这三类空间权重矩阵，使用空间杜宾模型对南北城市经济增长进行空间收敛性检验后发现，南方城市经济增长的空间相关性显著高于北方城市，南方城市经济增长的绝对空间收敛和条件空间收敛程度均强于北方城市，并且南方城市经济增长的空间溢出效应强于北方城市，以上结论通过稳健性检验仍然成立。其次，以我国"十四五"规划中提及的 19 个城市群中的 214 个城市作为研究样本，利用 σ 收敛、β 绝对收敛、β 条件收敛以及空间收敛模型对南北城市群经济收敛实证检验后发现，南方城市群经济收敛程度强于北方城市群，稳健性检验后结论仍成立。将城市群样本的收敛结果与整体城市样本的结果比较后发现，南方城市群的经济收敛程度有所提升，但北方城市群有所降低。

（3）城市群政策显著促进了南方城市经济收敛，但未对北方城市经济收敛带来促进作用，并且城市群政策对不同特质城市经济收敛的影响具有异质性。首先，本书基于 2001～2019 年 19 个城市群中的 214 个城市样本，将国家城市群发展规划作为准自然实验，通过多节点双重差分法实证检验国家级城市群规划对南北经济收敛的影响效应。将 11 个国家级城市群发展规划作为准自然实验，将这 11 个城市群内的 157 个城市视为处理组，将其他 57 个城市视为对照组，通过多节点双重差分法实证得出：我国的国家级城市群规划总体上显著促进了内部城市经济收敛，通过一系列稳健性检验结论仍成立。将南方地区的 5 个国家级城市群发展规划作为准自然实验，将这 5 个城市群内的 89 个城市视为处理组，将其他 125 个城市视为对照组，通过多节点双重差分法实证发现：南方城市群规划对其内部的城市经济收敛起到促进作用，通过稳健性检验结论仍成立。将北方地区的 6 个国家级城市群发展规划作为准自然实验，将这 6 个城市群内的 68 个城市视为处理组，将其他 146 个城市视为对照组，通过多节点双重差分法实证发现：北方城市群规划对其内部的城市经济收敛尚未起到显著促进作用，稳健性检验后结论仍成立。其次，异质性研究发现，南方城市群规划对中心城市经济收敛的影响并不显著，对外围城市经济收敛起到显著的促进作用；南方城市群规划对高级别城市的促进作用相较于低级别城市更为明显；南方城市群规划促进了非资源型城市的经济收敛，但是对资源型城市的经济收敛作用并未显现出来；南方城市群规划对优化提升型城市群的促进作用强于发展培育型城市群。北方城市群规划对中心城市和外围城市的经济收敛都未能产生正向作用；北方城市群规划对高级别城市和低级别城市、资源型城市和非资源型城市、优化提升型城市群和发展培育型城市群的经济收敛也都未能产生正向作用。

（4）在南方城市群政策促进城市经济收敛中，经济联系和产业分工机制发挥了积极作用，市场统一机制产生了抑制作用，而三种机制在北方城市群规划中均没有发挥正向作用。鉴于数据的可得性以及南北城市群的代表性，本书以长三角城市群和京津冀城市群分别作为南方城市群和北方城市群的代表性案例，并借助交叉效应模型实证检验所提出的经济联系、产业分工以及市场统一这三种可能机制。实证结果得出，长三角城市群规划能够强化城市群内部经济联系、优化城市群内部产业分工，进而促进内部城市经济收敛，但并不能通过实现城市群市场统一来推动城市经济收敛，并且还产生了一定抑制作用。北方的京津冀城市群方面，影响效应检验结果显示，京津冀城市群规划的经济联系、产业分工、市场统一机制都未对城市经济收敛起到显著正向作用，甚至还产生了显著抑制作用。

8.2　政策建议

现阶段城市群建设已成我国区域协调发展的重要抓手，针对南北经济差距这一新时期我国区域发展面临的突出问题，需要对当前南北城市群政策工具依据其具体政策功效的差异性和互补性作进一步的优化配置。为此，本书基于理论和经验研究的相关结论，提出以下政策建议。

第一，正确认识新时期南北经济差距问题，以城市经济收敛为抓手缩小南北经济差距。现阶段我国区域经济发展呈现出一些新情况，东西经济差距呈不断缩小势头，南北经济差距逐步扩大。已有研究表明，地区间经济差距是造成东西总体经济差距的主因，但关于南北经济差距的主因不在两个地区之间。应当承认，我国南北经济确实呈现出比较明显的分化特征，但本书通过 Dagum 基尼系数分析发现，地区内部经济差距是造成当前南北经济差距的主要原因，并且通过传统马尔可夫链以及空间马尔可夫链分析发现，南北内部城市间经济增长的固化程度较高，存在明显的马太效应。综上所述，对于南北经济差距，我们不能仅看南北之间在经济总量、人均量、增长速度等方面的差距，而更应该重点关注南北地区内部经济差距。因此，为解决南北经济差距问题，需要将促进地区内部城市经济收敛作为缩小南北经济差距的重要抓手。

第二，注重发挥国家级规划的纲领性作用，以城市群建设为契机推动南北经济协调发展。本书研究发现，国家级城市群规划对城市经济收敛起到显著促进作用，说明国家级城市群发展规划的实施有助于城市群由培育型逐步发展为成熟型，国家级城市群规划有助于消除利益和行政壁垒，推动区域间要素的自由流通与高效配置，进而推动城市群内部经济协调发展。由此看来，我国城市群发展更要注重国家级规划的纲领性作用。南方城市群方面，实证结果显示，当前南方城市群规划有助于促进城市经济收敛，因此，对于南方已获中央批复的5个国家级城市群，应继续按照国家级规划的总体要求，统筹区域发展空间布局，扩大城市群中心城市的经济辐射效应。北方城市群方面，实证结果显示当前北方城市群规划对城市经济收敛的促进作用尚未显现，因此，对于北方已获中央批复的6个国家级城市群，在遵循国家级城市群规划总体要求的同时，也要认识到并解决好城市群自身在推动城市协调发展过程中存在的一些问题，尽可能避免中心城市的虹吸效应，强化中心城市的经济带动力，充分释放出国家级城市群建设在推动城市经济收敛方面的功能。此外，对于国家"十四五"规划中提及的8个区域性城市群，也要不断完善区域内城市合作机制，充分发挥区域政策、地方政府在推动城市群经济协调发展过程中的重要功能。

第三，持续扩大城市群经济辐射能力，以增强城市经济联系促进南北城市经济收敛。本书研究结果表明，经济联系机制在南方城市群政策促进经济收敛过程中起到关键作用，而对北方城市群政策的经济协调效应未起到正向作用。因此，为增强城市群经济联系，亟须扩大城市群对经济区的辐射带动能力。（1）对于南方的城市群来说，重点要协调好城市群和域内都市圈之间的关系，尽管总体上经济联系发挥了重要作用，但一些城市群的内部联系仍很松散，如长江中游的南昌都市圈以及长株潭都市圈，其实与长江中游城市群间的联系并不密切，故要树立系统观念，坚持"一盘棋"思想，充分释放城市群内部城市各自比较优势，加速经济互联互通，实现与中心城市间经济资源的互补与利用，加强政策统筹、一体推动，构建分工明确、联动协同的经济格局。（2）对于北方的城市群来说，为挖掘经济联系提升城市群政策经济收敛效应的潜力，建议做到以下三点。一是重视副中心城市经济增长极的培育，不断丰富城市间经济合作项目，强化副中心城市在中心与外围经济联系的"桥梁"作用，进而提升中心城市的经济辐射效应；二是加速消除城市间行政壁垒和制度障碍，持续引导生产要素自由流动，积极完善协同发展的体制机制；三是建立完善城市群交通运输一体化发展机制，以城际交通为主导，驱动生成城际交通、轨道交通、高速公路等快速交通方式，实现各种运输方式间的连接与合作。

第四，着力提升城市群产业协同发展水平，以优化产业分工布局推动南北城市经济收敛。本书研究表明，产业分工机制在南方的城市群政策促进经济收敛过程中起到显著正向作用，而对北方的城市群政策的经济协调效应未体现出来。因此，为充分发挥我国城市群协同发展的制度优势，亟须强化产业协调发展能力。（1）对于南方的城市群来说，为进一步优化产业分工对城市群经济协调发展的作用效果，建议做好以下三点。一是强化政策联动推进产业协同高效，增强对城市群产业发展的统筹规划，大力推进产业发展规划、政策等跨地区、跨部门协调，提高对关键事项落实情况的督促检查力度；二是强化产业链合作推进产业集群，共建创新产业链跨区域合作的制度安排，鼓励跨区域的"链长合作"以及"链主合作"，打破产业链协调的行政边界障碍，构建跨区域产业链对接合作的平台载体、配套政策等；三是强化创新，共谋推进产业升级合作。厘清城市群产业转型升级的共性技术、核心技术等，打造关键核心技术攻关项目库，使用联合招标、"揭榜挂帅"等方式，调动和联合城市群乃至国内外的科创资源予以攻关。（2）对于北方的城市群来说，为了挖掘出产业分工提升城市群建设经济收敛效应的潜力，建议做好以下三点。一要不断推进市场化改革，坚决破除地方保护和各种壁垒，加快要素跨区自由流动，在城市群内部建立基于市场力量的专业化分工格局；二要不断完善城市群产业发展规划统筹机制，根据城市群整体利益对各内部城市产业发展规划进行统一编制，明晰各城市功能分工，推进各城市产业发展规划相互衔接和相互协调；三要构建城市群要素协调配置机制，提高要素空间配置效率，根据城市群各城市经济规模与人口密度来明确土地供给、产业布局、公共投资等，推进产业集中布局。

第五，加快建设城市群地区间统一大市场，以推进市场一体化助力南北城市经济收敛。本书研究得出，市场统一机制在南北城市群政策促进经济收敛过程中没有显著正向作用，因此，为更充分发挥城市群政策的经济协调效应，亟须推进经济活动在城市群每个城市内部、城市群的城市间、城市群与城市群间的畅通循环，构建国民经济循环的统一大市场。（1）要驱动城市群每个城市内部的畅通循环。制约城市内部循环的本质在于单一城市空间中要素禀赋有限状态下的供求体系不均衡，故需借助针对性的政策来改善城市空间布局。（2）要推进城市群内部城市之间的畅通循环。因城市群大多是跨行政区域，一体化推进具有一定难度。因此，建议在行政管理体制、财税体制以及官员晋升考核机制等方面做一些改革，驱动城市间关系由竞争变为合作。（3）要推动城市群与城市群之间的畅通循环。一是要发挥城市群的国内引擎功能。城市群不是为了画"圈"，而是要形成"合力"，提升自身的整体实力和综合竞争力，从而形成城市群拉动当地区域的协调发展模式，并进一步释放对更广区域的支持与拉动功能。二是要注重城市群的国际枢纽功能。这里不仅要打造国际化的营商环境，全面优化外商投资服务，而且要为国内企业"走出去"提供强大支撑，加快生产性服务业国际化发展，支持企业融入全球产业链供应链。

第六，统筹优化新质生产力布局，以发展新质生产力促进南北经济协调。2023 年 9 月，习近平总书记在黑龙江主持召开新时代推动东北全面振兴座谈会上指出，要整合科技创新资源，引领发展战略性新兴产业和未来产业，加快形成新质生产力。[①] 2024 年 3 月，习近平总书记在长

---

① 习近平主持召开新时代推动东北全面振兴座谈会强调：牢牢把握东北的重要使命 奋力谱写东北全面振兴新篇章 ［EB/OL］. （2023 – 09 – 09）［2024 – 04 – 30］. https：//www.gov.cn/yao-wen/liebiao/2023/09/content_6903072.htm.

沙主持召开的新时代推动中部地区崛起座谈会上进一步强调，要以科技创新引领产业创新，积极培育和发展新质生产力。[①] 2024 年 4 月，习近平总书记在重庆主持召开的新时代推动西部大开发座谈会上再次强调，因地制宜发展新质生产力，探索发展现代制造业和战略性新兴产业，布局建设未来产业，形成地区发展新动能。[②] 综上，新质生产力的提出，不仅指明了新发展阶段激发新动能的决定力量，更明确了我国深入实施区域协调发展战略的关键着力点。发展新质生产力为推动南北经济协调发展提供了新机遇，然而也可能会拉大南北经济发展的差距，因此，亟须统筹优化新质生产力布局，更好发挥新质生产力的经济协调效应。一是优化新质生产力布局的顶层设计。中央政府要积极引导地方政府因地制宜发展新质生产力，推动新质生产力在南北部之间的流动，尽可能规避南北区域间新质生产力重复建设以及由此产生的区域冲突。在有序引导发达地区追踪或引领全球技术创新潮流的同时，重点支持欠发达地区与老工业基地的新质生产力培育。二是优化科技与教育资源的空间布局。科教资源是培育与发展新质生产力的关键要素，统筹推动南北部新质生产力的协调发展，亟须进一步优化科教资源的空间布局，在完善已有的可行的对口支援与对口合作政策基础之上，中央政府在配置科教资源时应向发展不充分的欠发达区域适度倾斜。三是优化人才培养与引进的区域格局。发展新质生产力归根结底要靠人才，因此，优化新质生产力布局，须在驱动南北部高水平人才高地和吸引集聚人才平台建设的同时，推动人才在南北部之间更加合理地布局并实现协调发展，特别是亟须强化欠发达地区和农村地区的人才培养和吸引能力。四是优化区域间新兴

---

① 习近平主持召开新时代推动中部地区崛起座谈会强调：在更高起点上扎实推动中部地区崛起 [EB/OL]．（2024 - 03 - 20）[2024 - 04 - 30]．https：//www. gov. cn/yaowen/liebiao/2024/03/content_6940500. htm？menuid = 197.

② 习近平主持召开新时代推动西部大开发座谈会强调：进一步形成大保护大开放高质量发展新格局 奋力谱写西部大开发新篇章 [EB/OL]．（2024 - 04 - 23）[2024 - 04 - 30]．https：//www. gov. cn/yaowen/liebiao/2024/04/content_6947130. htm？role = s.

产业和未来产业的分工与合作。南北部都存在转型升级传统产业、培育壮大新兴产业、谋划布局未来产业的需求，在推动南北部实现创新驱动发展的进程中，须进一步提高南北部之间的产业分工协作水平和层次，推动南北部企业之间聚焦颠覆性技术和前沿技术大力开展相应的分工与合作。

8.3 研究展望

本书基于马丁（Martin，1999）提出的区域经济政策模型，理论分析了城市群政策对经济收敛的影响，并借助双重差分方法实证估测了城市群政策对经济收敛的影响效应，还使用交叉效应模型实证检验了其中的传导机制，本书的研究结论可在一定程度上为城市群政策带动南北经济协调发展提供借鉴参考。当然，本书仍然存在诸多有待改进的地方，以下可能是值得更进一步深入研究的两个方向。

第一，理论分析有待深入。本书的理论假设主要是参考既有相关文献与经典理论模型提出的，严格说来仅能视为一个粗略的分析框架。倘若能在理论模型中纳入本书所考察的经济联系、产业分工、市场统一三条影响机制，并且依此提出相应的机制假设，将会大大提升本书理论假设的学理性和严谨性。因此，对于本书的理论模型还有待丰富和优化。

第二，实证数据有待完善。本书在检验南北城市群规划影响经济收敛的机制时，囿于数据的可得性，选择以长三角和京津冀作为南北城市群的代表案例，虽得到了一些可能有价值的结论，但终究不能将这些结论置于所有城市群之中。因此，如果能搜集到其余9个国家级城市群内城市的相关机制变量数据，进一步分析城市群政策对经济收敛的传导机制，预期会获得更为丰富的结论。

参 考 文 献

[1] 安虎森，周江涛．影响我国南北经济差距的主要因素分析 [J]．经济纵横，2021（7）：28－38．

[2] 白俊红，王林东．创新驱动对中国地区经济差距的影响：收敛还是发散？[J]．经济科学，2016（2）：18－27．

[3] 卞元超，吴利华，白俊红．高铁开通、要素流动与区域经济差距 [J]．财贸经济，2018，39（6）：147－161．

[4] 陈飞翔，黎开颜，刘佳．锁定效应与中国地区发展不平衡 [J]．管理世界，2007（12）：8－17．

[5] 陈丰龙，徐康宁，王美昌．高铁发展与城乡居民收入差距：来自中国城市的证据 [J]．经济评论，2018（2）：59－73．

[6] 陈国亮，唐根年．基于互联网视角的二三产业空间非一体化研究——来自长三角城市群的经验证据 [J]．中国工业经济，2016（8）：76－92．

[7] 陈虹，朱鹏珅．资本回报率对我国区域经济非均衡发展的影响 [J]．经济科学，2015（6）：11－22．

[8] 陈林，伍海军．国内双重差分法的研究现状与潜在问题 [J]．数量经济技术经济研究，2015，32（7）：133－148．

[9] 陈明生，郑玉璐，姚笛．基础设施升级、劳动力流动与区域经济差距——来自高铁开通和智慧城市建设的证据 [J]．经济问题探索，

2022（5）：109 – 122.

　　［10］陈秀山，徐瑛．中国区域差距影响因素的实证研究［J］．中国社会科学，2004（5）：117 – 129，207.

　　［11］陈彦光，刘继生．基于引力模型的城市空间互相关和功率谱分析——引力模型的理论证明、函数推广及应用实例［J］．地理研究，2002（6）：742 – 752.

　　［12］陈瑶，吴婧．区域一体化对工业绿色发展效率的影响及空间分异研究——来自长三角城市群的证据［J］．东岳论丛，2021，42（10）：151 – 161.

　　［13］程学伟，黎中彦，吴默妮，韩兆洲．区域一体化促进了当地经济发展了吗？基于286个地级市面板数据的实证分析［J］．经济问题探索，2020，459（10）：56 – 67.

　　［14］丛胜美，耿鹏鹏，罗必良．市场化、南北差距及其根源——基于作物性质的政治经济学考察［J］．南方经济，2022（1）：1 – 18.

　　［15］崔婷婷，陈宪．创新效率对地区间经济差距的影响途径研究［J］．上海大学学报（社会科学版），2020，37（3）：96 – 106.

　　［16］戴德颐．基于资源异质性的南北经济发展差距研究［J］．技术经济与管理研究，2020（1）：94 – 98.

　　［17］邓金钱，何爱平．政府主导、市场化进程与城乡收入差距［J］．农业技术经济，2018（6）：44 – 56.

　　［18］邓忠奇，高廷帆，朱峰．地区差距与供给侧结构性改革——"三期叠加"下的内生增长［J］．经济研究，2020，55（10）：22 – 37.

　　［19］丁任重，许渤胤，张航．城市群能带动区域经济增长吗？基于7个国家级城市群的实证分析［J］．经济地理，2021，41（5）：37 – 45.

　　［20］董雪兵，池若楠．中国区域经济差异与收敛的时空演进特征［J］．经济地理，2020，40（10）：11 – 21.

［21］董艳梅，朱英明．高铁建设能否重塑中国的经济空间布局——基于就业、工资和经济增长的区域异质性视角［J］．中国工业经济，2016（10）：92－108．

［22］杜宇，吴传清．中国南北经济差距扩大：现象、成因与对策［J］．安徽大学学报（哲学社会科学版），2020，44（1）：148－156．

［23］段平忠．我国人口流动对区域经济增长收敛效应的影响［J］．人口与经济，2008（4）：1－5．

［24］樊纲，王小鲁，马光荣．中国市场化进程对经济增长的贡献［J］．经济研究，2011，46（9）：4－16．

［25］范剑勇，林云．产品同质性、投资的地方保护与国内产品市场一体化测度［J］．经济研究，2011，46（11）：48－59．

［26］范晓莉，崔艺苧．异质性人力资本、基础设施与城乡收入差距——基于新经济地理视角的理论分析与实证检验［J］．西南民族大学学报（人文社科版），2018，39（11）：106－116．

［27］方叶林，程雪兰，苏雪晴，鲍捷．一体化进程对旅游经济的空间溢出效应——以长三角城市群为例［J］．地理科学，2021，41（9）：1546－1555．

［28］付金存，赵洪宝，李豫新．新经济地理理论视域下地区差距的形成机制及政策启示［J］．经济体制改革，2014（5）：43－47．

［29］傅晓霞，吴利学．技术差距、创新路径与经济赶超——基于后发国家的内生技术进步模型［J］．经济研究，2013，48（6）：19－32．

［30］郭金龙，王宏伟．中国区域间资本流动与区域经济差距研究［J］．管理世界，2003（7）：45－58．

［31］郭妍，张立光．我国区域经济的南北分化及其成因［J］．山东社会科学，2018（11）：154－159．

［32］贺灿飞，梁进社．中国区域经济差异的时空变化：市场化、

全球化与城市化 [J]. 管理世界, 2004 (8): 8 – 17, 155.

[33] 侯杰, 张梅青. 城市群功能分工对区域协调发展的影响研究——以京津冀城市群为例 [J]. 经济学家, 2020 (6): 77 – 86.

[34] 侯燕飞, 陈仲常. 中国"人口流动 – 经济增长收敛谜题"——基于新古典内生经济增长模型的分析与检验 [J]. 中国人口·资源与环境, 2016, 26 (9): 11 – 19.

[35] 侯赟慧, 刘志彪, 岳中刚. 长三角区域经济一体化进程的社会网络分析 [J]. 中国软科学, 2009 (12): 90 – 101.

[36] 胡尧, 严太华, 石文桂. 资源依赖影响资源型城市贫困减缓的机理与实证——基于产业特征视角 [J]. 经济问题探索, 2021 (1): 91 – 103.

[37] 黄涛, 胡宜国, 胡宜朝. 地区人均 GDP 分布的基尼系数分析 [J]. 管理世界, 2006 (5): 45 – 51, 171 – 172.

[38] 蒋天颖, 华明浩, 张一青. 县域经济差异总体特征与空间格局演化研究——以浙江为实证 [J]. 经济地理, 2014, 34 (1): 35 – 41.

[39] 蒋天颖, 张超, 孙平, 等. 浙江省县域金融创新空间分异及驱动因素 [J]. 经济地理, 2019, 39 (4): 146 – 154.

[40] 蒋天颖. 浙江省区域创新产出空间分异特征及成因 [J]. 地理研究, 2014, 33 (10): 1825 – 1836.

[41] 蒋欣娟, 孙倩倩, 吴福象. 技术专业化分工、地区创新能力演化与区域协调发展 [J]. 城市问题, 2022 (1): 23 – 33.

[42] 景维民, 莫龙炯. 经济转型时期国有经济最优规模研究——基于省际数据的实证分析 [J]. 经济学家, 2017 (9): 12 – 19.

[43] 柯蕴颖, 王光辉, 刘勇. 城市群一体化促进区域产业结构升级了吗? [J]. 经济学家, 2022 (7): 62 – 75.

[44] 兰秀娟. 高铁网络促进了城市群经济高质量发展吗? [J]. 经

济与管理研究，2022，43（6）：106－128．

［45］黎文勇，杨上广．城市群功能分工对全要素生产率的影响研究——基于长三角城市群的经验证据［J］．经济问题探索，2019（5）：74－81．

［46］李钢，王罗汉．国有经济的发展对我国省际经济差距收敛的影响［J］．经济管理，2015，37（1）：33－42．

［47］李格，高达，吕世公．区域一体化与城市群绿色发展——基于长三角扩容的准自然实验［J］．经济经纬，2022，39（4）：22－31．

［48］李国平，王立明，杨开忠．深圳与珠江三角洲区域经济联系的测度及分析［J］．经济地理，2001（1）：33－37．

［49］李红锦，张宁，李胜会．区域协调发展：基于产业专业化视角的实证［J］．中央财经大学学报，2018（6）：106－118．

［50］李松林，刘修岩，周霄雪．摩天大楼与中国城市经济增长［J］．中国经济问题，2021（5）：107－125．

［51］李天籽，韩沅刚．武汉城市圈科技金融效率时空特征与趋同演化分析［J］．经济地理，2022，42（1）：61－69．

［52］李亚玲，汪戎．人力资本分布结构与区域经济差距——一项基于中国各地区人力资本基尼系数的实证研究［J］．管理世界，2006（12）：42－49．

［53］李治国，王杰，王叶薇．经济集聚扩大绿色经济效率差距了吗？来自黄河流域城市群的经验证据［J］．产业经济研究，2022（1）：29－42．

［54］李智超，谭西涵．府际合作可以缩小城市经济增长差距吗？基于我国三大城市群的比较分析［J］．甘肃行政学院学报，2021（2）：52－60，126．

［55］林毅夫，刘培林．中国的经济发展战略与地区收入差距［J］．经济研究，2003（3）：19－25，89．

[56] 林勇, 张宗益. 禀赋差距还是权利缺失: 区域经济发展差距理论与实证研究 [J]. 中国人口·资源与环境, 2008 (1): 51-56.

[57] 刘斌, 潘彤. 地方政府创新驱动与中国南北经济差距——基于企业生产率视角的考察 [J]. 财经研究, 2022, 48 (2): 18-32.

[58] 刘华军, 杜广杰. 中国经济发展的地区差距与随机收敛检验——基于 2000~2013 年 DMSP/OLS 夜间灯光数据 [J]. 数量经济技术经济研究, 2017, 34 (10): 43-59.

[59] 刘华军, 刘传明, 孙亚男. 中国能源消费的空间关联网络结构特征及其效应研究 [J]. 中国工业经济, 2015 (5): 83-95.

[60] 刘华军, 孙东旭, 丁晓晓. 中国居民收入的南北差距分析 [J]. 中国人口科学, 2022 (4): 30-43, 126-127.

[61] 刘慧. 区域差异测度方法与评价 [J]. 地理研究, 2006 (4): 710-718.

[62] 刘乃全, 胡羽琦. 区域一体化可以缩小城市间收入差距吗? 来自长三角地区的经验证据 [J]. 浙江社会科学, 2022 (10): 12-24, 155.

[63] 刘乃全, 吴友. 长三角扩容能促进区域经济共同增长吗 [J]. 中国工业经济, 2017 (6): 79-97.

[64] 刘瑞明, 赵仁杰. 西部大开发: 增长驱动还是政策陷阱——基于 PSM-DID 方法的研究 [J]. 中国工业经济, 2015 (6): 32-43.

[65] 刘瑞明. 所有制结构、增长差异与地区差距: 历史因素影响了增长轨迹吗? [J]. 经济研究, 2011, 46 (S2): 16-27.

[66] 刘生龙, 胡鞍钢. 交通基础设施与经济增长: 中国区域差距的视角 [J]. 中国工业经济, 2010 (4): 14-23.

[67] 刘生龙, 张捷. 空间经济视角下中国区域经济收敛性再检验——基于 1985-2007 年省级数据的实证研究 [J]. 财经研究, 2009, 35 (12): 16-26.

[68] 刘生龙，郑世林．减贫政策、经济增长与区域收敛——双差分的一个应用 [J]．产业经济评论，2021（6）：114 – 134.

[69] 刘伟，李绍荣．所有制变化与经济增长和要素效率提升 [J]．经济研究，2001（1）：3 – 9，93.

[70] 刘修岩，邵军，薛玉立．集聚与地区经济增长：基于中国地级城市数据的再检验 [J]．南开经济研究，2012（3）：52 – 64.

[71] 刘学良，续继，宋炳妮．中国区域发展不平衡的历史动态、表现和成因——东西差距和南北差距的视角 [J]．产业经济评论，2022（2）：152 – 167.

[72] 刘怡，张宁川，周凌云．高铁建设与区域均衡发展——来自京津冀高铁通车的证据 [J]．北京大学学报（哲学社会科学版），2018，55（3）：60 – 71.

[73] 刘勇．交通基础设施投资、区域经济增长及空间溢出作用——基于公路、水运交通的面板数据分析 [J]．中国工业经济，2010（12）：37 – 46.

[74] 刘智勇，李海峥，胡永远，李陈华．人力资本结构高级化与经济增长——兼论东中西部地区差距的形成和缩小 [J]．经济研究，2018，53（3）：50 – 63.

[75] 陆铭，陈钊．分割市场的经济增长——为什么经济开放可能加剧地方保护？[J]．经济研究，2009，44（3）：42 – 52.

[76] 陆铭，陈钊．论中国区域经济发展的两大因素和两种力量 [J]．云南大学学报（社会科学版），2005（4）：27 – 38，69 – 95.

[77] 吕承超，崔悦．中国南北经济差距及其趋势预测 [J]．中央财经大学学报，2022（6）：116 – 128.

[78] 吕承超，索琪，杨欢．"南北"还是"东西"地区经济差距大？中国地区经济差距及其影响因素的比较研究 [J]．数量经济技术经济研究，2021，38（9）：80 – 97.

[79] 罗能生，孙利杰. 交通发展对区域经济差距的影响 [J]. 城市问题，2019（8）：51 - 60.

[80] 马孟琛，刘芳，张皓. 共同富裕研究的热点、演进路径与主要特征——基于中国人民大学书报资料中心复印报刊资料的 CiteSpace 分析 [J]. 经济与管理评论，2022，38（4）：39 - 50.

[81] 马为彪，吴玉鸣，许丽萍. 高铁开通与长三角区域经济发展差距——基于中心—外围的分析视角 [J]. 经济问题探索，2022（8）：149 - 165.

[82] 毛其淋，陈乐远. 地区金融发展如何影响了中国企业进口 [J]. 国际贸易问题，2021（6）：48 - 62.

[83] 门洪亮，李舒. 资本流动对区域经济发展差距的影响分析 [J]. 南开经济研究，2004（2）：71 - 74.

[84] 倪鹏飞，刘伟，黄斯赫. 证券市场、资本空间配置与区域经济协调发展——基于空间经济学的研究视角 [J]. 经济研究，2014，49（5）：121 - 132.

[85] 彭国华. 技术能力匹配、劳动力流动与中国地区差距 [J]. 经济研究，2015，50（1）：99 - 110.

[86] 皮建才. 中国式分权下的地方官员治理研究 [J]. 经济研究，2012，47（10）：14 - 26.

[87] 齐昕，王立军，张家星，王妃玥. 高铁影响下城市群空间关联形态与经济增长效应研究 [J]. 地理科学，2021，41（3）：416 - 427.

[88] 尚永珍，陈耀. 城市群内功能分工有助于经济增长吗？基于十大城市群面板数据的经验研究 [J]. 经济经纬，2020，37（1）：1 - 8.

[89] 邵秀燕，陈思华. 数字经济发展是否促进了中国区域经济增长收敛？[J]. 南京社会科学，2022（8）：37 - 46.

[90] 沈洁. 中国城市集中的度量及其空间分异特征——基于 DMSP-OLS 夜间灯光数据 [J]. 经济地理，2021，41（5）：46 - 56.

［91］盛斌，毛其淋．贸易开放、国内市场一体化与中国省际经济增长：1985～2008 年［J］．世界经济，2011（11）：44－66.

［92］盛来运，郑鑫，周平，李拓．我国经济发展南北差距扩大的原因分析［J］．管理世界，2018，34（9）：16－24.

［93］石风光，李宗植．要素投入、全要素生产率与地区经济差距——基于中国省区数据的实证分析［J］．数量经济技术经济研究，2009，26（12）：19－31.

［94］宋颜群，胡浩然．外资准入如何影响中国相邻城市间生产率差距？［J］．南方经济，2022（1）：56－77.

［95］苏红键，赵坚．产业专业化、职能专业化与城市经济增长——基于中国地级单位面板数据的研究［J］．中国工业经济，2011（4）：25－34.

［96］孙鲲鹏，石丽娜．企业互联网使用与大数据治税的效应［J］．经济研究，2022，57（5）：176－191.

［97］孙巍，徐邵军．技术进步路径转换、异质性劳动力流动与地区经济差距演化［J］．经济评论，2021（5）：65－85.

［98］孙晓华，李明珊，王昀．市场化进程与地区经济发展差距［J］．数量经济技术经济研究，2015，32（6）：39－55.

［99］唐睿．一体化政策对旅游业收敛的影响机制研究——以长三角城市经济协调会发布的政策为例［J］．产业经济研究，2021（1）：113－127.

［100］唐为．要素市场一体化与城市群经济的发展——基于微观企业数据的分析［J］．经济学（季刊），2021，21（1）：1－22.

［101］唐兆涵，陈璋．区域经济差距的形成动因、演变路径和发展趋势——基于技术引进视角的研究［J］．上海经济研究，2019（2）：46－57.

［102］陶长琪，齐亚伟．技术效率与要素累积对中国地区差距的效

应分析——基于 DEA 三阶段模型［J］. 科学学与科学技术管理，2011，32（9）：23 – 29.

［103］陶晓红，齐亚伟. 中国区域经济时空演变的加权空间马尔可夫链分析［J］. 中国工业经济，2013（5）：31 – 43.

［104］涂正革，程烺，张沐. 中国营商环境地区差异及时空演变特征研究［J］. 数量经济技术经济研究，2022，39（7）：3 – 25.

［105］王德忠，庄仁兴. 区域经济联系定量分析初探——以上海与苏锡常地区经济联系为例［J］. 地理科学，1996（1）：51 – 57.

［106］王锋，葛星. 低碳转型冲击就业吗？来自低碳城市试点的经验证据［J］. 中国工业经济，2022（5）：81 – 99.

［107］王慧，张梅青. 高铁对京津冀地区可达性及经济联系的影响［J］. 地理科学，2021，41（9）：1615 – 1624.

［108］王磊，李峰波，马新宇. 中国南北差距之谜：结构转换与结构冲击——基于空间计量模型的实证分析［J］. 云南财经大学学报，2022，38（5）：1 – 15.

［109］王亮，张芳芳. 一体化是否加剧了城市群内部发展不平衡？基于京津冀与成渝城市群的比较研究［J］. 城市发展研究，2022，29（2）：41 – 47，2.

［110］王淑娟，王笫旭，李豫新. 劳动力流动对区域经济发展差距的影响研究——以新疆为例［J］. 人口与经济，2015（1）：72 – 80.

［111］王维. 南北经济收敛性与共同富裕［J］. 南方经济，2022（10）：37 – 53.

［112］王贤彬，刘淑琳，黄亮雄. 金融杠杆如何影响城市经济增长——新的计量证据与机制识别［J］. 财贸经济，2021，42（11）：36 – 51.

［113］王小鲁，樊纲. 中国地区差距的变动趋势和影响因素［J］. 经济研究，2004（1）：33 – 44.

［114］王晓鸿，王崇光．我国东西部区域经济发展差距与对策研究——基于要素禀赋和政策视角［J］．经济问题探索，2008（5）：34 - 38.

［115］王雨飞，倪鹏飞．高速铁路影响下的经济增长溢出与区域空间优化［J］．中国工业经济，2016（2）：21 - 36.

［116］王振华，李萌萌，江金启．交通可达性提升对城市经济增长的影响——基于283个城市DMSP/OLS夜间卫星灯光数据的空间计量分析［J］．中国经济问题，2020（5）：84 - 97.

［117］王志勇，叶祥松，林仲豪．城市功能对经济增长影响的空间计量分析——以珠三角城市群为例［J］．人文地理，2021，36（1）：94 - 103，134.

［118］韦倩，王安，王杰．中国沿海地区的崛起：市场的力量［J］．经济研究，2014，49（8）：170 - 183.

［119］魏后凯，年猛，李玏．"十四五"时期中国区域发展战略与政策［J］．中国工业经济，2020（5）：5 - 22.

［120］魏后凯．外商直接投资对中国区域经济增长的影响［J］．经济研究，2002（4）：19 - 26，92 - 93.

［121］魏敏，李书昊．新时代中国经济高质量发展水平的测度研究［J］．数量经济技术经济研究，2018，35（11）：3 - 20.

［122］文荣光，陈勇，汪行东．城市群分工、市场潜力与地区工资差距——基于我国16个城市群的实证研究［J］．经济问题探索，2021（3）：71 - 79.

［123］吴志才，张凌媛，黄诗卉．粤港澳大湾区旅游经济联系的空间结构及协同合作模式［J］．地理研究，2020，39（6）：1370 - 1385.

［124］谢守红，邓玉茹，傅春梅．长三角城市群市场一体化与经济增长的互动效应研究［J］．城市发展研究，2021，28（3）：44 - 48.

［125］谢卓廷，王自力．政府主导区域一体化的经济增长差异分

析——基于工业水平视角的 PSM-DID 实证研究 [J]. 经济问题探索，2020（11）：132 – 143.

[126] 徐康宁，王剑. 自然资源丰裕程度与经济发展水平关系的研究 [J]. 经济研究，2006（1）：78 – 89.

[127] 徐敏，姜勇. 中国产业结构升级能缩小城乡消费差距吗？ [J]. 数量经济技术经济研究，2015，32（3）：3 – 21.

[128] 徐文舸，刘洋. 我国地区经济增长收敛的动态变化：1978—2017 年 [J]. 贵州财经大学学报，2019（5）：1 – 11.

[129] 徐现祥，李郁，王美今. 区域一体化、经济增长与政治晋升 [J]. 经济学（季刊），2007（4）：1075 – 1096.

[130] 许宪春，雷泽坤，窦园园，柳士昌. 中国南北平衡发展差距研究——基于"中国平衡发展指数"的综合分析 [J]. 中国工业经济，2021（2）：5 – 22.

[131] 闫佳敏，沈坤荣. 中国南北经济差距的测度及原因分析 [J]. 首都经济贸易大学学报，2022，24（2）：3 – 14.

[132] 严成樑，崔小勇. 资本投入、经济增长与地区差距 [J]. 经济科学，2012（2）：21 – 33.

[133] 杨多贵，刘开迪，周志田. 我国南北地区经济发展差距及演变分析 [J]. 中国科学院院刊，2018，33（10）：1083 – 1092.

[134] 杨珩，佟琼. 京沪高铁对沿线城市区域公平的影响研究 [J]. 管理评论，2020，32（2）：90 – 101.

[135] 杨继军，刘依凡，陈旭，赵跃叶. 城市群空间功能分工、规模功能借用与企业出口增加值 [J]. 经济科学，2021（5）：68 – 83.

[136] 杨开忠，顾芸. 我国新时代南北经济发展差距变化趋势 [J]. 南方经济，2022（6）：25 – 39.

[137] 杨孟禹，胡冰璇. 城市群发展对城市差距的影响——基于城市集群的视角 [J]. 城市与环境研究，2021（4）：76 – 93.

［138］杨明洪，黄平．南北差距中的结构效应及空间差异性测度
［J］．经济问题探索，2020（5）：1－13．

［139］杨明洪，巨栋，涂开均．"南北差距"：中国区域发展格局演
化的事实、成因与政策响应［J］．经济理论与经济管理，2021，41
（4）：97－112．

［140］杨明洪，涂开均，巨栋．"南北差距"的理论解释与政策机
理［J］．河北经贸大学学报，2021，42（5）：37－45．

［141］杨文举．适宜技术理论与中国地区经济差距：基于IDEA的
经验分析［J］．经济评论，2008（3）：28－33．

［142］杨阳，曾刚，葛世帅，郝均．国内外绿色创新研究进展与展
望［J］．经济地理，2022，42（3）：10－21．

［143］于斌斌，郭东．区域一体化助推城市群高质量发展［N］．中
国社会科学报，2022－02－23（03）．

［144］于伟，张鹏，姬志恒．中国城市群生态效率的区域差异、分
布动态和收敛性研究［J］．数量经济技术经济研究，2021，38（1）：
23－42．

［145］余泳泽，潘妍．高铁开通缩小了城乡收入差距吗？基于异质
性劳动力转移视角的解释［J］．中国农村经济，2019（1）：79－95．

［146］张超，钟昌标，蒋天颖，李兴远．我国区域协调发展时空分
异及其影响因素［J］．经济地理，2020，40（9）：15－26．

［147］张超，钟昌标．我国区域基本公共卫生服务公平与效率测度
［J］．统计与决策，2021，37（22）：144－148．

［148］张凡，宁越敏，娄曦阳．中国城市群的竞争力及对区域差异
的影响［J］．地理研究，2019，38（7）：1664－1677．

［149］张光南，张海辉，杨全发．中国"交通扶贫"与地区经济差
距——来自1989－2008年省级面板数据的研究［J］．财经研究，2011，
37（8）：26－35．

［150］张恒龙，陈方圆．高铁对区域协调发展的影响分析——基于徐兰客运专线的实证分析［J］．上海大学学报（社会科学版），2018，35（5）：91-106．

［151］张红梅，李善同，许召元．改革开放以来我国区域差距的演变［J］．改革，2019（4）：78-87．

［152］张军扩．中国区域政策回顾与展望［J］．管理世界，2022，38（11）：1-12．

［153］张克中，陶东杰．交通基础设施的经济分布效应——来自高铁开通的证据［J］．经济学动态，2016（6）：62-73．

［154］张俐，马敏象，杜军，谭鹏，普康晶，吴斌．基于文献计量与标引统计的医疗领域区块链技术应用发展趋势研究［J］．情报学报，2021，40（9）：962-973．

［155］张梦婷，俞峰，钟昌标，林发勤．高铁网络、市场准入与企业生产率［J］．中国工业经济，2018（5）：137-156．

［156］张天舒，黄俊．区域经济集中、经济增长与收入差距［J］．金融研究，2013（2）：74-86．

［157］张亚丽，项本武．城市群一体化水平的测度及其经济增长效应研究——来自中国十大城市群的经验证据［J］．宏观经济研究，2021（12）：136-148，158．

［158］张跃，刘莉，黄帅金．区域一体化促进了城市群经济高质量发展吗？基于长三角城市经济协调会的准自然实验［J］．科学学研究，2021，39（1）：63-72．

［159］赵勇，白永秀．中国城市群功能分工测度与分析［J］．中国工业经济，2012（11）：18-30．

［160］赵勇，齐讴歌．空间功能分工有助于缩小地区差距吗？基于2003~2011年中国城市群面板数据的实证分析［J］．城市与环境研究，2015（4）：29-48．

［161］郑江淮，戴玮．中国技术空间雁行式变迁缩小了地区经济差异吗——基于地区间技术邻近度的假说和实证［J］．财贸经济，2021，42（12）：133－149．

［162］郑联盛，孟雅婧，李俊成．高铁开通、金融资源配置与区域经济发展不平衡——基于 PSM-DID 模型的估计［J］．金融评论，2022，14（3）：39－61，124－125．

［163］郑艳婷，杨慧丹，孟大虎．我国南北经济增速差距扩大的机理分析［J］．经济纵横，2021（3）：100－106．

［164］钟昌标，李富强，王林辉．经济制度和我国经济增长效率的实证研究［J］．数量经济技术经济研究，2006（11）：13－21．

［165］钟昌标，王林辉，董直庆．制度内生化均衡过程和我国经济增长制度有效性检验［J］．数量经济技术经济研究，2008（3）：89－101．

［166］钟腾，吴卫星，玛西高娃．金融市场化、农村资金外流与城乡收入差距［J］．南开经济研究，2020（4）：144－164．

［167］周黎安．中国地方官员的晋升锦标赛模式研究［J］．经济研究，2007（7）：36－50．

［168］周玲．省际资本流动是否影响了地区间经济差距？［J］．经济问题，2020（3）：105－112．

［169］周申，倪何永乐．高铁建设是否降低了省内地区收入差距？基于卫星灯光数据的经验研究［J］．现代经济探讨，2022（3）：82－94．

［170］周晓波，陈璋，王继源．中国南北方经济分化的现状、原因与对策——一个需要重视的新趋势［J］．河北经贸大学学报，2019，40（3）：1－9，39．

［171］朱琳，罗宏翔．交通基础设施建设影响区域经济差距的特征、机理及其实证研究［J］．云南财经大学学报，2022，38（3）：31－45．

[172] Bade F J, Laaser C F, Soltwedel R. Urban specialization in the internet age: empirical findings for Germany [R]. Kiel working paper, 2004.

[173] Baldwin R E, Forslid R. The core-periphery model and endogenous growth: stabilizing and destabilizing integration [J]. Economica, 2000, 67 (267): 307 – 324.

[174] Beckfield J. European integration and income inequality [J]. American Sociological Review, 2006, 71 (6): 964 – 985.

[175] Bernard A B, Moxnes A. Networks and Trade [J]. Annual Review of Economics, 2018 (10): 65 – 85.

[176] Blanchard O, Shleifer A. Federalism with and without political centralization: China versus Russia [J]. IMF Staff Papers, 2001, 48 (1): 171 – 179.

[177] Braakmann N, Vogel A. The impact of the 2004 EU enlargement on the performance of service enterprises in Germany's eastern border region [J]. Review of World Economics, 2010, 146 (1): 75 – 89.

[178] Brulhart M. Economic geography, industry location and trade: the evidence [J]. The World Economy, 1998, 21 (6): 775 – 801.

[179] Brülhart M, Sbergami F. Agglomeration and growth: cross-country evidence [J]. Journal of Urban Economics, 2009, 65 (1): 48 – 63.

[180] Chapman S A, Meliciani V. Income disparities in the enlarged EU: socio-economic, specialisation and geographical clusters [J]. Tijdschrift Voor Economische En Sociale Geografie, 2012, 103 (3): 293 – 311.

[181] Chen C. CiteSpace II: detecting and visualizing emerging trends and transient patterns in scientific literature [J]. Journal of the American Society for Information Science and Technology, 2006, 57 (3): 359 – 377.

[182] Chen Z, Haynes K E. Impact of high-speed rail on regional eco-

nomic disparity in China [J]. Journal of Transport Geography, 2017 (65):
80 – 91.

[183] Chica J E, Marmolejo C. Knowledge economy and metropolitan
growth: Barcelona and Helsinki metropolitan areas as case studies [J]. Inter-
national Journal of Knowledge-Based Development, 2016, 7 (1): 22 – 42.

[184] Combes P P. Economic structure and local growth: France, 1984 –
1993 [J]. Journal of Urban Economics, 2000, 47 (3): 329 – 355.

[185] Dagum C. A new approach to the decomposition of the Gini income
inequality ratio [J]. Empirical Economics, 1997, 22 (4): 515 – 531.

[186] Dahlman C. Turkey's accession to the European Union: the geo-
politics of enlargement [J]. Eurasian Geography and Economics, 2004, 45
(8): 553 – 574.

[187] Domar E D, Musgrave R A. Proportional income taxation and risk-
taking [J]. The Quarterly Journal of Economics, 1944, 58 (3): 388 – 422.

[188] Duranton G, Puga D. From sectoral to functional Urban special-
isation [J]. Journal of Urban Economics, 2005, 57 (2): 343 – 370.

[189] Ellison G, Glaeser E L. Geographic concentration in US manufac-
turing industries: a dartboard approach [J]. Journal of Political Economy,
1997, 105 (5): 889 – 927.

[190] Elsner B. Does emigration benefit the stayers? Evidence from EU
enlargement [J]. Journalof Population Economics, 2013, 26 (2): 531 –
553.

[191] François P. Note sur la notion de pôle de croissance [J]. Economc
Apliqué, 1955 (7): 307 – 320.

[192] Friedmann J. Regional Development Policy: A Case Study of Ven-
ezuela [M]. MIT Press, 1966.

[193] Fujita M, Krugman P R, Venables A. The Spatial Economy:

Cities, Regions, and International Trade [M]. MIT Press, 1999.

[194] Fujita M. A Monopolistic competition model of spatial agglomeration: a differentiated products approach [J]. Regional Science and Urban Economics, 1988 (18): 87 – 124.

[195] Fujita M, Thisse J. Economics of Agglomeration: Cities, Industrial Location, and Regional Growth [M]. Cambridge University Press, 2002.

[196] Gallup J L, Sachs J D, Mellinger A D. Geography and economic development [J]. International Regional Science Review, 1999, 22 (2): 179 – 232.

[197] Gruber J, Poterba J. Tax incentives and the decision to purchase health insurance: evidence from the self-employed [J]. The Quarterly Journal of Economics, 1994, 109 (3): 701 – 733.

[198] Heckman J J, Ichimura H, Todd P E. Matching as an econometric evaluation estimator: evidence from evaluating a job training programme [J]. The Review of Economic Studies, 1997, 64 (4): 605 – 654.

[199] Heckman J J, Ichimura H, Todd P. Matching as an econometric evaluation estimator [J]. The Review of Economic Studies, 1998, 65 (2): 261 – 294.

[200] Heidenreich M, Wunder C. Patterns of regional inequality in the enlarged Europe [J]. European Sociological Review, 2008, 24 (1): 19 – 36.

[201] Henderson V. The urbanization process and economic growth: the so-what question [J]. Journal of Economic Growth, 2003, 8 (1): 47 – 71.

[202] Hirschman A O. The Strategy of Economic Development [M]. Yale University Press, 1958.

[203] Ivlevs A. Minorities on the move? Assessing post-enlargement em-

igration intentions of Latvia's Russian speaking minority [J]. The Annals of Regional Science, 2013, 51 (1): 33 – 52.

[204] Krugman P. First nature, second nature, and metropolitan location [J]. Journal of Regional Science, 1993, 33 (2): 129 – 144.

[205] Krugman P. Increasing returns and economic geography [J]. Journal of Political Economy, 1991, 99 (3): 483 – 499.

[206] Kutan A M, Yigit T M. European integration, productivity growth and real convergence [J]. European Economic Review, 2007, 51 (6): 1370 – 1395.

[207] Liang Y, Zhou K, Li X, et al. Effectiveness of high-speed railway on regional economic growth for less developed areas [J]. Journal of Transport Geography, 2020 (82): 102621.

[208] Lucas Jr R E. On the mechanics of economic development [J]. Journal of Monetary Economics, 1988, 22 (1): 3 – 42.

[209] Martin P, Ottaviano G I P. Growth and agglomeration [J]. International Economic Review, 2001, 42 (4): 947 – 968.

[210] Martin P. Public policies, regional inequalities and growth [J]. Journal of Public Economics, 1999 (73): 85 – 105.

[211] Maskin E, Quan Y, Xu C. Incentives, scale economies, and organizational forms [J]. Review of Economic Studies, 2002 (67): 359 – 378.

[212] Montinola G, Qian Y, Weingast B R. Federalism, Chinese style: the political basis for economic success in China [J]. World Politics, 1995, 48 (1): 50 – 81.

[213] Myrdal G, Sitohang P. Economic Theory and Under-developed Regions [M]. London: Duckworth, 1957.

[214] Ottaviano G I P, Puga D. Agglomeration in the global economy: a

survey of the "New Economic Geography" [J]. World Economy, 1998, 21 (6): 701 – 731.

[215] Pastor J M, Serrano L. European integration and inequality among countries: a lifecycle income analysis [J]. Review of International Economics, 2012, 20 (1): 186 – 199.

[216] Pinch S, Sunley P. Do urban social enterprises benefit from agglomeration? Evidence from four UK cities [J]. Regional Studies, 2016, 50 (8): 1290 – 1301.

[217] Qian Y, Roland G. Federalism and the soft budget constraint [J]. American Economic Review, 1998, 88 (5): 1143 – 1162.

[218] Qian Y, Weingast B R. Federalism as a commitment to reserving market incentives [J]. Journal of Economic Perspectives, 1997, 11 (4): 83 – 92.

[219] Rey S J, Montouri B D. US regional income convergence: a spatial econometric perspective [J]. Regional Studies, 1999, 33 (2): 143 – 156.

[220] Romer P M. Increasing returns and long-run growth [J]. Journal of Political Economy, 1986, 94 (5): 1002 – 1037.

[221] Samuelson P A. The transfer problem and transport costs, II: analysis of effects of trade impediments [J]. The Economic Journal, 1954, 64 (254): 264 – 289.

[222] Solow R M. A complete capital model involving heterogeneous capital goods [J]. The Quarterly Journal of Economics, 1956, 70 (4): 537 – 562.

[223] Strielkowski W, Höschle F. Evidence for economic convergence in the EU: the analysis of past EU enlargements [J]. Technological and Economic Development of Economy, 2016, 22 (4): 617 – 630.

［224］Xheneti M, Smallbone D, Welter F. EU enlargement effects on cross-border informal entrepreneurial activities ［J］. European Urban and Regional Studies, 2013, 20 (3): 314 – 328.

［225］Yu F, Lin F, Tang Y, et al. High-speed railway to success? The effects of high-speed rail connection on regional economic development in China ［J］. Journal of Regional Science, 2019, 59 (4): 723 – 742.

［226］Zheng X P. Economies of network, urban agglomeration, and regional development: a theoretical model and empirical evidence ［J］. Regional Studies, 2007, 41 (5): 559 – 569.